Una génesis de la teoría
y crítica de arte feminista en España

Una génesis de la teoría y crítica de arte feminista en España

Edición a cargo de
Mariángeles Pérez-Martín

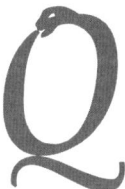

UNIVERSITAT DE VALÈNCIA
Departament d'Història de l'Art
Quaderns Ars Longa
Número 11
2024

Quaderns *Ars Longa* es una colección del Departament d'Història de l'Art de la Universitat de València. Su política editorial está marcada por el rigor, la calidad y la innovación científica por lo que establece un sistema de supervisión mediante una estructura con consejo editor y comité asesor y científico. El organigrama es común a la revista *Ars Longa* que edita el mismo departamento, y donde se especifican las normas de aceptación de originales y el proceso de edición, también accesibles en la web institucional. El reglamento editor incluye un sistema de arbitraje externo mediante evaluación anónima, tanto de los/as evaluadores/as como de los/as autores/as, por dos asesores/as científicos. La asignación de las personas evaluadoras se realiza por su especialización y competencia en el tema tratado. Los informantes emiten una valoración detallada sobre la calidad académica y la conveniencia o no de su publicación. En caso de discrepancia en las evaluaciones se solicita un tercer informe.

En el caso particular de este libro actuaron como órgano evaluador los miembros del proyecto de investigación del mismo título y el comité científico de la Jornada científica que tuvo lugar durante su desarrollo.

Dirección: Mariángeles Pérez-Martín

Valencia: Universitat de València, 2024

Ilustración de la cubierta: Frances Benjamin Johnston (1864-1952), *A class visiting the Art Gallery,* Washington D.C., ca. 1899. Fotografía. Library of Congress. En: https://www.loc.gov/item/2001703675/.

Composición e impresión: Artes Gráficas Soler, S. L. - www.graficas-soler.com

ISBN Papel: 978-84-9133-735-5
DL: V. 4.413-2024
Versión digital DOI: https://doi.org/10.7203/PUV-OA-736-2

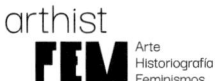

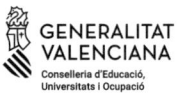

La presente edición se ha desarrollado dentro del marco del proyecto de investigación I+D "Arte, historiografía y feminismos" (CIGE2022/130), financiado con una ayuda para proyectos emergentes CIGE 2023 de la Conselleria d'Educació, Cultura, Universitats i Ocupació de la Generalitat Valenciana.

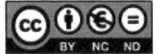

A la profesora Xesqui Castañer,
por su implicación, personal y académica
en el desarrollo de los estudios de género,
cuyo inspirador legado intentamos expandir

ÍNDICE

PRESENTACIÓN

Mariángeles Pérez-Martín
Universitat de València

Mientras escribimos nuevas historias del arte, con nuevas protagonistas y nuevas voces que las enuncian, escribimos también nuestra propia historia. Este libro es el resultado de un proyecto de investigación, pero también es el resultado de las historias comunes que nos atraviesan como investigadoras feministas. De la búsqueda de referentes académicos en los que encontrar voces que nos representen, en las que se reflejen nuestras inquietudes por una historia del arte plural que tardó mucho en llegar a nuestro país; pero que, como veremos en estas páginas, estaba latente en muchas de las protagonistas del libro. Mujeres que escribieron discursos en torno al arte en los que pusieron a otras mujeres en el centro, unos discursos que si algo tienen en común es la profunda sororidad que impregna sus palabras. Es por eso que esta presentación comienza agradeciendo emotivamente a todas las que habéis colaborado en la escritura de este libro, a Magdalena, a Manon, a África, a María, a Irene, a Mireia, a Isabel, a Clara, por compartir inquietudes y estrechar lazos, por el compromiso con el que muchas habéis trabajado "para llegar a tiempo" (acuciadas por nuestras vidas y obligaciones académicas) a los plazos de edición de este volumen, y a Rafa, no solo por participar en este texto, sino por facilitar como director del grupo de investigación VALuART que pudiera liderar este apasionante proyecto de investigación.

En estas páginas recogemos los resultados de la Jornada científica *Arte, historiografía y feminismos* que, bajo la dirección de Mariángeles Pérez-Martín, Investigadora Principal del proyecto del mismo nombre [CIGE2022/130], se celebró el 17 de septiembre de 2024 en la Facultat de Geografia i Història de la Universitat de València. El proyecto, y la jornada científica como desarrollo del mismo, han sido financiados con una ayuda para proyectos emergentes CIGE2023 de la Conselleria d'Educació, Cultura, Universitats i Ocupació de la Generalitat Valenciana. La jornada reunió a un grupo de conferenciantes expertas en el tema procedentes de cinco instituciones españolas y de una francesa; con las que, gracias al proyecto, hemos generado sólidas redes de investigación con nuevas perspectivas añadidas a los objetivos iniciales; junto a ellas, cuatro miembros del proyecto adscritos a la Universitat de València. Agradezco al resto de miembros del grupo, y a las colaboradoras, su apoyo en este proyecto. Así como, al director del departamento, Sergi Domènech, y al Consejo Editor de la revista *Ars Longa. Cuadernos de Arte*, por aceptar la propuesta de edición de este libro como parte de la colección Quaderns *Ars Longa* que edita el Departament d'Història de l'Art de la Universitat de València.

Aunque al final del libro incluimos los resúmenes y *abstracts* de los capítulos que integran el libro, trazaremos un breve recorrido por su contenido. El volumen comienza con una reflexión sobre los antecedentes, objetivos y resultados del proyecto de investigación arthistFEM, donde la investigadora principal revisa esas "Otras historias del arte posibles: el proyecto Arte, historiografía y feminismos". El primer capítulo contiene la interesante propuesta de Magdalena Illán, catedrática de la Universidad de Sevilla, experta en los estudios de mujeres en el arte de entre siglos XIX y XX en España. Su texto nos aproxima a la fascinante figura de Leopolda Gassó en los inicios de la teoría y la crítica de arte feminista en España; donde retoma la incisiva frase de la escritora que, tras rechazar el machismo imperante en la época sobre la valoración de la creatividad femenina, reclama "Una nueva era de justicia para las artistas". En segundo lugar, la joven investigadora Manon Grégoire del Centre de recherche en histoire de l'art François-Georges Pariset (EA538), Université Bordeaux Montaigne, nos acerca lo sucedido en los salones parisinos de inicios del siglo XX. «Salonnières et engagements féministes au tournant du XXe siècle» es el título de su investigación donde rescata el papel de las mujeres en la crítica de arte y la puesta en valor que hicieron de la labor de las artistas del momento. La prensa femenina fue un espacio de sororidad entre mujeres del medio literario y artístico; y, del mismo modo, reflejó las tensiones entre ellas. Por su parte, África Cabanillas aborda el "Feminismo y socialismo en la crítica de arte de Margarita Nelken", e indaga en el caso de la artista Käthe Kollwitz y la vinculación entre ambas mujeres, comprometidas política y socialmente. Nelken es una de las escritoras más reconocidas como crítica de arte, y una de sus principales inquietudes fue la situación de las mujeres creadoras, que en el texto evidencia mediante su admiración por Kollwitz. Sugestiva también es la propuesta de María Roca, investigadora de la Universitat de València y miembro del proyecto, que nos muestra la presencia de "Mujeres escribiendo la historia del coleccionismo" en el contexto artístico del siglo XIX. Su texto refleja cómo los relatos (muchos de ellos de ámbito privado) de tres damas vinculadas al coleccionismo de arte influyeron en el diseño de importantes colecciones y en transacciones comerciales de galerías y casas de subastas.

En el segundo bloque avanzamos en el siglo XX mostrando las conquistas de las mujeres en el campo de la crítica de arte. La joven investigadora del Instituto de Historia del CSIC, Irene Barrero, profundiza en el papel de "Las mujeres en la crítica durante el primer franquismo" y sus adhesiones o rupturas con el discurso nacionalcatólico oficial. Durante la primera etapa de la dictadura franquista (1939-1959) los discursos en el ámbito cultural permitían introducir el ideal de feminidad católica y muchas mujeres se pronunciaron en ellos. Aunque algunas reforzaron la mirada patriarcal, otras asentaron sus críticas desde distintas posiciones ideológicas. A continuación, el texto de Clara Solbes, profesora de la Universitat d'Alacant en la actualidad –quien como investigadora posdoctoral en la Universitat de València colaboró en el proyecto desde su diseño–, inicia su recorrido en plena convulsión social y política de la Segunda República hasta alcanzar el final de la dictadura franquista introduciendo ejemplos sobre la aportación de las mujeres a la crítica de arte en el panorama valenciano. Por su parte, Isabel Tejeda, catedrática de Bellas Artes en la Universidad de Murcia, relata cómo fue el avance "De las 'exposiciones de mujeres' al comisariado feminista en España (1975-1995)". Su discurso, como pionera comisaria feminista, es fundamental para entender el devenir de la expografía y la crítica de arte en España. Partícipe de las primeras muestras de artistas con perspectiva feminista, en sus exposiciones argumenta discursivamente con tesis cada recorrido, acuñando genealogías de mujeres artistas. El volumen concluye con dos aportaciones de miembros del proyecto de investigación y profesores de la Universitat de València: Mireia Ferrer participa con sus poéticas introversiones en "Lo personal es académico. *Perdidas y encontradas* en la historiografía artística española", una senda situada, en primera persona, donde contrasta modelos internacionales con singularidades del caso español. El último de los textos lo firma el catedrático de Historia del Arte, Rafael Gil, quien, tras examinar el marco jurídico en el que tuvieron que desenvolverse las mujeres en España a lo largo del siglo XX, traza un recorrido por la escena artística española identificando la participación de las artistas en concursos de pensiones y becas, así como, la presencia de las creadoras en galerías, exposiciones y certámenes internacionales.

Este volumen –pionero en aunar estas investigaciones– nos acerca a mujeres escritoras que participaron en el campo artístico desde posiciones subalternas en la mayoría de los casos, pero pone en evidencia que muchas de ellas ocuparon lugares centrales en la crítica de arte de su época. Sus escritos avanzan en muchos casos preocupaciones feministas que se reivindican en tiempos recientes. A pesar de que los vaivenes históricos han dejado demasiadas veces las voces y quehaceres femeninos en los márgenes, continuaremos trayendo de nuevo los discursos e inquietudes de mujeres injustamente relegadas, a nuestros textos, manuales, proyectos, exposiciones, a nuestras clases, y vidas.

En València, a 20 de octubre de 2024

OTRAS HISTORIAS DEL ARTE POSIBLES. EL PROYECTO ARTE, HISTORIOGRAFÍA Y FEMINISMOS

Mariángeles Pérez-Martín[1]

Universitat de València

En 1993, la profesora Xesqui Castañer publicaba un texto sobre *La imagen de la mujer en la plástica vasca contemporánea (s. XVIII-XX)* cuyo subtítulo anunciaba el objetivo del mismo, *Aproximación a una metodología del género*. Una especie de manual para aplicar la perspectiva de género, en este caso desde una metodología iconográfica. Las reflexiones con las que arranca su primer capítulo, "Introducción para una metodología del género", revelan ausencias ya detectadas por los estudios feministas pioneros:

> La ancestral división de funciones establecidas entre los sexos ha condicionado el desarrollo de la ciencia, y la visión que ésta nos ha dado del mundo y de la realidad. Tradicionalmente han sido los varones, los creadores de ciencia y, ellos a través de sus propias experiencias han moldeado esta a su imagen y semejanza.
>
> La *transformación* es un fenómeno reciente no exento de dificultades y que hay que relacionar con el proceso de emancipación de las mujeres y el acceso a la cultura y a la ciencia, y con la influencia de la ideología feminista[2].

Algunas de estas ideas se sitúan en el origen del proyecto de investigación arthist-FEM, *Arte, historiografía y feminismos*, tras constatar durante años de formación universitaria la escasa o nula presencia de autoría femenina en las referencias bibliográficas incluidas en las guías docentes de las asignaturas. Escasa o nula era también la presencia de mujeres artistas en dichos programas. En mi caso, hubo excepciones, aunque pocas, durante los cinco años (2007-2012) de formación universitaria en la licenciatura de Historia del Arte; dos en concreto: la profesora Áurea Ortiz, que en la asignatura de Historia de la Fotografía ponía en valor el importante papel de las fotógrafas en la disciplina; y, por su parte, Xesqui Castañer que introducía numerosas mujeres de la vanguardia artística en la asignatura de Historia del Arte Contemporáneo[3]. Su trayectoria investigadora en aquellos años:

---

1 ORCID: https://orcid.org/0000-0001-9207-0759. Investigadora Principal del proyecto Arte, historiografía y feminismos (CIGE2022/130), financiado por la Conselleria d'Educació, Cultura, Universitats i Ocupació de la Generalitat Valenciana.

2 CASTAÑER LÓPEZ, Xesqui, 1993, p. 9.

3 Como dato significativo una de las cuatro preguntas que nos planteó en el curso 2008-2009, con el fin de elaborar un ensayo previo para redactar en el examen escrito, fue: "Las artistas del siglo XX se incorporan a los movimientos de vanguardia a través de diferentes vías. Haz un recorrido por los distintos movimientos de las vanguardias históricas a través del trabajo de las mujeres y sus aportaciones exclusivamente".

> se inscribe en un claro interés por explorar las prácticas artísticas en conexión con las circunstancias socioculturales y ético-políticas de su momento histórico: los procesos de globalización, la conformación de nuevas identidades, la capacidad de acción política del arte, las metodologías decoloniales y la incidencia de las tecnologías emergentes en el ámbito artístico configuran el entramado de temas que abordó [...].
>
> Pero si Xesqui Castañer merece un lugar especial en la historia de la Historia del Arte en España es por su implicación, personal y académica, en el desarrollo de los estudios de género en nuestro país y por la propuesta de nuevas lecturas historiográficas desde el pensamiento feminista[4].

Fue el suyo un papel pionero, como señalaba la profesora Nuria Rodríguez en el precioso texto laudatorio publicado como semblanza académica tras su fallecimiento. En el mismo artículo su discípula Eugenia Rojo, con quien compartí aulas aquellos años de formación, relataba cómo la profesora Xesqui Castañer:

> Despertó la fascinación en clase porque su material didáctico trascendía muchas convenciones. Sin ella, los neófitos en el mundo del arte nunca hubiéramos sabido [en esos años en las aulas] de las aportaciones de Patricia Mayayo, Gayatri C. Spivak o Judith Butler. Tampoco de las excepcionales escenas históricas de Angelica Kauffmann, del ciberfeminismo de VNS Matrix, o de las intensas cámaras de Cui Xiuwen o Ximena Cuevas. ¿Qué estudiante de Xesqui no se paseaba empoderada por los pasillos de la Facultad dejando entrever fotocopias del libro de "la Chadwick"? Ella nos hizo ver que la dinámica central del mundo actual surge de un continuo interés por las formas en que aprendemos y adquirimos nuestra propia identidad social. De ahí esa insistencia en el papel de la mujer en el arte y en las formas alternativas de comunicación creativa para visibilizar toda suerte de otredades[5].

Con una cita de "la Chadwich", a partir del libro descatalogado que ella había fotocopiado y puesto a nuestra disposición en reprografía[6], comenzaba yo el texto que concluía mi formación investigadora del Máster en Historia del Arte y Cultura Visual de la Universitat de València en el curso 2012-2013. Xesqui Castañer acababa de ser nombrada directora del máster, y en ese momento impartía en el mismo la asignatura "El soporte inmaterial y digital como medios expresivos de las narrativas de género en el arte contemporáneo"[7]. Fue la primera asignatura con perspectiva feminista en un programa de estudios oficiales de Historia del Arte en nuestra universidad[8]. Desde que la enfermedad le apartó

---

4 RODRÍGUEZ ORTEGA, Nuria, 2019, p. 318.

5 Eugenia Rojo en: RODRÍGUEZ ORTEGA, Nuria; ROJO MAS, María Eugenia, 2019, p. 321.

6 CHADWICK, Whitney. *Mujer, arte y sociedad*. Barcelona: Destino, 1992 [Thames & Hudson, 1990].

7 Sobre este tema publicó poco después un libro, CASTAÑER LÓPEZ, Xesqui, 2015.

8 Xesqui Castañer había comenzado como docente en la Universidad del País Vasco y se incorporó a la Universitat de València en 2003. Durante las tres primeras ediciones del máster (cursos 2009-2010; 2010-2011; y 2011-2012) se encargó de las asignaturas "El arte en la era de la globalización" y "Las lecturas posfeministas del arte contemporáneo: estrategias de representación". La asignatura "El soporte inmaterial y digital..." la impartió durante cinco años, desde el curso 2012-2013, hasta que la enfermedad le retiró de las aulas en el curso 2016-2017.

de las aulas, su narrativa tiene continuidad en la asignatura "Arte, identidad y género" impartida en el máster actualmente por la profesora Mireia Ferrer[9], miembro de este proyecto de investigación, a quien pude sustituir durante su maternidad en mi primer año docente, lo que me hizo plenamente consciente del interés que el tema sigue suscitando en las aulas.

Aunque no había asistido a las clases de Xesqui Castañer en el máster, al decantarme por el otro itinerario de épocas anteriores, siempre fue un referente a la hora de enfocar mi investigación del máster en los estudios de mujeres en el arte, nada habituales entonces[10]. Esa investigación iniciada en 2012 para el trabajo final de máster[11] acabó convirtiéndose en una tesis doctoral[12], depositada en 2018 poco después de su fallecimiento. Únicamente se había defendido hasta ese momento, en el programa de Doctorado en Historia del Arte de la Universitat de València, una tesis doctoral sobre la agencia de las mujeres en el mundo del arte, *La mujer como documento gráfico. Una aproximación al fotoperiodismo femenino* (2017), realizada por María Jesús Folch Alonso con la dirección precisamente de Xesqui Castañer[13]. En la actualidad somos muchas las profesoras del departamento de historia del arte que incorporamos la perspectiva de género en nuestras investigaciones, aunque es cierto que aún se han realizado pocas tesis doctorales sobre mujeres artistas. Afortunadamente, generaciones más jóvenes profundizan en ello con estudios feministas, como el de Clara Solbes, miembro también de nuestro grupo de investigación que, bajo la dirección de Rafael Gil y Mireia Ferrer, dedicó su tesis doctoral –publicada con el título *El campo artístico valenciano durante el franquismo: una intervención feminista,*

---

9   A cargo de Mireia Ferrer estuvo un curso de extensión universitaria pionero "sobre la mujer en la historia del arte". Como relata ella misma en su capítulo de este libro, en 2001 recibió el encargo de realizarlo y lo impartió ininterrumpidamente hasta 2011 a través del Institut de la Dona. También, el Servei d'Extensió Universitària de la Universitat de València, ofertó en el curso 2007-2008 (y siguientes) una formación desde el departamento de historia del arte que impartía la profesora asociada Áurea Ortiz Villeta –junto a Carlos Cuéllar como director del mismo– "¿Dónde están las mujeres artistas en la historia del arte?", en el cual hacía un completo recorrido por la historia del arte a través de las obras de mujeres artistas. Asistí a algunas clases, pero sin poder matricularme porque estaba completo debido a la alta demanda.

10 Un estudio precedente centrado a la agencia femenina en el arte, fue el Trabajo Final de Máster de María Jesús Folch Alonso en el curso 2011-2012, *La estética feminista en el fotoperiodismo femenino: la mujer como documento gráfico*, dirigido por Xesqui Castañer. Ver, en la web del máster, resultados del programa: https://www.uv.es/uvweb/master-historia-arte-cultura-visual/es/programa-del-master/resultados-del-programa/trabajos-investigacion-trabajos-fin-master/2022-23-1286360580359.html.

11 PÉREZ-MARTÍN, Mariángeles, 2013.

12 La tesis fue defendida en junio de 2019 y publicada poco después: PÉREZ-MARTÍN, Mariángeles, 2020.

13 FOLCH ALONSO, María Jesús, 2017. Como se puede comprobar en la citada web del máster (nota 10), hubo en el programa de doctorado de Historia del Arte tesis anteriores dedicadas a la imagen de las mujeres en el arte y algunas de ellas incorporaban la perspectiva feminista en el análisis de las imágenes.

2023– a un nutrido grupo de mujeres artistas y otras agentes del campo del arte[14].

Nuestro principal objetivo al diseñar este proyecto de investigación era poner en valor la labor de las mujeres en la construcción del conocimiento histórico artístico, reconocer a nuestras "maestras", a figuras como Xesqui Castañer que nos inspiraron y nos legitimaron en la construcción de nuevas narrativas con perspectiva de género[15]. Es por eso que nos propusimos compilar en una base de datos textos escritos por mujeres pioneras en la historiografía artística y, sobre todo, recopilar y analizar la evolución histórica y la implantación en España de los estudios sobre teoría artística feminista y *queer*. Es paradójico que, todavía hoy en día, la mayor parte de las referencias historiográficas en manuales y guías docentes tengan firma masculina[16]. A pesar de los abundantes estudios publicados por mujeres, estos siguen sin permear a las guías docentes ni a los textos generales de la mayoría de estudios superiores sobre Arte. Se trata muchas veces de publicaciones dispersas en capítulos de libro que ni están disponibles en la red, ni siquiera físicamente en muchas bibliotecas especializadas. Muchas publicaciones firmadas por mujeres teóricas o críticas de arte en el pasado están ya descatalogadas y otras son de muy difícil acceso. Nuestro propósito es poner al alcance de las futuras generaciones una herramienta dinámica y accesible donde estén disponibles para su lectura y consulta todas esas publicaciones[17].

Asimismo, consideramos fundamental dar a conocer las trayectorias de las personas que escribieron esos textos elaborando unas breves biografías académicas, de historiadoras, críticas y comisarias pioneras en subvertir la historia del arte tradicional para intentar una narración histórico-artística completa, sin distinciones de género. Para dar un panorama completo hemos recopilado –y seguimos indagando– también los textos protofeministas que escribieron críticas, historiadoras del arte o artistas, sobre otras mujeres artistas en los siglos XIX y principios del XX. Textos muchos de ellos impregnados de un feminismo incipiente, que muestran el apoyo entre mujeres de distintas disciplinas. Es signifi-

---

14 SOLBES BORJA, Clara, 2023.

15 En los agradecimientos de mi tesis doctoral ya comenté el apoyo recibido de Xesqui Castañer al respaldar mi propuesta de beca predoctoral, cuya financiación conseguí y me permitió llevar a cabo la investigación.

16 Algo que tampoco puede extrañarnos, si consideramos la lenta incorporación de las mujeres a los estudios universitarios. No fue fácil para las mujeres incorporarse a las universidades lo que retrasó también el inicio de las tareas docentes e investigadoras en nuestro campo. Si bien la primera mujer docente en la Universitat de València fue Olimpia de Arozena, profesora de Historia, como explican en su texto SOLBES BORJA, Clara; SOLBES BORJA, Elena; BENAVENT MONTORO, Isabel, 2023, donde hacen una exhaustiva relación de la incorporación de las mujeres a nuestra institución.

17 Una web que todavía está en una fase inicial (https://arthistfem.org/) en la que vamos añadiendo, según nos permiten nuestras obligaciones docentes, los textos localizados y las biografías de pioneras escritoras de la teoría y crítica de arte que hemos trabajado, y de las nos vayan descubriendo futuras investigaciones.

cativo, por ejemplo, el caso de Manuela Ballester (1908-1994) –una de las creadoras que más interés ha despertado en los últimos años[18]–, quien dedicó un ensayo a la escultora Luisa Roldán (1652-1706), conocida como La Roldana, que se publicó en la revista mexicana *Mujeres Españolas* en octubre de 1954, durante el exilio de Ballester en México. En él, la pintora valenciana rememora cómo se sintió rechazada en el ambiente académico y cómo su padre le animó a no desistir, poniéndole como ejemplo las barreras que sufrió y superó la escultora barroca. El texto muestra bien lo que décadas más tarde apuntaría Griselda Pollock en uno de los textos seminales de la historia del arte feminista:

> ¿Incluir a las mujeres en la historia del arte equivale a crear una historia feminista del arte? Demandar que se considere a las mujeres no solo cambia lo que se estudia y lo que se vuelve relevante investigar, sino que también cuestiona en el plano político a las disciplinas existentes[19].

No se trataba solo de poner el foco en las artistas, sino en analizar y problematizar las instituciones, los agentes y las relaciones de poder en las que discurrió su existencia, utilizando un enfoque de género. En el mismo sentido que la artista republicana, de crear genealogías de mujeres artistas, resulta muy interesante un libro poco conocido, *Galería universal de pintoras* (1964), escrito también por una mujer pintora, Carmen G. Pérez-Neu. Un texto doblemente insólito pues se trata de la primera aproximación en España a las biografías artísticas de un buen número de mujeres y, además, escrito por una mujer durante el franquismo. Una época en la que tenían muy poca visibilidad las artistas, pero las historiadoras del arte eran prácticamente inexistentes. Una de las excepciones fue María Luisa Caturla, a quien correspondió prologar dicho texto; sobre ella se publicará próximamente un estudio que situará su intensa labor en el contexto de la teoría y crítica de arte en España. Una necesaria puesta en valor de esas primeras críticas, artistas como Pérez-Neu, pioneras en escribir sobre historia del arte y poner el foco en las artistas[20].

Sobre la importancia del tema reflexionaba la historiadora del arte Patricia Mayayo en su artículo "Pensar fuera del marco: María Campo Alange, crítica de arte protofeminista"[21], un texto que explora y analiza el trabajo de María Laffitte (1902-1986), escritora y crítica de arte. Subraya Mayayo que sus escritos prácticamente han pasado desapercibidos para la historiografía académica, "quizá porque no encajan dentro de los tópicos habituales en la crítica de arte española

---

18 Prueba de ello es el éxito de público que tuvo la primera exposición monográfica sobre ella: *Manuela Ballester. Pintar frente a todo*, comisariada por Carmen Gaitán (Instituto de Historia, CSIC) en el Centro Cultural La Nau de la Universitat de València, del 12 de marzo al 1 de septiembre de 2024, cuyo catálogo incluye textos de Mireia Ferrer y Clara Solbes, miembros de nuestro grupo de investigación, GAITÁN SALINAS, Carmen, 2024.

19 POLLOCK, Griselda, 2013, p. 19.

20 Sobre Carmen G. Pérez-Neu estamos realizando un estudio que verá la luz próximamente.

21 MAYAYO, Patricia, 2021.

de la época". Probablemente, "la fragilidad de su posición como mujer intelectual" en el contexto franquista la alejaba de la esfera pública. Y fue, precisamente, esa posición marginal lo que le permitió hablar de algo poco habitual en la época: "el lugar de las mujeres dentro del arte moderno"[22]. La obra de Campo Alange evidencia la necesidad de seguir reescribiendo la historia cultural del franquismo para incorporar la aportación de las mujeres. Muchas de ellas –señala Mayayo– fueron doblemente ignoradas. Por un lado, la historia intelectual, centrada en debates y referentes masculinos, las dejó de lado; por otra parte, las historiadoras del arte feministas también las han ignorado, "muy influidas por herramientas de análisis de origen anglosajón no siempre útiles para comprender las particularidades de la realidad española. En ese sentido, [...] es importante pensar fuera del marco"[23] para releer a estas figuras teóricas protofeministas. Su certero análisis destaca la importancia de leer a estas figuras para el estudio también de las artistas, uno de los objetivos prioritarios de este proyecto de investigación.

También, a *Las pioneras de la crítica de arte feminista en España (1875-1936)* dedicó su tesis doctoral en 2013 la profesora África Cabanillas Casafranca, dirigida por Amparo Serrano de Haro en la Universidad Nacional de Educación a Distancia. Una investigación que continúa expandiendo en numerosos artículos y capítulos de libro, como el que aparece en este libro dedicado a Margarita Nelken. Otra prueba de la relevancia que estas pioneras críticas están adquiriendo recientemente, es el ciclo de conferencias *Las mujeres en la crítica y teoría de arte: España 1850-1918*, celebrado en el Museo del Prado del 13 al 23 de marzo de 2024, que coordinó la catedrática Concha Lomba, con la participación de Magdalena Illán, Luis Sazatornil e Isabel Rodrigo[24].

Los estudios feministas sobre arte en España tuvieron un punto de inflexión en el artículo "La otra mitad del arte" de la artista Esther Ferrer, publicado en la revista *Lápiz* en 1987, donde la artista ponía sobre la mesa el papel de las mujeres artistas. Respecto a la historia del arte hispano el texto pionero es la tesis doctoral de Estrella de Diego, publicada en 1987 con el título *La mujer y la pintura del XIX español. Cuatrocientas olvidadas y algunas más*[25]. En el prólogo a la edición de 2009 incluía una genealogía de los estudios sobre mujeres artistas en España, con el que inicié el estado de la cuestión de mi tesis doctoral[26]. Es significativo también el papel que tuvieron las exposiciones en el arranque de estos estudios feministas. La historiadora y crítica del arte Isabel Tejeda, experta en exposiciones feministas de tesis, hacía una revisión en 2020 en clave personal[27].

22 MAYAYO, Patricia, 2021, p. 133.
23 MAYAYO, Patricia, 2021, p. 141.
24 MUSEO DEL PRADO, Ciclo de conferencias *Las mujeres en la crítica y la teoría de arte: España 1850-1918*, coordinadas por Concha Lomba Serrano, catedrática de la Universidad de Zaragoza, disponibles en la web. En: https://www.museodelprado.es/recurso/las-mujeres-en-la-critica-y-la-teoria-de-arte/27e03fa8-9cb8-4ff6-9018-86d1e9e5a935.
25 DE DIEGO, Estrella de, 1987.
26 PÉREZ-MARTÍN, Mariángeles, 2020, p. 22-30.
27 TEJEDA MARTÍN, Isabel, 2020, p. 29-46.

Dentro del número que coordinó Patricia Molins dedicado a "Feminismo y museo. Un imaginario en construcción" en la revista *Espacio, tiempo y forma*. El número incluye artículos de especialistas sobre los vínculos entre museología y feminismos en España[28].

Por otro lado, este proyecto también se centra en ir recopilando las primeras traducciones publicadas (en castellano) de textos anglosajones sobre teoría del arte feminista y de género, pues es muy revelador para comprender la evolución de esos estudios en España el retraso con el que esas tendencias historiográficas irrumpieron en nuestro país. Así, por ejemplo, en 2021 se cumplieron los 50 años de la publicación del texto seminal de la teoría feminista artística[29]: "Why Have There Been No Great Women Artist?", dado a conocer por Linda Nochlin en la revista *Art News* en 1971; sin embargo, un texto de tanta relevancia en la historiografía artística no fue traducido al castellano hasta el año 2008 cuando se incluyó en el catálogo de la exposición *Amazonas del arte nuevo* (Fundación Mapfre, Madrid). Igualmente, en lo que respecta al debate sobre la identidad en cuanto al sistema sexo/género, el esencial texto de Judith Butler, *Gender Trouble. Feminism and the Subversion of Identity* (New York: Routledge), publicado en 1990, no fue traducido en español hasta 2001 por Mónica Mansour y Laura Manríquez como *El género en disputa. El feminismo y la subversión de la identidad* (México: Paidós); en 2007, una nueva edición se publicó en España (Barcelona: Paidós), esta vez traducido por M.ª Antonia Muñoz. Ejemplo de la trascendencia de esas traducciones es la reflexión que realiza la joven investigadora C. Sofía Artigas en su trabajo final de máster titulado *Traduciendo a Judith Butler. Estudio sobre la importancia de la traducción en el desarrollo de las teorías feministas* (Universidad de Vic–Universitat Central Catalunya, 2020), donde somos conscientes de cómo ese retraso ha dificultado el avance del discurso feminista y la teoría de género en el arte, que no se ha hecho patente en España hasta prácticamente el siglo XXI.

En cuanto a la proyección y alcance de este proyecto investigador, éramos conscientes de la importancia de la tarea divulgadora, de ahí la relevancia de las Humanidades Digitales actualmente, no se trata solo de difundir el conocimiento sino de generar saberes a partir de las redes de trabajo en línea. En ese sentido, existen hoy proyectos que recopilan y dan a conocer información sobre mujeres artistas como *AWARE Archives of Women Artists*, una fundación francesa, ubicada en París, cuyas investigaciones han generado una web interactiva aunando el trabajo en red de investigadoras de diferentes países. A la finalidad divulgativa de su plataforma web han sumado residencias de investigación para jóvenes académicas y artistas. La prueba más evidente del éxito de visitas de esa página

---

28 MOLINS, Patricia (coord.), 2020, p. 1-340.

29 Acaba de ver la luz un libro, resultado de las *Jornadas historiográficas en torno al arte contemporáneo. Linda Nochlin revisitada. 50 años después*, dirigidas por Carmen Gaitán en el CSIC, en el que se analiza la repercusión del texto y de la producción teórica de su autora en España, en el que participamos con un capítulo sobre formación artística y academicismo en el siglo XIX. PÉREZ-MARTÍN, Mariángeles, 2024.

web es el numeroso grupo de patrocinadores que la sustentan[30]. En la misma línea divulgativa del conocimiento se sitúa la web de MAE, *Mujeres artistas en España, 1804-1939*, en la que venimos trabajando también en los últimos años varios miembros de nuestro grupo de investigación en la Universitat de València, cuyos textos encontramos en este libro: Rafael Gil, Mariángeles Pérez y Clara Solbes[31]. La página es resultado del proyecto de investigación *Las artistas en la escena cultural española y su relación con Europa 1803-1945* (MINECO, 2021-2025), de la Universidad de Zaragoza, que dirige la catedrática Concha Lomba, de la Universidad de Zaragoza, donde también participan personas de otras entidades como Magdalena Illán de la Universidad de Sevilla. Aunque está en continua revisión, la base de datos incluye más de 800 biografías de mujeres artistas que realizaron su actividad en España durante el siglo XIX y las primeras décadas del XX, la mayoría de ellas aún desconocidas[32]. Actualmente, nos ocupamos también de revisar los cambios en el contexto social y cultural que tuvieron lugar en el periodo citado, con el fin de alcanzar la igualdad con sus colegas varones y poner fin a la discriminación histórica de la que fueron objeto; asimismo, estudiamos las conexiones europeas de las artistas que expusieron y trabajaron en España durante esos años. Consideramos que nuestro proyecto arthistFEM viene a complementar la labor de las páginas web citadas, en nuestro caso dando relevancia a las artífices de la crítica y teoría artística feminista y de género en España, que con su quehacer permitieron visualizar a las artistas.

Sobre poner el foco en las estrategias críticas del arte reflexionaba Katy Deepwel en 1995, en un texto coral sobre la *Nueva crítica feminista de arte*, cuya Introducción incide en cómo la representación del colectivo que forman las mujeres artistas, y su relación con las inquietudes feministas y los debates contemporáneos que tienen lugar en el campo artístico, sigue siendo, una tarea importante para la crítica feminista de arte.

> La crítica feminista de arte debe considerarse simplemente como un área de capacitación en una coalición feminista más amplia; como una oportunidad de considerar las implicaciones de la obra de las mujeres y como un medio de difundir la palabra de la contribución de las mujeres y de los temas feministas entre nuevos públicos[33].

---

30 Además de las numerosas biografías de artistas con sus principales obras que se pueden ver en su web, incluyen muchos artículos con interesantes temas transversales, ver https://aware-womenartists.com/.

31 Todos los miembros del proyecto de investigación arthistFEM. *Arte, historiografía y feminismos* (CIGE2022/130) somos integrantes del grupo de investigación VALuART. *Valencia, universidad y arte. Arte, museos y cultura visual, desde 1750 a la actualidad* (GIUV2015-224), que dirige el catedrático Rafael Gil del Departament d'Història de l'Art en la Universitat de València. https://www.uv.es/uvweb/servicio-investigacion/es/artes-humanidades/grupo-128594 9689715.html?p2=GIUV2015-224.

32 La página web está en constante actualización incorporando las investigaciones sobre otras facetas de la agencia femenina y sobre las instituciones de formación y exhibición artística https://maes.unizar.es/.

33 DEEPWELL, Katy, 1998, p. 39. El texto publicado por Manchester University Press en 1995 en

De ahí, que nos propusiéramos abordar la ingente tarea de crear una genealogía crítica y teórica feminista en España, una crítica que fue verdaderamente transformadora. Nuestro trabajo ha consistido –y en ello seguimos– en reunir toda la documentación escrita y/o publicada, desde el siglo XIX hasta las dos primeras décadas del siglo XXI, con firma femenina. La información localizada que más tarde se recoge en la página web donde están –o estarán– disponibles en formato digital todos los documentos que por derechos de autor pueden ser difundidos. En el caso de la bibliografía localizada cuyos derechos de autoría impide su divulgación en abierto redirigimos mediante el correspondiente link a la web o biblioteca donde estos son accesibles. Cuando esto no es viable elaboramos resúmenes amplios y críticos para dar a conocer al público el contenido principal de los mismos. Existe un precedente de una Biblioteca Digital d'Història de l'Art Hispànic que recopila escritos sobre historia del arte. En ella están digitalizados escritos que no tienen ya derechos de autor dada su cronología, ya que la historiografía que recoge fue publicada entre el siglo XVII y principios del siglo XX, formando un amplio corpus de textos, pero con firmas mayoritariamente masculinas en el que apenas hay autoras[34].

Respecto al repertorio de biografías que hemos realizado –y continuamos elaborando– en ellas se cita la información recopilada tras la investigación sobre las historiadoras del arte, teóricas y críticas, autoras de los textos rescatados; sobre esto también existe un referente en la web internacional *Dictionary of Art Historians*[35]. Fundada en 1986, su cometido fue indexar a los historiadores citados en el *Research Guide to the History of Western Art* (1982) y en el *Modern Perspectives in Western Art History* (1971), de Eugene Kleinbauer, ninguno de esos trabajos contenía un índice extenso, por lo que a aquellos datos iniciales se han ido añadiendo otros estudios. Contiene cuarenta y seis entradas de historiadores/as españoles actualmente, entre las cuales hay seis mujeres: María Luisa Caturla (Barcelona, 1888 – Villaviciosa de Odón, 1984), Blanca García Vega (Valladolid, 1947), María Jesús Gómez-Bárcena (San Sebastián, 1944), María Elena Gómez-Moreno (Granada, 1907 – Madrid, 1998), María del Carmen Heredia Moreno (Sevilla, 1830 – Villaviciosa de Odón, 1890) y Balbina Martínez Cabiró (1926 – Madrid, 2019), figuras poco conocidas hasta hace no mucho, que apenas son citadas por la historiografía hispana. Es indicativo de la infrarrepresentación femenina en general que reúne el diccionario anglosajón, puesto que contiene un número muy superior de biografiados hombres, 2.202 frente a tan solo 297 mujeres (de otros 15 no se conoce el género)[36].

---

inglés apareció en 1998 en castellano en una edición de Cátedra, traducido por María Condor, en la colección Feminismos de la Universitat de València.

34 Si vemos la página web es patente la escasez de firmas femeninas https://bibliotequesbh.uab.cat/bdhah/.

35 En su web aparecen ordenadas sus 2.520 entradas con filtros para su selección https://arthistorians.info/.

36 El *Dictionary of Art Historians* continúa aceptando contribuciones, nuevas entradas o ediciones de las ya existentes en: contact@arthistorians.info.

Trazar un panorama de la crítica española "es un objetivo condenado al fracaso si se tiene en cuenta el carácter ínfimo y efímero del género crítica de arte", señalaba Julián Díaz al estudiar los perfiles de la crítica en el periodo comprendido entre 1951 y 1976. Recordaba las palabras de Roland Barthes sobre ese "discurso del discurso" cuya función es resituar el hecho artístico; y afirmaba que, para situar la crítica de arte de ese periodo, debemos tener en cuenta "la producción artística, con la que la crítica mantiene relaciones de ida y vuelta, la historia cultural, las ideologías dominantes, las posiciones de los críticos y el carácter autorreflexivo de la actividad crítica, que nos facilitará un estatuto cambiante según épocas y lugares"[37]. El texto de Díaz, precede una antología de textos críticos, una "fuente historiográfica de primer orden para comprender las relaciones entre arte y franquismo". Pero si algo pone en evidencia ese "discurso del discurso", en el periodo franquista (1939-1976), es que su autoría era únicamente masculina. Entre los casi ochenta textos citados solo encontramos a una autora, Isabel Cajide –precisamente sus palabras referidas a la obra de una artista, Amalia Avia[38]–. Sin embargo, estudios recientes como *Las primeras periodistas 1850-1931. Profesionalización y activismo en España, Francia y Reino Unido*, de Carolina Pecharromán, muestran las abundantes voces públicas de mujeres en el panorama español anterior a la Segunda República recogidas en la prensa, algunas de ellas críticas de arte. Mujeres que fueron "vanguardia en la reclamación de los derechos de las mujeres; [...] su voz publicada fue fundamental para situar dichas reivindicaciones en la discusión pública e impulsar reformas"[39]. Periodistas olvidadas a las que no hemos empezado a conocer hasta hace poco; y, entre ellas, muchas a las que debemos reivindicar desde el campo artístico.

Así, desde el grupo de investigación del proyecto arthistFEM, tras la recopilación de textos, hemos analizado y reflexionado sobre la cronología y difusión en España de esa historiografía feminista y de género, que vamos dando a conocer a través de congresos y publicaciones en revistas. Así como, libros en abierto para su amplia difusión con el fin de lograr nuestro principal objetivo, que es la divulgación de la investigación. Es por eso que este libro recoge los resultados de la jornada científica que organizamos el pasado 17 de septiembre de 2024 en la Universitat de València, concebida como espacio de encuentro para entablar sinergias entre investigadoras especializadas en el tema que nos ocupa, y que publicamos en línea y en abierto. Somos plenamente conscientes de que la vía digital es actualmente la mejor forma de permear a generaciones más jóvenes. Si las y los estudiantes conocen desde el inicio de su formación, y de sus investigaciones, que existen otras voces y están a su alcance, podrán construir una ciencia humanística plural.

---

37 DÍAZ SÁNCHEZ, Julián 2004, p. 47.
38 CAJIDE, Isabel. "La pintura de Amalia Avia: el mundo que nos rodea". *Artes*, 62, 1964. Incluido en: DÍAZ SÁNCHEZ, Julián; LLORENTE HERNÁNDEZ, Ángel, 2004, p. 443-444.
39 PECHARROMÁN, Carolina, 2023, p. 14.

Para llegar a esas jóvenes generaciones, también hemos organizado laboratorios, talleres y seminarios para estudiantes que trabajan sobre Arte y Humanidades, a lo largo de los dos años de financiación del proyecto. Es por eso que, en el otoño de 2023, comenzamos la andadura con la presentación pública al alumnado de la Facultat de Geografia i Història de la Universitat de València, para generar un hilo de saberes que parta de las precursoras y sume a las personas en formación que, cada día más, muestran su interés en generar una historia del arte completa e igualitaria. Así la ponencia invitada estuvo a cargo de una figura clave en la historiografía artística feminista en España, Patricia Mayayo, profesora de la Universidad Autónoma de Madrid, cuya intervención descubrió al estudiantado la figura de María Campo Alange –que hemos comentado antes–. Entre finales de 2023 y comienzos de 2024, pusimos en marcha también una experiencia pionera en nuestra facultad, el colaboratorio "Arthistfem. Talleres de investigación en Historia del Arte desde una perspectiva feminista", impartido por Clara Solbes y Mariángeles Pérez a un reducido grupo de alumnas del Grado de Historia del Arte, del Máster en Historia del Arte y Cultura Visual, y del programa de Doctorado en Historia del Arte, cuyo fin era enriquecer el debate con el punto de vista de generaciones más jóvenes académicamente. En las siete sesiones se abordaron cuestiones como "¿Qué es la investigación desde una perspectiva feminista?", se trabajaron algunos de los "Textos fundamentales para una historia del arte feminista", se hizo un examen de "Las fuentes: ¿cómo encontrar sujetos subalternos en los archivos?" y se puso en valor "El método biográfico como instrumento historiográfico", que fueron altamente gratificantes tanto para las alumnas como para las docentes[40]. Se combinó también con una salida de campo al Centro Cultural La Nau, para visitar –de la mano del equipo de mediación coordinado por Eva Bravo– la exposición *Arte contra la violencia machista. Tantas mujeres en una misma*, comisariada por Semíramis González[41]. En la última sesión del colaboratorio, tras la puesta en común de las biografías que debían realizar las alumnas como resultado del taller, se organizó una dinámica para crear una genealogía de mujeres artistas, imitando la estética del "Atlas Mnemosyne" de Aby Warburg, o las propuestas de genealogía de mujeres y modernidad en los *Encuentros en el museo feminista Virtual*, de Griselda Pollock[42].

A pesar de que pronto concluye la financiación del proyecto, es nuestro objetivo continuar con la publicación en la web de textos feministas de teoría del arte que incluya también una antología con mensajes que las artistas extendieron y

---

40 El curso de 20 horas fue impartido en el Aula Seminario del Departamento de Historia del Arte, edificio departamental, de la Universitat de València del 11 de diciembre de 2023 al 27 de febrero de 2024. Se limitó la participación a un máximo de doce personas, para trabajar con un grupo interesado y participativo. Sobre esta actividad está en prensa el texto de Clara Solbes, "Difusión Cultural en el entorno digital: el proyecto Arthistfem", que se publicará este mismo año 2024.

41 Celebrada en el Centre Cultural La Nau, de la Universitat de València, del 30 de noviembre de 2023 al 18 de febrero de 2024.

42 POLLOCK, Griselda, 2010.

siguen propagando a través de su arte para dar voz a tantas opresiones en el mundo. Mensajes que circulan por redes sociales y que hacen suyos las mujeres hoy en día. Resulta crucial, para la construcción de una historia del arte abierta a los discursos de género, aunar todas esas publicaciones pioneras, sacar a la luz nuevos casos todavía no investigados, y aglutinar todo ello en una intervención feminista que revele el papel de la historiografía artística feminista como espacio resquebrajador del sistema oficial del arte. El equipo humano que integra este proyecto tenemos un fuerte compromiso con la educación, y la certeza de que construir una narración histórica plural nos aproxima a lo que la sociedad está reclamando a gritos: que la igualdad y la diversidad se incorporen a la Ciencia. Ser capaces de visibilizar esa igualdad y diversidad en todos los ámbitos –y en especial en el de la Historia del Arte donde la visualidad es central– nos hace conscientes de que educar en cultura igualitaria ayuda a generar un mundo más justo. El necesario cambio de paradigma en la teoría y la crítica del arte empieza a tomar forma, en palabras de la "gran maestra" Griselda Pollock:

> Muchos ven a la historia del arte como una delimitación disciplinar difunta e irrelevante. El estudio de la producción cultural ha sangrado tanto y cambiado de manera tan radical para dejar de ser un objeto y pasar a ser una orientación discursiva y práctica, que hay una ruptura total de la comunicación entre los historiadores del arte que trabajan aún dentro de las normativas de la disciplina y aquellos que ponen el paradigma en tela de juicio. Somos testigos de un cambio de paradigma que reescribirá toda la historia cultural. Por esos motivos sugiero que no pensemos más en una historia feminista del arte sino en una intervención feminista en las historias del arte[43].

Bibliografía

ARTIGAS ORTÍN, C. Sofía. *Traduciendo a Judith Butler. Estudio sobre la importancia de la traducción en el desarrollo de las teorías feministas*. Trabajo Final de Máster en Traducción Especializada, dirigido por Pilar Godayol Nogué. Universitat de Vic - Universitat Central de Catalunya, Universidad San Jorge, 6/09/2020. En: http://hdl.handle.net/10854/6531.

BUTLER, Judith. *Gender Trouble. Feminism and the Subversion of Identity*. New York: Routledge, 1990.

BUTLER, Judith. *El género en disputa. El feminismo y la subversión de la identidad* (trad. Mónica Mansour y Laura Manríquez). México: Paidós, 2001.

BUTLER, Judith. *El género en disputa. El feminismo y la subversión de la identidad* (trad. M.ª Antonia Muñoz). Barcelona: Paidós, 2007.

CABANILLAS CASAFRANCA, África. *Las pioneras de la crítica de arte feminista en España (1875-1936)*. Tesis doctoral dirigida por Amparo Serrano de Haro, UNED. Universidad Nacional de Educación a Distancia, 2013.

CASTAÑER LÓPEZ, Xesqui. *La imagen de la mujer en la plástica vasca contemporánea (s. XVIII-XX). Aproximación a una metodología del género*. Vizcaya: Servicio Editorial de la Universidad del País Vasco, 1993.

---

43 POLLOCK, Griselda, 2013, p. 50.

CASTAÑER LÓPEZ, Xesqui. *Género y videocreación en el arte contemporáneo*. Valencia: Tirant lo Blanch, 2015.

CHADWICK, Whitney. *Mujer, arte y sociedad*. Barcelona: Destino, 1992 [Thames & Hudson, 1990].

DE DIEGO, Estrella. *La mujer y la pintura del XIX español. Cuatrocientas olvidadas y algunas más*. Madrid: Cátedra, 1987.

DEEPWELL, Katy. *Nueva crítica feminista de arte. Estrategias críticas* (colección Feminismos Universitat de València). Madrid: Cátedra, 1998 [Manchester University Press, 1995].

DÍAZ SÁNCHEZ, Julián; LLORENTE HERNÁNDEZ, Ángel. *La crítica de arte en España (1939-1976)*. Madrid: Istmo, 2004.

GAITÁN SALINAS, Carmen (com.). *Manuela Ballester. Pintar frente a todo* (catálogo de la exposición Centre Cultural La Nau, 12/03/2024-1/09/2024). València: Universitat de València, 2024.

FOLCH ALONSO, María Jesús. *La mujer como documento gráfico: una aproximación al fotoperiodismo femenino*. Tesis Doctoral dirigida por Xesqui Castañer, en el programa de doctorado en Historia del Arte, Universitat de València, 2017. En: https://www.educacion.gob.es/teseo/mostrarRef.do?ref=1511076.

MAYAYO, Patricia. "Pensar fuera del marco: María Campo Alange, crítica de arte protofeminista", *Archivo Español de Arte*, 2021, vol 94, nº 374, p. 133-142. En: https://doi.org/10.3989/aearte.2021.08.

MOLINS, Patricia (coord.). Número dedicado a "Feminismo y museo. Un imaginario en construcción". *Espacio, tiempo y forma. Serie VII, Historia del arte*, nº 8, 2020. En: https://doi.org/10.5944/etfvii.8.2020.

NOCHLIN, Linda. "Why Have There Been No Great Women Artists?". *ARTnews*, enero 1971, nº 69, p. 22-39.

NOCHLIN, Linda. "¿Por qué no ha habido grandes mujeres artistas? En: CASAMARINA I PARASOL, Josep; JIMÉNEZ BURILLO, Pablo (coms.). *Amazonas del arte nuevo*. Madrid: Fundación Mapfre, 2008, p. 283-289.

PECHARROMÁN, Carolina. *Las primeras periodistas 1850-1931. Profesionalización y activismo en España, Francia y Reino Unido*. Sevilla: Renacimiento, 2023.

PÉREZ-MARTÍN, Mariángeles. *Ilustres e ilustradas: mujeres pintoras (1768-1812) en la Academia de San Carlos de València*. Trabajo Final de Máster en Historia del Arte, Universitat de València, 2013. En: http://hdl.handle.net/10550/36140.

PÉREZ-MARTÍN, Mariángeles. *Ilustres e ilustradas. Académicas de Bellas Artes ss. XVIII-XIX*. València: Tirant lo Blanch, 2020.

PÉREZ-MARTÍN, Mariángeles. "Diálogos con Nochlin sobre mujeres, educación artística y academicismo en el siglo XIX". En: GAITÁN SALINAS, Carmen; ROMERO SÁEZ, Esther; VILLAREJO HERVÁS, Vanesa (eds.). *En la estela de Linda Nochlin. Nuevas lecturas feministas sobre arte contemporáneo*. Barcelona: Icaria, 2024, p. 131-148.

PÉREZ-NEU, Carmen G. *Galería universal de pintoras*. Madrid: Editora Nacional, 1964.

POLLOCK, Griselda. *Encuentros en el museo feminista virtual*. Madrid: Cátedra, 2010.

POLLOCK, Griselda. *Visión y diferencia. Feminismo, feminidad e historias del arte*. Buenos Aires: Fiordo, 2013 [1988].

RUIZ ORTEGA, Nuria; ROJO MAS, María Eugenia. "Xesqui Castañer López. Semblanzas Académicas". *Ars Longa*, 2019, nº 28, p. 317-322.

SOLBES BORJA, Clara. *El campo artístico valenciano durante el franquismo: una intervención feminista*. València: Tirant lo Blanch, 2023.

SOLBES BORJA, Clara. "Difusión Cultural en el entorno digital: el proyecto arthistFEM". En: GARCÍA PÉREZ, Noelia *et al*. *II Jornada de Innovación Educativa Arte y Cultura Visual. Divulgar Historia del Arte en la era digital*. Murcia: Universidad de Murcia, 2024 (en prensa).

SOLBES BORJA, Clara; SOLBES BORJA, Elena; BENAVENT MONTORO, Isabel. "Bachilleras, marisabidillas i sabiondas. Les dones al sistema universitari (1868-1977)". *Creativity and Educational Innovation Review*, 2023, nº 7, p. 106-119. En: https://doi.org/10.7203/CREATIVITY.7.26106.

TEJEDA MARTÍN, Isabel. "Exposiciones de mujeres y exposiciones feministas en España. Un recorrido por algunos proyectos realizados desde la II República hasta hoy, con acentos puestos en lo autobiográfico". *Espacio, tiempo y forma. Serie VII, Historia del arte*, nº 8, 2020, p. 29-46.

"UNA NUEVA ERA DE JUSTICIA PARA LAS ARTISTAS". LEOPOLDA GASSÓ EN LOS INICIOS DE LA TEORÍA Y LA CRÍTICA DE ARTE FEMINISTA EN ESPAÑA

Magdalena Illán Martín[1]

Universidad de Sevilla

Introducción

Las reivindicaciones de justicia e igualdad, para las artistas en particular, y para las mujeres en general, fueron el *leit motiv* definidor de los artículos y críticas de arte que Leopolda Gassó y Vidal (Quintanar de la Orden, Toledo, 1848-Madrid, 1885) publicó entre 1870 y 1885. En dichas reivindicaciones, Gassó apelaba al surgimiento de una "nueva era de justicia para las artistas"[2], una era de progreso que conduciría a la consecución de derechos y oportunidades igualitarias para las mujeres en el escenario social y, de manera específica, en el espacio intelectual y artístico. Para el devenir de esa nueva era, la escritora reclamaba, fundamentalmente, la colaboración sororal entre las mujeres, aunque también interpelaba a los hombres y a las instituciones públicas y privadas, al tiempo que visibilizaba los obstáculos que discriminaban a las artistas, y formulaba propuestas dirigidas a superar las desigualdades de género.

En sus artículos, Leopolda Gassó desplegó un coherente ideario como teórica y crítica de arte feminista, enmarcado en el espacio del feminismo moderado y posibilista decimonónico –aunque rebatió con firmeza algunos de sus argumentos más difundidos–, y adherido a principios igualitarios ligados al discurso de origen obrero y a preceptos masónicos que defendían la educación, la protección y la justicia para las mujeres[3].

Al análisis de dicho discurso se dirige este trabajo que examina y pone en valor, a partir de sus escritos y de fuentes hemerográficas inéditas, las lúcidas y pioneras valoraciones de Leopolda Gassó sobre la presencia y la consideración de las mujeres en el sistema artístico de la segunda mitad del siglo XIX, muchas de las cuales continúan siendo debatidas y promovidas en la actualidad[4].

---

1 ORCID: https://orcid.org/0000-0002-4084-9223.

2 GASSÓ Y VIDAL, Leopolda, 1885, p. 173.

3 Dichos preceptos estaban recogidos en los Estatutos de la logia *Las Hijas del Sol,* a la que estuvo vinculada Leopolda Gassó, véase "Las Hijas del Sol. Estatutos", *Boletín Oficial del Gran Oriente de España,* 1872, p. 4.

4 Esta investigación se ha desarrollado en el marco del Proyecto I+D+i *Las artistas en España y su proyección en la escena cultural europea (1803-1945)* –PID2020-117133GB-I00, Ministerio de Ciencia e Innovación–, y del Grupo de Investigación *Laboratorio de Arte* (HUM-201) de la Universidad de Sevilla.

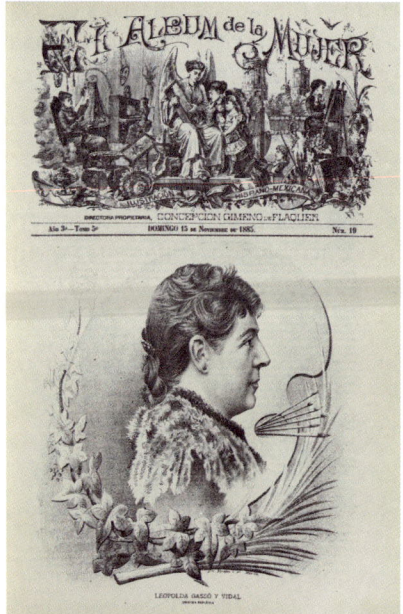

Figura 1. *Leopolda Gassó y Vidal*, reproducido en *El Álbum de la Mujer,* 15 de noviembre de 1885. Biblioteca Virtual Miguel de Cervantes.

Leopolda Gassó y Vidal, apuntes biográficos

En la emotiva necrológica que Concepción Gimeno dedicó a Leopolda Gassó no dudaba en destacar, entre sus principales cualidades, su acendrado amor por las artes y su firme posicionamiento feminista: "el arte ha perdido una admiradora apasionada, la mujer un valeroso adalid de su causa"[5].

También la escritora y periodista Josefa Pujol de Collado le dedicó una necrológica en el homenaje que el periódico mexicano *El Álbum de la Mujer* [Fig. 1] rindió a Leopolda Gassó con motivo de su fallecimiento, poniendo en valor "las ideas que bullían en su pensadora cabeza, todas encaminadas al progreso de la humanidad y en particular al mejoramiento de la mujer por medio del arte"[6].

Las palabras de Concepción Gimeno y de Josefa Pujol sintetizan la inquieta personalidad, sensible y comprometida de Leopolda Gassó, quien desplegó una trayectoria como teórica y crítica de arte dirigida a contribuir a la mejora de la sociedad, y ello, a través de una conciencia de género marcadamente manifiesta. Para comprender sus propuestas a este respecto, resulta relevante destacar algunos de los acontecimientos de su biografía que influirían decisivamente en el desarrollo de su carácter y de su producción teórica[7]. En este sentido, ha de reseñarse su nacimiento en el seno de una familia ilustrada y progresista, en la que tanto su madre, Dionisia Bautista Vidal, como su padre, el médico Joaquín Gassó, uno de los miembros fundadores de la Institución Libre de Enseñanza, favorecieron sus inquietudes intelectuales y creativas, posibilitándole una educación culta, el aprendizaje de idiomas –francés e italiano–, así como su formación como pintora con el desconocido "profesor Sancho"[8]. A mediados de la década de 1860, la familia trasladó su residencia de la localidad toledana de Quintanar de la Orden a Madrid, donde Gassó con-

5   JIMENO, Concepción, 1891, p. 7.

6   PUJOL DE COLLADO, Josefa (Evelio del Monte), 1885, p. 183.

7   Sobre la biografía de Leopolda Gassó véase: OSSORIO Y BERNARD, Manuel, 1883-1884, p. 283-284; DÍAZ SÁNCHEZ, Pilar, 2012, p. 439-448; GIL SALINAS, Rafael, 2019, https://maes.unizar.es/leopolda-gasso-vidal/; GARCÍA MARTÍN, Francisco, 2020.

8   Sobre la formación de Gassó como pintora, véase GARCÍA MARTÍN, Francisco, 2020, p. 67, 85.

tinuó su formación en los estudios de diferentes pintores, como Luis García, Manuel Martínez Ferrer e Isidoro Lozano Sirgo, así como en el Museo Nacional de Pintura y Escultura, donde se registró como copista en febrero y mayo de 1869[9].

A partir de 1870, Leopolda Gassó compaginó su actividad como pintora con su labor como escritora en diferentes periódicos, en los que publicó, entre otros, sus artículos sobre teoría y crítica de arte. Al mismo tiempo, se integró en la escena intelectual y cultural madrileña, concurriendo a diferentes tertulias, como las organizadas por Carmen de Burgos "Colombine", Carolina Coronado, Rosario de Acuña o Sofía Pérez Casanova[10].

En lo que respecta a su faceta como pintora, Gassó participó en distintos certámenes públicos, en algunos de los cuales obtuvo reconocimientos[11]. Asimismo, se anunció como artista profesional en el *Anuario almanaque del comercio, de la industria, de la magistratura y de la administración*, en la sección de "Pintores de Historia, de género, de retratos y paisistas", y como profesora de dibujo en 1884 y 1885[12]. De su producción pictórica se conocen actualmente escasos ejemplos, como *Petimetre* o *Espiando al señor* (h. 1878), *Mesa revuelta* o *Bodegón* (1879) **[Fig. 2]**, o el *Retrato de Lucas Aguirre y Juárez* (1874) siendo esta última pintura —en la que efigió al eminente filántropo, impulsor del krausismo, abolicionista y defensor de los derechos de las mujeres— la que, como se expondrá en las páginas ulteriores, guarda mayor coherencia con su discurso teórico y crí-

---

9 *Registro de copiantes,* 1864-1873, Biblioteca de Museo Nacional del Prado, Sign. L36, fol. 22, 26; en la documentación, figura como "Garantía" de Gassó su maestro Manuel Martínez, quien consta como "Profesor de Dibujo".

10 GARCÍA MARTÍN, Francisco, 2020, p. 20. ESPINA, Antonio, 1995.

11 Obtuvo mención honorífica en la Exposición Artística e Industrial promovida por la Sociedad Fomento de las Artes en 1871 y Diploma de mérito en la Exposición Regional Leonesa de 1876 por *Retrato de Lucas Aguirre y Juárez* y *Retrato de la señorita doña M. T* (85 x 62 cm). Fue seleccionada para exhibir sus obras en la Exposición Nacional de Bellas Artes de 1876 —donde presentó *Pensionista* (46 x 32 cm), *Un mendigo* (56 x 42 cm) o *Paisaje* (28 x 20 cm), *Retrato de la señorita doña M. T.* (85 x 62 cm), véase *Catálogo de la Exposición General de Bellas Artes de 1876,* 1876, p. 29-30—, en la de 1878 —en la que presentó *Paisaje* (35 x 22 cm), *Vendedores avileses* (75 x 57 cm), *Petimetre*, también denominada *Espiando al señor* (35,5 x 22,5 cm), véase *Catálogo de la Exposición General de Bellas Artes de 1878,* 1878, p. 29-30— y en la de 1881 —exhibió *Mesa revuelta* (84 x 60 cm) y *Bodegón* (55 x 44 cm), véase *Catálogo de la Exposición General de Bellas Artes de 1881,* 1881, p. 50—. También concurrió a la Exposición Regional de Valencia de 1883 —con "dos cuadritos y un retrato al carbón"— y a la Exposición de la Asociación de Escritores y Artistas de 1885, así como a exposiciones de carácter más comercial, como la organizada en 1878 por Ricardo —en la que mostró *Paisaje de Asturias*— o los Salones Bosch —donde presentó, en 1883, *Un plato*—.

12 *Anuario almanaque del comercio, de la industria, de la magistratura y de la administración* 1879, p. 238, donde consta como su dirección la residencia familiar en la calle Atocha, 18, tercero; véase también *Anuario del comercio, de la industria, de la magistratura y de la administración,* 1884, p. 387, y 1885, p. 130, en los que figura la dirección de la vivienda familiar, calle Libertad, 35.

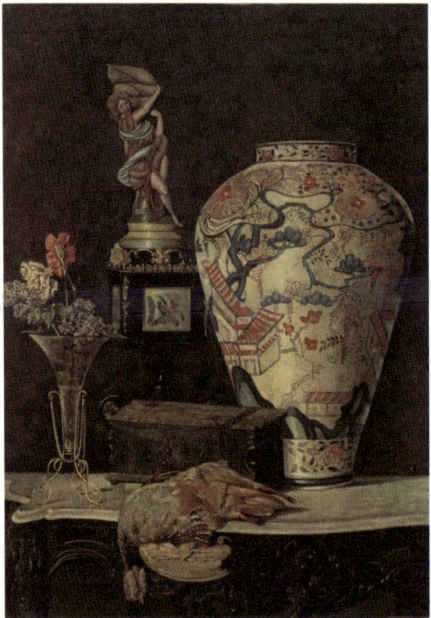

Figura 2. Leopolda Gassó y Vidal, *Mesa revuelta* o *Bodegón,* 1879. © Foto: Drouot.es.

tico sobre el arte contemporáneo y, concretamente, sobre la actividad creativa de las artistas[13].

Con respecto a su faceta como articulista, teórica y crítica de arte, Leopolda Gassó escribió y publicó sus primeros escritos en 1870. En estos trabajos iniciales –entre los que son reseñables "Rosa Bonheur" o "Influencia de la educación en el sentimiento de la caridad"–, ya se advierten los intereses y las preocupaciones que marcarían su trayectoria, en particular, la reivindicación de una educación y de unas oportunidades igualitarias para las mujeres, sobre todo, para las artistas, como herramienta para el progreso social. En este sentido, han de entenderse sus publicaciones en el ámbito de la masonería, y, concretamente, su vinculación con la logia *Las Hijas del Sol,* fundada por Emilia Serrano, la Baronesa de Wilson, en 1872[14], en cuyo periódico publicó, ese mismo año de 1872, el artículo "La mujer artista"[15]. Un año después, también colaboraría Gassó en el diario *Las Hijas de Eva*, dirigido, igualmente, por la Baronesa de Wilson, en esta ocasión, con un artículo titulado "Escuelas de Artes y Oficios"[16].

Como se concluye de la lectura de dichos artículos, para Leopolda Gassó, el desarrollo y el éxito de las artistas se configuraban como fieles indicadores del avance feminista: "Si no estuviéramos convencidos de que por fortuna en la úl-

---

13 El retrato –que la artista hubo de ejecutar a partir de una fotografía, ya que el efigiado había fallecido el 20 de octubre de 1873– fue donado por la autora a la Asociación de Escritores y Artistas Españoles, de la que fue nombrada socia de mérito, véase *La Correspondencia de España,* 1876, p. 1.

14 Los Estatutos de la Orden de *Las Hijas del Sol,* que fueron publicados en el periódico de la agrupación de logias masónicas españolas, el *Boletín Oficial del Gran Oriente de España*, recogían en su Artículo 1º los siguientes objetos: "1.º La educación física, intelectual y moral de la mujer. 2.º La caridad y la beneficencia. 3.º La justicia. 4.º La protección mutua", "Las Hijas del Sol. Estatutos", *Boletín Oficial del Gran Oriente de España,* 1872, p. 4.

15 Sobre el periódico, dirigido por la Baronesa de Wilson, véase FERNÁNDEZ, Pura, 2022, p. 208-214. Junto a Leopolda Gassó colaboraron escritoras como Concepción Jimeno –autora del artículo "No hay sexo débil" publicado en el primer número–, Robustiana Armiño –quien publicó en el segundo número el artículo "La mujer emancipada"–, etc.

16 *La lucha: órgano del partido liberal de la provincia de Gerona*, 1873, p. 3.

tima mitad del siglo XIX la emancipación intelectual de la mujer ha dado un gran paso, nos bastaría recorrer las salas de la Exposición de Pintura para persuadirnos de ello"[17]. Y el avance feminista, llevaba aparejado para Gassó el progreso social en un sentido general, no solo por la conquista de los derechos para las mujeres, sino porque ello favorecería la mejora de las condiciones de los colectivos más desfavorecidos[18]. A este respecto, en su propósito de promover una sociedad más justa e igualitaria, depositaba sus esperanzas en el compromiso y en la solidaridad de las mujeres concienciadas con la necesidad de impulsar el cambio social[19].

Durante 15 años, Leopolda Gassó publicó sus artículos y críticas de arte en una docena de periódicos, como *La Voz de la Caridad*, *Las Hijas del Sol*, *Las Hijas de Eva*, *El Almanaque de El Orden*, *El Álbum de la Mujer*, *El Correo de la Moda de Madrid* o *El Oriente de Asturias*, entre otros. La clarividencia y perspicacia de algunos de sus artículos, como el célebre "La mujer artista", conllevó que fuera reeditado en diferentes diarios años después de su primera aparición. Incluso años después del fallecimiento de Leopolda Gassó, sus inteligentes observaciones y sus atinadas propuestas continuaban publicándose en la prensa española, impulsando la reflexión de lectoras y lectores y promoviendo, con ello, el ansiado cambio social que la autora perseguía con sus escritos[20].

---

17 GASSÓ Y VIDAL, Leopolda, 1885, p. 1.

18 En algunos de sus artículos denunciaba que dichos colectivos no tuvieran igualdad de oportunidades y sí muchas dificultades para acceder a los recursos materiales: "La justicia, el derecho, deben ser patrimonio de todos [...] Día llegará en que no se mande, sino que se legisle, en que se vendan las cosas por su valor, pues a ellas tiene derecho el que tiene más y el que tiene menos", GASSÓ Y VIDAL, Leopolda, 1891h, p. 133. Al respecto, responsabilizaba a la burguesía de incrementar las desigualdades sociales, y, por ello, también la convertía en responsable de solucionarlas: "Demostrad a las clases acomodadas, a las que gastan pingües sumas en caprichos insubstanciales; demostradles que están obligadas a remediar los infinitos daños morales y sociales de sus semejantes", GASSÓ Y VIDAL, Leopolda, 1870, p. 286. Y, en particular, llamaba a la concienciación de las mujeres de la burguesía, considerándolas cómplices de la injusticia social: "A una mujer presa del esplín, hastiada de gozar, indiferente y soñolienta, sería preciso sacarla de tan lastimoso estado poniendo a su vista ejemplos muy prácticos, ya que tan poco le enseña su razón natural. Decidle, en una palabra: ¿Ves esa joya que tanto placer te causa? Pues supone un trabajo ímprobo y una inteligencia cultivada [...] ¿No es verdad que jamás se te había ocurrido que detrás de un dije pudiera ocultarse tanta miseria?", GASSÓ Y VIDAL, Leopolda, 1891g, p. 109. Mi agradecimiento a Custodio Velasco Mesa, profesor Titular de Historia Contemporánea de la Universidad de Sevilla, por sus sabias consideraciones sobre el discurso ideológico de Gassó.

19 En este sentido, instaba a las mujeres de las clases medias a unirse con los colectivos obreros para combatir la ociosidad y el despilfarro de las élites, y promover el avance hacia una civilización igualitaria: "Las mujeres de la clase media hacen grandes sacrificios por remedar y acercarse a las nobles damas, de las que son rechazadas, cuando debieran unirse a los de abajo, para derribar á esas orgullosas aristocracias que se creen superiores a nosotros", GASSÓ Y VIDAL, Leopolda, 1891e, p. 80; véase también GASSÓ Y VIDAL, Leopolda, 1870, p. 285-287.

20 GASSÓ Y VIDAL, Leopolda, 1891k, p. 2-3. Referencias a sus artículos fueron publicadas años después de su fallecimiento, véase HUERTA POSADA, Ramón de la, 1896, p. 8.

Leopolda Gassó, teórica y crítica de arte

Leopolda Gassó desplegó su actividad como teórica y crítica de arte entre 1870 y el año de su fallecimiento, 1885. A pesar de su breve trayectoria, Gassó estableció unos planteamientos inéditos con respecto a la incipiente crítica y teoría artística feminista en España, en algunos de los cuales, cuestionó principios defendidos por el feminismo moderado predominante.

En este sentido, Gassó reivindicó su crítica artística enfrentándose al feminismo esencialista y al modelo sexista heredero de los postulados románticos, que valoraban la actividad de las mujeres en la crítica literaria y artística a partir del argumento de una supuesta sensibilidad natural femenina[21]. De hecho, en sus escritos rebatía tajantemente la infundada subordinación del razonamiento de las mujeres a sus sentimientos y reivindicaba su actividad intelectual, su erudición y sus conocimientos sobre los asuntos que abordaba, rechazando el predominio del ámbito de las emociones: "escaso el influjo que tiene la palabra de una mujer, a quien la opinión general excluye de todo lo que no sea sentimentalismo ó poesía, por más que desconozcamos dónde existe el impedimento que la aleja de las cuestiones metafísicas y filosóficas"[22]. Dicho asunto protagonizó algunos de sus artículos, como "Supremacía de la mujer sobre el hombre en el sentimiento", en el que, de forma coherente con su pensamiento ilustrado y con su defensa de las capacidades intelectuales de las mujeres, rebatía con vehemencia la aseveración contenida en dicho título y arremetía acremente contra sus defensores:

> tan descabelladas razones salen de labios autorizadísimos, y ved aquí un nuevo motivo que debiera hacerme callar si no fuera porque, acostumbrada a manifestar lealmente mi sentir, no me espantan las torcidas interpretaciones que den a mis ideas tan respetables señores, no respetados por mí en semejante asunto[23].

---

21 Argumentos defendidos por figuras fundamentales de la escena cultural española, algunas de ellas, vinculadas al feminismo moderado, como Concepción Gimeno o Gertrudis Gómez de Avellaneda: "Los grandes pensamientos nacen del corazón, [...] la potencia afectiva es fuente y motora de otras, la mujer –que privilegiadamente la posee– [...] tiene en ella una fuerza asombrosa, cuya esfera de acción sería difícil determinar", GÓMEZ DE AVELLANEDA, Gertrudis, 1860, p. 227. Agradezco a mi compañera y querida amiga Mercedes Comellas, profesora de Literatura española de la Universidad de Sevilla, sus atinadas apreciaciones a este respecto. Sobre la crítica feminista en España en el último tercio del siglo XIX, véase CASAFRANCA CABANILLAS, África, 2013.

22 GASSÓ, Leopolda, 1874, p. 47; en sus críticas, a Gassó le interesa demostrar de forma manifiesta sus conocimientos sobre historia y teoría del arte, así como su punto de vista individual: "Después de haber leído varios autores antiguos y modernos que han tratado de la teoría de la pintura, tanto los titulados filósofos como los que la analizan por su parte práctica únicamente, en vano buscamos un punto de apoyo para formular la opinión nuestra", GASSÓ Y VIDAL, Leopolda, 1873, p. 113. Véanse también las referencias que incluye en sus artículos sobre artistas como Angelica Kauffmann, Rosalba Carriera (GASSÓ Y VIDAL, Leopolda, 1891a, p. 11), Claudio de Lorena o Gustave Doré (GASSÓ Y VIDAL, Leopolda, 1891i, p. 138).

23 GASSÓ Y VIDAL, Leopolda, 1891j, p. 144.

El estilo de Leopolda Gassó en sus artículos sobre crítica y teoría del arte pone de manifiesto su singular personalidad. Fiel a sus principios ilustrados, sus escritos adquieren un carácter directo, ameno, accesible y didáctico, lo cual evidencia el objetivo prioritario que la autora persigue, como es la completa comprensión de sus propuestas por parte de cualquier lectora o lector. Para favorecer dicha comprensión, no dudaba en incorporar anécdotas personales y un perspicaz sentido del humor que, en ocasiones, se transformaba en ironía[24], así como reflexiones íntimas, en las que adoptaba un tono casi confidencial[25].

También se advierte en sus juicios un profundo respeto hacia las obras de arte que examinaba –"debemos acoger con benevolencia las obras de nuestros compañeros, primero, porque son hijas del trabajo, y este siempre es sagrado, y segundo, por merecer la misma indulgencia cuando tengan que juzgarnos a nosotros"[26]– y un rotundo rechazo al machismo generalizado de la crítica de arte coetánea, que denunciaba con beligerancia: "no tenemos más que recordar las primeras Exposiciones, en donde la mujer representaba tan insignificante papel, que apenas si lograba llamarla atención de la crítica, ni aun para censurarla. Esta ofensiva indulgencia de considerarnos como a niñas inconscientes de sus actos"[27].

Los intereses de Leopolda Gassó como crítica y teórica del arte estuvieron dirigidos fundamentalmente a dos ámbitos: por un lado, a la valoración y promoción de la producción realizada por las artistas coetáneas, denunciando las dificultades que tenían que superar en el sistema artístico y proponiendo soluciones para combatir tal discriminación; y, por otro lado, al examen de la escena artística contemporánea y a la defensa de un arte comprometido con la mejora de la sociedad, en el que refutaba, entre otras cuestiones, las representaciones femeninas estereotipadas y sexualizadas, y apelaba a la actividad creativa de las artistas para su superación.

La producción de las artistas a juicio: entre reivindicaciones y denuncias

En uno de sus artículos más conocidos, Leopolda Gassó formulaba la siguiente pregunta: "¿podremos juzgar á la mujer en el arte de la pintura con el mismo criterio que al hombre?"[28]. Se trataba, lógicamente, de una pregunta retórica, cuya respuesta la proporcionaba la autora a renglón seguido: "Careciendo casi

---

24 GASSÓ Y VIDAL, Leopolda, 1891h, p. 128.

25 GASSÓ Y VIDAL, Leopolda, 1891h, p. 135: "esta es una conversación íntima, tan íntima que conmigo sola la sostengo, me dejo llevar de mi pensamiento y no temo a contradicciones que nadie ha de notar".

26 GASSÓ Y VIDAL, Leopolda, 1891b, p. 38. En ello hubo de influir su experiencia como creadora en los certámenes a los que concurrió, en los cuales, no todas las críticas que recibieron sus obras fueron positivas, es más, tuvo que sufrir los discursos machistas vigentes.

27 GASSÓ Y VIDAL, Leopolda, 1885, p. 173.

28 GASSÓ Y VIDAL, Leopolda, 1885, p. 173.

en totalidad de los elementos de que él dispone, ¿los nivelaremos a ambos?"
La pregunta fue utilizada por Gassó para desmontar uno por uno todos los argumentos establecidos por el pensamiento patriarcal dominante con relación a
la consideración de las artistas, además, contradiciendo, en ocasiones, los discursos esgrimidos por el feminismo esencialista vigente.

En este sentido, Leopolda Gassó defendía firmemente que, para que una mujer
llegara a ser una artista, era imprescindible que pudiera acceder a una enseñanza
cualificada: a la misma enseñanza que disfrutaban sus colegas varones. Con ello,
Gassó contravenía los postulados esencialistas que, bajo el argumento de una
supuesta y generalizada sensibilidad femenina, enfatizaban en las mujeres un
infundado espíritu artístico natural, relegando la formación artística a un lugar
secundario y, por lo tanto, otorgándole una influencia menor en la carrera de
una artista[29]. Apartándose de dichos postulados, Leopolda Gassó establecía una
estricta correspondencia entre las oportunidades formativas de las artistas y los
éxitos profesionales que podrían alcanzar. De hecho, en los artículos en los que
juzgaba las obras presentadas por las artistas en los certámenes no dudaba en
poner en conocimiento de la lectora o lector las desigualdades en la enseñanza
del arte para mujeres y hombres, denunciando "el injusto abandono, la indiferencia con que los Gobiernos han mirado la educación artístico-plástica de la
mujer"[30]. En este sentido, arremetía contra el sistema educativo vigente, que
discriminaba a las mujeres de las enseñanzas oficiales −"las academias de dibujo
y pintura están reservadas para el hombre, error que nace de creer que nosotros
no debemos estudiar el natural, y error que nos condena a ser siempre inferiores, aun cuando la lógica y la experiencia se encarguen de demostrar lo contrario"[31]−, relegándolas a una formación que consideraba no solo deficitaria, sino
denigrante: "el dibujo titulado de *adorno* no conduce sino á gastar un tiempo y
un capital preciosos, [...]adornos que á nada conducen, y que son reminiscencias
todavía de ciertas épocas en que la misma mujer no era más que otro adorno
del sexo masculino"[32].

En su valoración sobre las dificultades a las que tenía que enfrentarse una artista
para desplegar su carrera, Leopolda Gassó prestó especial atención a aspectos

---

29 En este sentido se manifestaron Faustina Sáez de Melgar −"¡La mujer artista no se forma, la
    mujer artista nace! Si ha nacido, ella romperá todas las vallas que sujetan su inteligencia y se
    abrirá ancho camino por entre las preocupaciones sociales" (SÁEZ DE MELGAR, Faustina, 1869,
    p. 27)−, Gertrudis Gómez de Avellaneda −"Desde la más remota antigüedad vemos a la mujer
    dando muestras de que nació dotada del instinto artístico" (GÓMEZ DE AVELLANEDA, Gertrudis,
    1860)−, anónimas/os articulistas −"Si las manifestaciones del arte brotan del alma, si el senti-
    miento de la belleza es el origen de las inspiraciones, ¿cómo negársela á la mujer en quien re-
    siden los más delicados resortes de la perceptibilidad, de expresión y de sublime encanto?"
    ("La Exposición actual de bellas artes", 1867, p. 1)− o Concepción Gimeno: "Siendo para las
    artes lo esencial el sentimiento, la mujer cuenta con brillantes facultades para cultivarlas [...].
    La mujer nace artista, como artista nace el ruiseñor", GIMENO, Concepción, 1884, p. 30.
30 GASSÓ Y VIDAL, Leopolda, 1891a, p. 9.
31 GASSÓ Y VIDAL, Leopolda, 1891a, p. 10.
32 GASSÓ Y VIDAL, Leopolda, 1885, p. 173.

que pasaban desapercibidos para otras críticas y críticos, como los impedimentos económicos y materiales: "Una de las causas que han privado a nuestro sexo de brillar en el arte de Rafael es no haberlo estudiado con la asiduidad que el hombre, ni con los medios de que él ha dispuesto [...] no han podido todas soportar los grandes gastos de esta carrera"[33]. Gastos en los que también incluía Gassó el mantenimiento de un estudio propio o compartido, las sesiones de modelos o los viajes de formación, que en el caso de los hombres podían sufragarse a través de pensiones o premios:

> El que no tiene estudio se va al del amigo, y aprende de lo que ve pintar a otros, consulta con unos, forma su criterio con lo que oye aquí o allá, va a Roma, a París, hoy los principales centros de ilustración, estudia el natural en la calle, en el campo, en donde lo necesita; pero la mujer, si no tiene elementos propios para sostener por sí sola estudios y modelos ¿dónde ha de encontrarlos?[34]

Además de denunciar las precarias oportunidades de aprendizaje de que disponían las artistas, y fiel a sus principios ilustrados y constructivos, Leopolda Gassó también efectuó propuestas para superar esa desigualdad: "es preciso que se abran clases en donde la mujer copie a la mujer [...], en que se le explique la anatomía pictórica, la historia del arte, la perspectiva y todo aquello que contribuya a desenvolver la razón y a enriquecer la inteligencia"[35].

Sin embargo, Gassó era consciente de que el hecho de alcanzar una formación igualitaria no subsanaría la discriminación de las artistas en el sistema: "no bastaría que la sociedad las hubiese igualado en ese particular [educación], si después en el curso de su carrera no las deja desarrollar por igual sus facultades"[36]. Es por ello, que arremetía acremente contra los preceptos sociales que condenaban a las mujeres al ámbito doméstico y le impedían su desarrollo en el espacio público. Y, al igual que había expresado en su diario la pintora ucraniana Maria Bashkirtseff –"Lo que envidio es la libertad de caminar sola, de ir, de venir [...] he ahí la libertad sin la cual no se puede ser una verdadera artista"[37]–, también Gassó demandaba la libertad de movimiento para las artistas: "ninguna de las Bellas Artes requiere mayores circunstancias e independencia de acción que la Pintura, y sin éstas el genio más poderoso jamás llega a revelarse"[38]. En este sentido, la autora comparaba las restricciones que sufrían las pintoras con la independencia que gozaban los pintores, una situación que conoció en primera persona durante sus sesiones de pintura en *plein air*:

---

33 GASSÓ Y VIDAL, Leopolda, 1891a, p. 17.
34 GASSÓ Y VIDAL, Leopolda, 1885, p. 173.
35 GASSÓ Y VIDAL, Leopolda, 1891a, p. 10.
36 GASSÓ Y VIDAL, Leopolda, 1885, p. 173.
37 BASHKIRTSEFF, Marie, 1890, p. 195.
38 GASSÓ Y VIDAL, Leopolda, 1885, p. 173.

Los hombres tienen estudios, pueden ir al campo, que tanto enseña, situarse en una calle y copiar un edificio antiguo o un bonito efecto de luz; viajan, todo se les permite, todo está bien visto. ¿Sucede lo mismo con la mujer? ver una señorita con su caja dirigirse al campo, era motivo de asombro y de murmuración, pues no se comprendía que *sólo* por el *gusto* de pintar se expusiese á los rigores del sol y á las fatigas de un largo paseo.... Nos imaginamos á la novel artista cargada de sus utensilios de pintura, atravesando veredas, vadeando ríos, sufriendo el sol y las lluvias, y no podemos menos de verter una lágrima de admiración a tanto heroísmo y constancia tanta[39].

Para Gassó, sin esa libertad, sin esa "independencia de acción" que requería el ejercicio de la pintura, difícilmente podría una artista alcanzar su plenitud creativa. Y es por ello por lo que, en sus juicios sobre la producción de algunas pintoras, advertía cierto "amaneramiento", que consideraba una consecuencia de la deficitaria enseñanza recibida y de los prejuicios sociales:

se ve en algunas obras pintadas por mujeres, poca independencia en el estilo, y esto no consiste en que la mujer no tenga facultades para formarse una individualidad artística, sino que acostumbrada a dominarse en todo (y mucho más en lo referente a la inteligencia), al querer desplegar su imaginación tiene miedo[40].

No obstante, y reconociendo que las dificultades que obstaculizaban las carreras de las artistas podían condicionar la originalidad y el resultado de sus trabajos creativos, Gassó valoró con firmeza el talento de algunas pintoras –como Fernanda Francés, Adela Ginés, María Luisa de la Riva, Emilia Menassade o Concepción Figuera– y reclamó su justo reconocimiento en los certámenes, por parte de la crítica de arte y de las instituciones públicas. Así, en su artículo sobre las pintoras en la Exposición Nacional de Bellas Artes de 1884, hacía hincapié en el desequilibrio que constata entre la escasa presencia de pintoras frente a la participación de pintores: "Hagamos una proporción por el catálogo de este año, y eso que es en el que ha habido mayor número de expositoras, y veamos si puede establecerse comparación entre 689 hombres y 75 mujeres"; y aunque reconocía que la concurrencia de las artistas se había visto incrementada, denunciaba, sin embargo, que ello no había tenido correspondencia en la concesión de los galardones –"Pero no sucede lo mismo con respecto a recompensas"–, visi-

---

39 GASSÓ Y VIDAL, Leopolda, 1885, p. 173, también señala: "Y si acude a su imaginación un asunto cuyo fondo y accidentes son en una plaza, una calle, un sitio público cualquiera, no puede hacerlo tampoco, pues ¡qué se diría de una señorita que estuviese al alcance de las miradas de los curiosos y de las pullas de los insolentes". En este sentido, la autora narra diferentes anécdotas ocurridas durante sus salidas para pintar paisajes, en las que pone de manifiesto la mayor permisividad de la sociedad española con las artistas extranjeras: "Sólo a las inglesas se les permite ciertas cosas, y la que esto escribe, en sus viajes por España, ha tenido que fingir serlo muchas veces, chapurreando francés para que se viese libre su persona, su cuadro y su caballete de agresiones poco tranquilizadoras", GASSÓ Y VIDAL, Leopolda, 1885, p. 174.

40 GASSÓ Y VIDAL, Leopolda, 1891, p. 52.

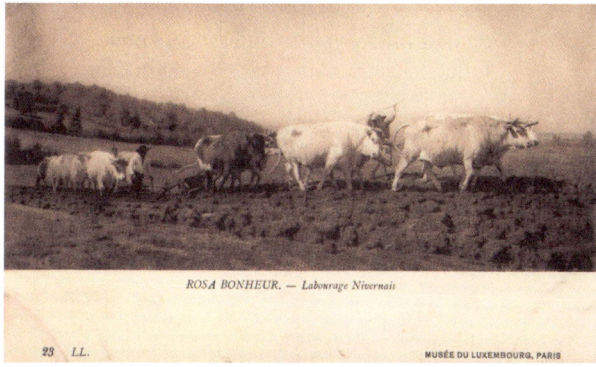

Figura 3. Rosa Bonheur, *Labourage Nivernais,* 1849. Postal musée du Luxemburg, París.

bilizando la discriminación de las artistas de las concesiones de premios. A este respecto, Gassó, que manifestaba su rechazo a cualquier privilegio hacia las artistas, exigía –considerando las desigualdades que condicionaban sus carreras profesionales– la concesión de alguna "recompensa a las obras expuestas por mujeres, siempre y cuando reuniesen condiciones de ser estimadas en algo, como lo son muchas veces, pues esto sería un aliciente que las animase en sus trabajos y en la vida de lucha que el artista lleva siempre consigo"[41]. Dicho lo cual, sabedora de que sus palabras caerían en saco roto, expuso con acritud su denuncia a la falta de conciencia por parte del jurado de los obstáculos que las artistas tenían que superar para competir con sus colegas varones:

> los mismos que debían hacerse cargo de los escollos que tiene que vencer la mujer para elevarse en cualquier ramo del saber, la miran en estos certámenes con esa indiferencia que hiere y entristece a la par. Si en la balanza de la justicia, el favor había de inclinarla (cosa que está bien lejos de nuestros principios), más lógico sería que se dirigiese hacia el lado de las señoras, vistas las dificultades con que tropiezan[42].

Leopolda Gassó era consciente de que la igualdad que reclamaba para las artistas no llegaría a alcanzarse sin el compromiso de las administraciones públicas en dos cuestiones concretas, que también exigió en sus artículos: por un lado, la adquisición por parte de los Estados de obras ejecutadas por mujeres artistas, instando al Gobierno español a ello, para iniciar –según sus palabras– "una nueva era de justicia para las artistas"[43]; por otro lado, la exposición en los museos de obras realizadas por las artistas, donde debían ocupar "el lugar que le robaron hasta hoy", y denun-

---

41 GASSÓ Y VIDAL, Leopolda, 1885, p. 173.

42 GASSÓ Y VIDAL, Leopolda, 1885, p. 174. También Concepción Gimeno denunciaba, en el caso francés, el machismo del jurado: "Téngase en cuenta que el Jurado Calificador, compuesto de hombres, es benévolo para admitir obras de los compañeros, y muy poco para aceptar cuadros de pintoras", GIMENO, Concepción, 1901, p. 184.

43 GASSÓ Y VIDAL, Leopolda, 1885, p. 174.

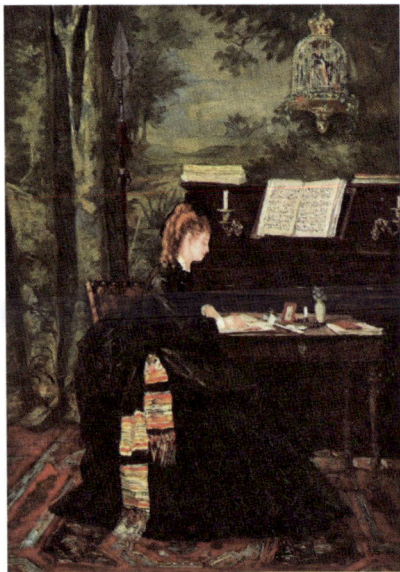

Figura 4. Louise Abbéma, *Joven escribiendo,* 1872. © Foto: MutualArt.

ciaba duramente dicha ausencia: "no hay que extrañarse del vacío que vemos en los Museos y en las modernas Exposiciones, donde el nombre de la mujer aparece en proporción de la indiferencia con que se la mira"[44]. En relación a ambas cuestiones, Gassó contraponía el acentuado conservadurismo y machismo de la sociedad española con el caso francés, en el que ponía en valor las adquisiciones estatales de obras ejecutadas por mujeres artistas para su exhibición en el Musée du Luxembourg. La autora enarbolaba algunos ejemplos al respecto, deteniéndose especialmente en Rosa Bonheur (1822-1899) y en su pintura *Labourage Nivernais* (1849) [**Fig. 3**], encargada por el Estado francés y exhibida en el referido Musée du Luxembourg. También se refería a otras artistas, a quienes valoraba particularmente, como las coetáneas Louise Abbéma (1853-1927) [**Fig. 4**] y Marie Braquemond (1840-1916), así como a otras pintoras decimonónicas, cuyas obras fueron adquiridas para su exposición pública en los museos parisinos, como Constance Mayer (1774-1821), Marie-Guillemine Benoist (1768-1826), Jeanne-Élisabeth Gabiou (Chaudet o Husson, 1767-1832), Hortense Lescot Viel (Haudebourt-Lescot, 1784-1845) o Louise Marie-Jeanne Mauduit (Hersent, 1784-1862)[45].

En la escena artística española, Gassó valoró de forma positiva la producción creativa de pintoras coetáneas como Fernanda Francés (1862-1939), quien, a su juicio, había superado con su obra *Flores y frutas* [**Fig. 5**] a la eminente bodegonista Clara Peeters, y de quien destacó algunas de sus pinturas como *La azotea de Lindaraja* [**Fig. 6**] por su "verdad incomparable"[46]. También elogió el talento de Adela Ginés (1847-1923), María Luisa de la Riva (1859-1926), Emilia Menassade (n. 1850) –en cuyos bodegones subrayó "su portentosa factura", así como su "valentía, frescura y excelente color"– o el "acreditado pincel" de Concepción Figuera (h. 1860-1926) [**Fig. 7**] –de quien valoró la pintura de tamaño natural *Zoraya*–[47].

---

44 GASSÓ Y VIDAL, Leopolda, 1885, p. 173.

45 GASSÓ Y VIDAL, Leopolda, 1885, p. 173.

46 GASSÓ Y VIDAL, Leopolda, 1891c, p. 54; GASSÓ Y VIDAL, Leopolda, 1885, p. 174.

47 Entre las artistas cuyas producciones fueron valoradas positivamente por Gassó se encuentran: Margarita Arosa, Aurora de Pedro, Isabel Baquero, Carmen Duimovich, Ana Servert, Ana Álvarez, Agustina Atienza, Juana Muñoz, Carmen Rodríguez Alonso, Emilia Alba, Casilda Mexía, Elena Izquierdo, Enriqueta Miret, Adela García o Flora Armendáin; GASSÓ Y VIDAL, Leopolda, 1885, p. 174; GASSÓ Y VIDAL, Leopolda, 1891c, p. 53-54.

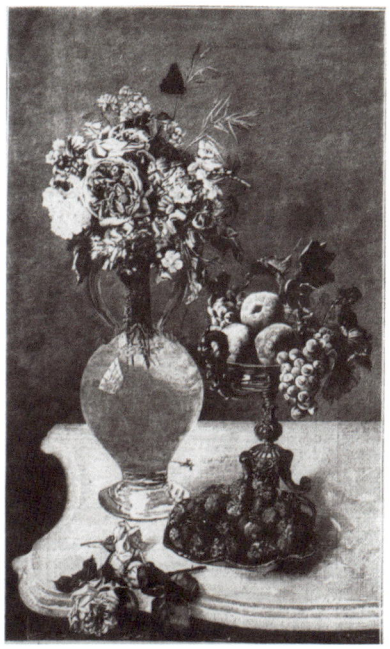

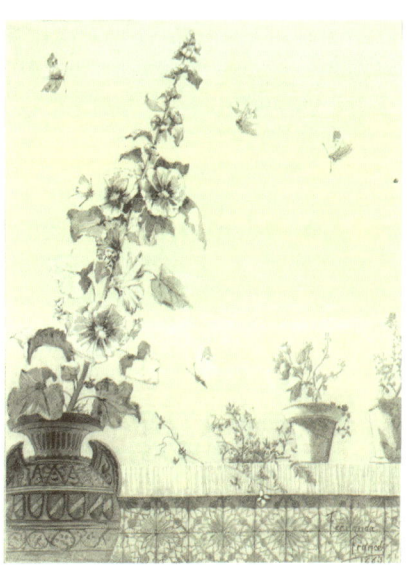

Figura 6. Fernanda Francés, *Frutas y flores,* reproducido en *La Ilustración Española y Americana,* 8 de diciembre de 1888. Biblioteca Nacional de España.

Figura 5. Fernanda Francés, *Frutas y flores,* reproducido en *La Ilustración Española y Americana,* 15 de mayo de 1888. Biblioteca Nacional de España.

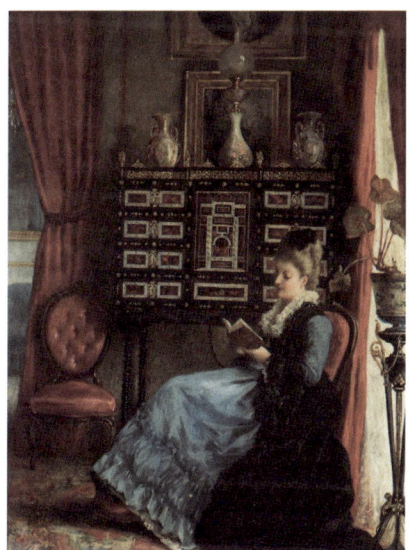

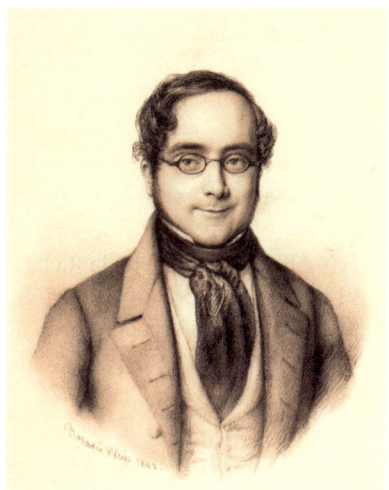

Figura 7. Concepción Figuera, *Señora leyendo en su gabinete,* 1877. Colección privada, Madrid. © Foto: Sala Retiro.

Figura 8. Rosario Weiss, *Retrato de Mesonero Romanos,* 1842. © Museo Nacional del Romanticismo. Foto: Javier Rodríguez Barrera.

Finalmente, al igual que otras escritoras y críticas contemporáneas, Leopolda Gassó cuestionó en sus artículos los discursos machistas difundidos por la historiografía artística vigente, que había prescindido de las aportaciones de las creadoras. Refutando dicha historiografía reivindicó a figuras como Sofonisba Anguissola (1532-1625), Clara Peeters (1594-1636) –"cuyos bodegones son lo mejor que yo he visto en este género"–, Artemisia Gentileschi (1593-1656), Rosalba Carriera (1673-1757), Angélica Kauffman (1741-1807), y, en el caso español, a Francisca Palomino y Velasco (2ª mitad XVII), a "la eminente escultora" Luisa Roldán (1652-1706) y a Rosario Weiss (1814-1843), cuyo *Retrato de Mesonero Romanos* **[Fig. 8]** "demuestra en su finísima ejecución un talento de primer orden"[48].

Juicios sobre el arte contemporáneo: un arte "al lado de la civilización y de la justicia"

En artículos como "¿A qué teorías debe obedecer la pintura contemporánea?", "Breves consideraciones sobre la teoría de la pintura y el realismo contemporáneo" o "Dos palabras sobre la originalidad artística"[49], Leopolda Gassó llevó a cabo una valoración lúcida y personal sobre las tendencias artísticas coetáneas, en cuyos juicios de valor incorporó criterios feministas y la influencia de la crítica realista.

Conforme a sus principios ilustrados, Gassó defendía en sus escritos un arte comprometido con la mejora de la sociedad, un arte que promoviera la justicia social a través de "composiciones que ensalcen la virtud, condenen el vicio, pregonen la justicia"[50]. Es por ello, que, de forma coherente con su pensamiento y con su manera de entender la crítica de arte, instaba a la superación de algunas de las tendencias artísticas vigentes en el momento:

> Después de haber leído varios autores antiguos y modernos que han tratado de la teoría de la pintura, tanto los titulados filósofos como los que la analizan por su parte práctica únicamente, en vano buscamos un punto de apoyo para formular la opinión nuestra; tal es la divergencia de pareceres. Quien la analiza por el lado del sentimiento, quien la sujeta al más triste y desconsolador realismo, quien concede toda su atención a la forma desviándose así de la esencia de las cosas, quien se deja llevar de un romanticismo exagerado, y por último, quién olvidándose del carácter de la época en que vivimos, trata de hacer revivir el arte antiguo con todas sus consecuencias, desconociendo que nuestras costumbres y aspiraciones varían mucho de las de los antepasados[51].

---

48 GASSÓ Y VIDAL, Leopolda, 1891c, p. 54.

49 GASSÓ Y VIDAL, Leopolda, 1873, p. 113-115; GASSÓ Y VIDAL, Leopolda, 1874, p. 47-51; GASSÓ Y VIDAL, Leopolda, 1891b, p. 35-40.

50 GASSÓ Y VIDAL, Leopolda, 1891a, p. 18.

51 GASSÓ Y VIDAL, Leopolda, 1873, p. 113.

Gassó abogaba por lo que denominaba "arte filosófico", expresión con la que se refería a las obras artísticas que concedían a la idea, mensaje o contenido la máxima importancia, mientras los elementos formales quedaban en un segundo plano[52]. Obras de arte que, a través de los asuntos o temas representados, promovieran en espectadoras y espectadores una profunda reflexión. Ello, no obstante, no significa que la autora no valorara los aspectos técnicos y plásticos, ya que, como ella misma señalaba: "¿Y creéis que aconsejo el descuido de las reglas del arte, esencialísimas para el perfeccionamiento completo de un artista? De ningún modo"[53]; de hecho, muchos de sus juicios críticos se basaban en el examen de los aspectos formales, como se advierte en sus críticas sobre la producción de Fernanda Francés, Emilia Menassade o Rosa Bonheur, elogiando en las pinturas de esta última "su correcto dibujo, delicadeza en la composición y un profundo estudio del natural. El color, dicen ser algo amanerado en algunas composiciones, pero en dibujo es irreprochable"[54].

Junto a ello, Leopolda Gassó apelaba a la necesidad de un arte centrado en el presente, en la realidad cotidiana: "lo que sólo satisface a la fantasía, ha ocupado ya bastante tiempo la facundia de nuestros pintores"[55]. Conforme a lo expuesto, rechazaba las manifestaciones artísticas que perseguían "hacer revivir" la Antigüedad, refutando su huida del presente y manifestando su aversión por las representaciones femeninas estereotipadas y sexualizadas: "figuras mitológicas que, merced a su ropa ligera, dejan lucir el mórbido seno y la torneada pierna"[56]. También reprobaba el "romanticismo exagerado" y sus temáticas sugestionadas por el "barbarismo de la Edad Media, la apoteosis de la guerra [...] su espíritu sangriento y su crueldad"[57], así como las manifestaciones creativas que se remitían a cualquier época pretérita –"no intentemos hacer revivir ideas que desaparecieron con los huesos de nuestros abuelos"–, en particular, al Renacimiento y al Barroco[58]. Por otro lado, desaprobaba acremente la pintura costumbrista, a la que reprochaba la imagen ofensiva que transmitía de las mujeres: "el género popular, tan poco acertado en ocasiones, que sólo nos lo representan por el lado más repugnante. Hombres en estado de embriaguez, jugadores con ademanes y posturas chavacanas [sic], mujeres

---

52 En este sentido, Gassó interpretó bajo un sesgo propio cuestiones acerca de la idea y la forma planteadas en la crítica romántica alemana y sobre los momentos de la historia del arte formulados por Hegel, GASSÓ Y VIDAL, Leopolda, 1891h, p. 115-116.

53 GASSÓ Y VIDAL, Leopolda, 1874, p. 47.

54 GASSÓ Y VIDAL, Leopolda, 1891d, p. 69-70; con respecto a las obras de Bonheur, Gassó manifiesta con honestidad "no hemos tenido el gusto ni la fortuna de ver ninguno de sus cuadros; sólo conocemos fotografías de ellos", y alude a las lecturas que le han reportado conocimientos sobre la producción de la artista.

55 GASSÓ Y VIDAL, Leopolda, 1874, p. 51.

56 GASSÓ Y VIDAL, Leopolda, 1874, p. 48.

57 GASSÓ Y VIDAL, Leopolda, 1891h, p. 117.

58 "En vano intentan algunos inspirar su escéptico pincel en la fe que siempre acompañaba a Murillo y Fr. Angélico, pues se encuentran sin creencias que los animen y sin público que los aplauda", GASSÓ Y VIDAL, Leopolda, 1874, p. 49.

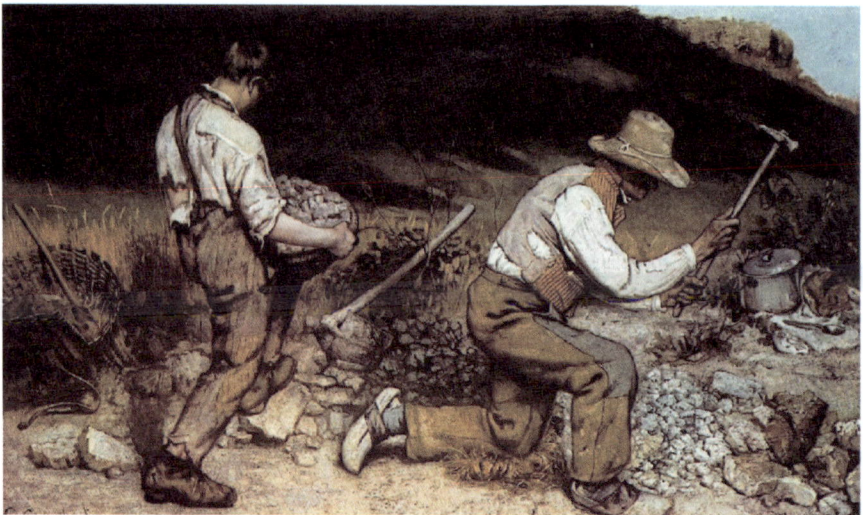

Figura 9. Courbet, *Los picapedreros,* 1849. Foto: Wikipedia.

dóciles a la seducción"[59]. Finalmente, señalaba que tampoco le satisfacía cualquier tendencia dentro del Realismo: "condeno el realismo que hoy caracteriza a muchos pintores españoles, por creerlo más perjudicial que el purismo exagerado de hace pocos años, puesto que este abrigaba un fin bellísimo y aquél puede conducir a la perversión del gusto y de la belleza"[60].

El arte que defendía Leopolda Gassó debía favorecer la reflexión sobre "la religión del espíritu, la belleza moral, el progreso en todas sus esferas"[61]. En ese marco, valoraba a artistas como Goya, de cuya producción destacaba particularmente sus grabados, en los que –a su juicio– reflejaba "muchas costumbres y virtudes del pueblo ibero, entre las últimas, su decidido amor a la independencia"[62]. También elogiaba las representaciones protagonizadas por trabajadoras y trabajadores, como las recreadas por Rosa Bonheur o por Courbet, sobre cuya pintura *Los picapedreros* (1849) **[Fig. 9]** escribió lo siguiente:

> Courbet, el pintor revolucionario, el artista de la idea y de la práctica, ha dado un ejemplo al mundo artístico de que nuestras teorías son hacederas. *Los Picapedreros,* la más bella y genuina expresión del género realista, es una lección que todo egoísta debiera aprender de memoria. Dicho cuadro representa dos hombres, viejo el uno y joven el otro, que arrostran los rigores de

59 GASSÓ Y VIDAL, Leopolda, 1874, p. 50. También señalaba que se trataba de un "género que a nada conduce en el arte ni fuera de él. Aludimos a esas escenas repugnantes en que los beodos, los toreros o los naipes constituyen el objetivo del artista", GASSÓ Y VIDAL, Leopolda, 1874, p. 49.
60 GASSÓ Y VIDAL, Leopolda, 1874, p. 48.
61 GASSÓ Y VIDAL, Leopolda, 1874, p. 48.
62 GASSÓ Y VIDAL, Leopolda, 1891a, p. 20.

la estación con el fin de ganar un bocado de pan para su familia. El de menos edad parece que reflexiona en la triste suerte que le espera, pues el miserable porte de su compañero le indica que después de una vida trabajosa, sólo le aguardan privaciones y miserias. ¡Qué hermoso poema el del trabajo! ¡Cuán sentido está! ¿Y habrá quien al contemplarlo no jure mejorar las condiciones del obrero?[63]

Ciertamente, *Los picapedreros* ejemplificaba plenamente el arte que defendía Gassó: un arte que impulsara la reflexión y la mejora del ser humano y, con ello, el progreso de la sociedad. Esos temas comprometidos con las cuestiones sociales son los que la autora recomendaba ejecutar a las artistas, desaprobando otros asuntos: "el género de paisajes, el de fruteros y el de flores son muy reducidos para la clara inteligencia femenina, y para lo que pide ya de nosotras el siglo en que vivimos"[64]. Asimismo, también recomendaba a las creadoras desechar en sus producciones los temas que promovieran la violencia y una imagen degradante de las mujeres: "¿Será tan limitado el campo de la mujer, como nos lo han pintado los que no ven en el arte más allá de la mitología, las batallas u otros asuntos que repugnan al sentimiento delicado del sexo femenino?"[65].

Frente a dichos temas, que –según Gassó– no fomentaban la reflexión sobre las problemáticas sociales y tampoco promovían una elevación espiritual y moral, instaba a las artistas a inspirarse en asuntos afines a su consideración del arte: "en vez de pintar horrores, en vez de poner la paleta a merced de la iniquidad y de las preocupaciones vulgares, coloquémonos al lado de la civilización y de la justicia, pues de lo contrario, mereceríamos volver a coger el huso y la rueca, y ocupar, el lugar en la familia y en la sociedad que nuestras infortunadas ascendientes"[66].

Para Leopolda Gassó, eran las artistas –no sus colegas varones– quienes podrían impulsar, a través de sus producciones creativas, el progreso de las mentalidades: "Nadie mejor que la mujer puede ofrecernos composiciones que además de satisfacer al ojo inteligente, enseñen y conmuevan, siempre con el fin de ir desterrando las tinieblas de la ignorancia, noble objeto a que deben aspirar todas las artes"[67]. Y continuaba esgrimiendo un discurso plenamente coherente

---

63 GASSÓ Y VIDAL, Leopolda, 1874, p. 50. También valora las obras de Greuze, Gerome, GASSÓ Y VIDAL, Leopolda, 1891, p. 39.

64 GASSÓ Y VIDAL, Leopolda, 1891a, p. 10. No obstante, pese a lo expuesto, en otros artículos valoraba a las artistas que habían cultivado la pintura de paisaje y animales –como Rosa Bonheur–, o la naturaleza muerta –Fernanda Francés, María Luisa de la Riva...–, poniendo en valor dichos asuntos: "es tan difícil caracterizar dentro de las condiciones artísticas e interpretar acertadamente las maravillas de la Naturaleza!", y cuestionando los criterios académicos que infravaloraban a "los copiantes, los del género de retratos, los paisajistas [...] son mirados por algunos compositores con indiferencia, tachándoles de mecánicos e incapaces de obtener merecidamente el hermoso título de artistas", GASSÓ Y VIDAL, Leopolda, 1891b, p. 36.

65 GASSÓ Y VIDAL, Leopolda, 1891a, p. 19.

66 GASSÓ Y VIDAL, Leopolda, 1891a, p. 21.

67 GASSÓ Y VIDAL, Leopolda, 1891a, p. 20.

con sus ambiciosos ideales filantrópicos y feministas, con el que exhortaba a las artistas a poner su talento y su creatividad al servicio del cambio hacia una sociedad en donde, desde paradigmas de justicia e igualdad, se consiguiera la paz social: "empapado nuestro sexo en el espíritu de caridad moderna que pregona el amor sin distinción de países ni de clases, debe contribuir por medio de la pintura a que desaparezcan los rencores políticos, religiosos y nacionales".

Bibliografía

ANUARIO. *Anuario almanaque del comercio, de la industria, de la magistratura y de la administración.* Madrid: Carlos Bailly-Bailliere, 1879.

ANUARIO. *Anuario del comercio, de la industria, de la magistratura y de la administración.* Madrid: Carlos Bailly-Bailliere, 1884.

ANUARIO. *Anuario del comercio, de la industria, de la magistratura y de la administración.* Madrid: Carlos Bailly-Bailliere, 1885.

BASHKIRTSEFF, Marie. *Journal,* vol. 2. París: G. Charpentier et Cie, Éditeurs, 1890.

CABANILLAS CASAFRANCA, África, *Las pioneras de la crítica de arte feminista en España (1875-1936).* Tesis doctoral inédita. UNED, 2013.

CATÁLOGO. *Catálogo de la Exposición General de Bellas Artes de 1876.* (Celebrada en Madrid, 1876). Madrid: Imprenta y Fundición de M. Tello, 1876.

CATÁLOGO. *Catálogo de la Exposición General de Bellas Artes de 1878.* (Celebrada en Madrid, 1878). Madrid: Tipograf.–Estereotipia Perojo, 1878.

CATÁLOGO. *Catálogo de la Exposición General de Bellas Artes de 1881.* (Celebrada en Madrid). Madrid: Imprenta y Fundición de Manuel Tello, 1881.

CORRESPONDENCIA. *La Correspondencia de España,* 3 de enero de 1876, p. 1.

DÍAZ SÁNCHEZ, Pilar. "Leopolda Gassó y Vidal (1848-1885): pintora y escritora". En: DÍAZ SÁNCHEZ, P. *et al.* (eds.). *Impulsando la historia desde la historia de las mujeres.* Huelva: Universidad de Huelva, 2012, p. 439-448.

ESPINA, Antonio. *Las tertulias de Madrid.* Madrid: Alianza, 1995.

EXPOSICIÓN. "La Exposición actual de bellas artes". *La Guirnalda, periódico quincenal, dedicado al bello sexo,* 16 de marzo de 1867, p. 1.

EXPOSICIÓN. *Exposición Regional Leonesa de 1876.* (Celebrada en León, 1877). León: Imprenta de Rafael Garzo e Hijos, 1877.

FERNÁNDEZ, Pura. *365 relojes. La Baronesa de Wilson.* Barcelona: Penguin Random House, 2022.

GARCÍA MARTÍN, Francisco. *Leopolda Gassó y Vidal.* Toledo: Editorial Ledoria, 2020.

GASSÓ Y VIDAL, Leopolda. "Influencia de la educación en el sentimiento de la caridad". *La voz de la Caridad,* 15 de noviembre de 1870, p. 285-287.

GASSÓ Y VIDAL, Leopolda. "La mujer artista". *Las Hijas del Sol,* noviembre de 1872.

GASSÓ Y VIDAL, Leopolda. "¿A qué teorías debe obedecer la pintura contemporánea?". *Boletín-Revista del Ateneo de Valencia,* 30 de agosto de 1873, p. 113-115.

GASSÓ Y VIDAL, Leopolda. "Breves consideraciones sobre la teoría de la pintura y el realismo contemporáneo". En: SÁNCHEZ PÉREZ, A. (dir.). *Almanaque de El Orden para 1875.* Madrid: Quirós, Impresor, 1874, p. 47-51.

GASSÓ Y VIDAL, Leopolda. "Las artistas españolas en la Exposición de 1884". *El Álbum de la Mujer,* 8 de noviembre de 1885, p. 173-174.

GASSÓ Y VIDAL, Leopolda. "La mujer artista". En: GASSÓ Y VIDAL, L. *Colección de sus trabajos literarios precedidos de una necrología de doña Concepción Jimeno.* Madrid:

Escuela Tipográfica del Hospicio, 1891a, p. 9-21.

GASSÓ Y VIDAL, Leopolda. "Dos palabras sobre la originalidad artística". En: GASSÓ Y VIDAL, L. *Colección de sus trabajos literarios precedidos de una necrología de doña Concepción Jimeno.* Madrid: Escuela Tipográfica del Hospicio, 1891b, p. 35-40.

GASSÓ Y VIDAL, Leopolda. "En la exposición de la sociedad de Escritores y Artistas. Las Pintoras". En: GASSÓ Y VIDAL, L. *Colección de sus trabajos literarios precedidos de una necrología de doña Concepción Jimeno.* Madrid: Escuela Tipográfica del Hospicio, 1891c, p. 51-54.

GASSÓ Y VIDAL, Leopolda. "Rosa Bonheur". En: GASSÓ Y VIDAL, L. *Colección de sus trabajos literarios precedidos de una necrología de doña Concepción Jimeno.* Madrid: Escuela Tipográfica del Hospicio, 1891d, p. 65-72.

GASSÓ Y VIDAL, Leopolda. "La clase media". En: GASSÓ Y VIDAL, L. *Colección de sus trabajos literarios precedidos de una necrología de doña Concepción Jimeno.* Madrid: Escuela Tipográfica del Hospicio, 1891e, p. 77-89.

GASSÓ Y VIDAL, Leopolda. "Breves consideraciones sobre la necesidad de educar a la mujer moral e intelectualmente". En: GASSÓ Y VIDAL, L. *Colección de sus trabajos literarios precedidos de una necrología de doña Concepción Jimeno.* Madrid: Escuela Tipográfica del Hospicio, 1891f, p. 92-99.

GASSÓ Y VIDAL, Leopolda. "Remedio contra el esplín". En: GASSÓ Y VIDAL, L. *Colección de sus trabajos literarios precedidos de una necrología de doña Concepción Jimeno.* Madrid: Escuela Tipográfica del Hospicio, 1891g, p. 108-111.

GASSÓ Y VIDAL, Leopolda. "¿De qué?". En: GASSÓ Y VIDAL, L. *Colección de sus trabajos literarios precedidos de una necrología de doña Concepción Jimeno.* Madrid: Escuela Tipográfica del Hospicio, 1891h, p. 114-136.

GASSÓ Y VIDAL, Leopolda. "La ciudad encantada". En: GASSÓ Y VIDAL, L. *Colección de sus trabajos literarios precedidos de una necrología de doña Concepción Jimeno.* Madrid: Escuela Tipográfica del Hospicio, 1891i, p. 138-142.

GASSÓ Y VIDAL, Leopolda. "Supremacía de la mujer sobre el hombre en el sentimiento". En: GASSÓ Y VIDAL, L. *Colección de sus trabajos literarios precedidos de una necrología de doña Concepción Jimeno.* Madrid: Escuela Tipográfica del Hospicio, 1891j, p. 144-149.

GASSÓ Y VIDAL, Leopolda. "La mujer artista". *El Álbum Ibero-Americano,* 30 de julio de 1891k, p. 2-3.

GIL SALINAS, Rafael. "Leopolda Gassó y Vidal", 2019 (en línea). En: https://maes.unizar.es/leopolda-gasso-vidal/ (Fecha de consulta: 10-09-2024).

GIMENO, Concepción. "Aptitudes de la mujer para las artes I". *El Álbum de la Mujer,* 20 de julio de 1884, p. 30.

JIMENO *[sic],* Concepción. "Leopolda". En: GASSÓ Y VIDAL, L. *Colección de sus trabajos literarios precedidos de una necrología de doña Concepción Jimeno.* Madrid: Escuela Tipográfica del Hospicio, 1891, p. 1-8.

GIMENO, Concepción. *La mujer intelectual.* Madrid: Imprenta del Asilo de Huérfanos, 1901.

GÓMEZ DE AVELLANEDA, Gertrudis, "La mujer". En: *Álbum cubano de lo bueno y lo bello.* Habana: Imprenta del Gobierno y Capitanía General por S. M., 1860, p. 259-262.

HIJAS. "Las Hijas del Sol. Estatutos". *Boletín Oficial del Gran Oriente de España,* Madrid, 15 de octubre de 1872, p. 4.

HUERTA POSADA, Ramón de la. "La mujer (Continuación). Leopolda Gassó". *El Álbum Ibero-Americano,* 7 de agosto de 1896, p. 8.

LUCHA. *La lucha: órgano del partido liberal de la provincia de Gerona,* 30 de enero de 1873, p. 3.

MEMORIA. *Memoria de la Exposición Literario-Artística (1884-1885)*. Madrid: Imprenta y Fundición de Manuel Tello, 1887.

OSSORIO Y BERNARD, Manuel. *Galería biográfica de artistas españoles del siglo XIX*. Madrid: Imprenta de Moreno y Rojas, 1883-1884.

PUJOL DE COLLADO, Josefa (Evelio del Monte). "Pintora y literata". *El Álbum de la Mujer,* 15 de noviembre de 1885, p. 183.

SÁEZ DE MELGAR, Faustina. *Memoria del Ateneo de Señoras leída en Junta General celebrada el día 27 de junio de 1869 por la presidenta y fundadora*. Madrid: Imprenta Sres. de Rojas, 1869.

SALONNIÈRES[1] ET ENGAGEMENTS FÉMINISTES AU TOURNANT DU XXᵉ SIÈCLE

Manon Grégoire

Université Bordeaux Montaigne,
Centre de recherche en histoire de l'art François-Georges Pariset (EA538)

« On nous demande avec une indulgente ironie combien il y a eu de grandes-artistes femmes. Eh ! messieurs, il y en a eu et c'est étonnant, vu les difficultés énormes qu'elles rencontrent »[2]. En 1881, dans son célèbre plaidoyer pour leur entrée à l'École des beaux-arts publié dans *La Citoyenne*[3], la peintre, sculptrice et critique Marie Bashkirtseff (1858-1884) dénonce les écueils dont souffrent les femmes désireuses de s'établir comme artistes professionnelles. Parmi ces iniquités, c'est de la mauvaise réception critique dont elles pâtissent dont s'indigne Clotilde Dissard (1873-1918) dans *La Fronde* en 1899. En réaction au compte rendu d'exposition peu élogieux de l'Union des femmes peintres et sculpteurs (UFPS) publié par Arsène Alexandre[4] dans *Le Figaro*, elle se désole : « Les femmes artistes savent, par expérience, quelles hostilités et quelles préventions elles ont à vaincre pour arriver à ces demi-succès dont doivent se contenter les femmes. [...] Il y a quelque chose d'instructif et d'inconscient, quelque chose comme un besoin barbare de lutte –qui interdit à l'homme les joies véritables que lui donnerait l'art féminin »[5]. Contestant la partialité et la capacité des hommes lorsqu'ils jugent les œuvres de femmes, la chroniqueuse suggère que les salonnières sont davantage compétentes pour leur accorder la reconnaissance critique tant indispensable à la construction de leurs carrières. Cette revendication, qui se fonde sur une stratégie d'essentialisation des pratiques, nous invite à l'examen des relations de soutiens entre actrices du monde de l'art dans le contexte français de la seconde moitié du XIXᵉ siècle et le début du XXᵉ siècle. Alors que Charlotte Foucher Zarmanian constate la reconduction par les critiques actives sous la Monarchie de Juillet (1830-1848) des « traditionnels clichés féminins sur la sensibilité et l'amateurisme », elle signale l'apparition de critiques engagées en faveur de la reconnaissance professionnelle des artistes femmes au cours de la Troisième République (1870-1940)[6]. Indisso-

---

1 Le terme « salonnière » est ici pensé comme équivalent à « salonnier » malgré son faible usage au féminin aux XIXe et XXe siècles.
2 ORELL, Pauline [BASHKIRTSEFF, Marie], 1881a, p. 4.
3 Organe de presse féministe fondé en 1881 par Hubertine Auclert (1848-1914).
4 ALEXANDRE, Arsène, 1899, p. 4; pour une étude approfondie de la réception des artistes femmes par Alexandre Arsène, voir: FERNANDEZ, Hélène, 2021, p. 293-302.
5 DISSARD, Clotilde, 1899, p. 3.
6 FOUCHER ZARMANIAN, Charlotte, 2012, p. 289.

ciable du développement du féminisme et de l'émergence d'organes de presse militants que permet la loi sur la liberté de la presse en 1881, ce phénomène intervient au cours d'une période également marquée par la fondation de l'Union des femmes peintres et sculpteurs. À cet égard, cette étude propose d'explorer les engagements des salonnières en faveur des artistes du même sexe. Il s'agit de déceler les dynamiques de sororité entre actrices du monde de l'art et d'en identifier les espaces les plus représentatifs. À travers un panorama des discours produits, il convient également d'interroger les limites de ces soutiens et de sonder les éventuelles dissensions entre intellectuelles des milieux artistiques et littéraires.

Sœurs de plume et de pinceaux

Si les artistes femmes bénéficient déjà ponctuellement du concours des critiques actives avant les années 1880, leur complicité s'affirme dans les deux dernières décennies du siècle, encouragée par le développement du féminisme et des revendications professionnelles des artistes contemporaines. Certaines critiques à l'engagement très modéré avant cette période commencent d'ailleurs à soutenir, épisodiquement, les artistes femmes. À cet égard, Judith Gautier (1845-1917), qui se prononce notamment en faveur des sculptrices[7], réserve aux artistes contemporaines des commentaires certes sporadiques mais habiles. En 1885, son compte rendu de l'exposition des aquarellistes témoigne d'une volonté de revalorisation des artistes femmes:

> L'exposition de Madeleine Lemaire est des plus brillantes. Le vrai printemps pourrait être jaloux des fleurs que laisse tomber de sa robe cette mutine et mignarde figure personnifiant le printemps ; et certes, à ces prunes dont la peau craque, à ces groseilles juteuses et transparentes, les oiseaux pourraient se tromper[8].

L'identification, par les lecteurs érudits, de la référence au duel pictural qui a opposé Zeuxis et Parrhasios, permet d'établir une élogieuse analogie entre les facultés picturales de Madeleine Lemaire et celles des peintres restés célèbres depuis l'Antiquité grecque pour leur *mimesis*. Si l'appel aux figures d'autorité comme moyen de valorisation n'est pas inédit dans l'histoire de la critique d'art, il enracine ici une artiste dans un discours historique commun aux amateurs d'art et duquel les femmes sont généralement exclues.

Il n'est pas singulier, pour les salonnières, d'œuvrer à la postérité des artistes femmes. Dans un article monographique publié en 1917 dans la *Gazette des beaux-arts*, Jeanne Doin (1881-1967) situe la pratique picturale d'Hélène Dufau (1869-1937) au regard de la création contemporaine: « Souvent le nom de M.

---

7 GRÉGOIRE, Manon, [en cours de parution].
8 GAUTIER, Judith, 1885, p. 3.

Albert Besnard a été prononcé au sujet de Mlle Dufau, précisément en ce qui touche ces reflets colorés. L'exemple d'un autre maître contemporain peut tout aussi bien être cité: celui de M. Renoir »[9]. La référence à ce dernier peintre consacré qu'elle qualifie de « maître », témoigne de la velléité de Jeanne Doin de placer Hélène Dufau parmi les artistes alors célébrés et au sein d'une histoire commune. Cette stratégie d'intégration implique l'usage de notions sur lesquelles le discours dominant s'est traditionnellement fondé. Commentant sous le pseudonyme de Gustave Haller le portrait de Rosa Bonheur (1822-1899) exposé par sa fille Achille Fould (1865-1951) au Salon de 1898, Valérie Simonin (1831-1919) n'hésite pas à mentionner le « génie » de la peintre animalière qu'elle qualifie de « maître en peinture »[10]. Le terme, dont l'accord rappelle que l'inclusion au discours historique est généralement pensée au masculin, n'est toutefois appliqué qu'à des artistes qui, à l'instar de Rosa Bonheur, jouissent d'une renommée inédite à leur sexe. Au décès de cette dernière, c'est dans la presse féministe que Marie-Louise Néron (1866-1942) affirme qu'elle laissera « un nom dans l'histoire de l'art. On dira un jour les "bœufs au labour de Rosa Bonheur" comme on dit la "vache de Potter" et les "cavaliers de Géricault" »[11].

Des soutiens inédits au sein de la presse féministe

L'émergence d'une critique d'art engagée se confirme au sein des organes de presse féministes qui se développent dans le dernier quart du siècle. Œuvrant tant par leurs écrits que par leurs actions à l'émancipation féminine, ces journaux militants se présentent rapidement comme de véritables espaces de sororité[12] entre intellectuelles des milieux littéraires et artistiques. La coopération de l'artiste peintre Hélène Dufau, sollicitée par Marguerite Durand (1864-1936) pour produire l'affiche de lancement **[Fig. 1]** de son quotidien *La Fronde* illustre pleinement ces phénomènes de solidarité. S'épaulant, main dans la main, sept femmes du plus jeune âge à la vieillesse y surplombent un panorama de la ville de Paris. À la tête du groupe, la directrice du journal pointe le doigt en direction d'un futur plus égalitaire tandis qu'au fond, une artiste –probablement la peintre elle-même– nous convoque du regard. En cela, la lithographie concilie les revendications féministes avec celles des artistes professionnelles. Cette idée est explicitement exprimée par Blanche Cremnitz (1848-1918) qui, se réjouissant des succès d'Hélène Dufau au Salon de 1902, affirme la corrélation entre l'évolution de la reconnaissance des artistes femmes et les combats militants:

---

9 DOIN, Jeanne, 1917, p. 468-470.
10 HALLER, Gustave [SIMONIN, Valérie], 1902, p. 111.
11 NÉRON, Marie-Louise, 1899, p. 2.
12 L'usage anachronique du terme, en référence aux recherches de Tamar Garb, témoigne de la force des actions de solidarité menées par ces femmes.

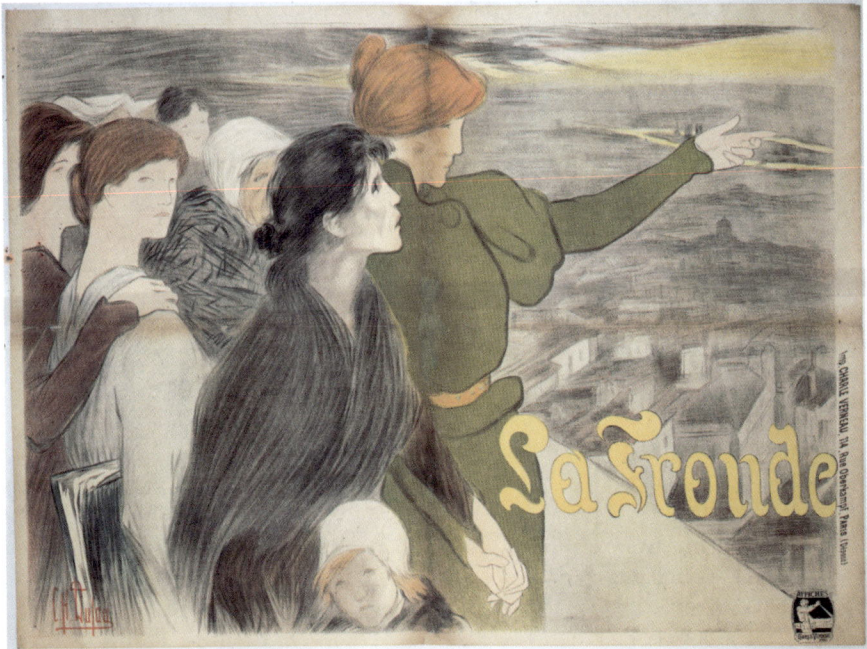

Figura 1. Hélène Dufau, *La Fronde,* 1898. CC0 Paris Musées / Musée Carnavalet – Histoire de Paris.

C'est à une femme, Mlle Dufau, qu'a été décernée, cette année, une 2e médaille du salon de la Société Nationale des Beaux-Arts. À la *Fronde*, nous en sommes doublement heureuses ; d'abord, parce que c'est une victoire pour le féminisme ; ensuite, parce que celle qui a remporté cette victoire est l'auteur de la belle affiche qui annonça la fondation de notre journal, de cette affiche d'une conception si large et d'un dessin si pur, que les collectionneurs s'arrachèrent quand elle parut et qui restera comme une des plus belles œuvres de ce genre[13].

En liminaire de son compte rendu du Salon de 1886 publié dans *La femme et l'enfant*, journal dirigé par Louise Koppe (1846-1900), Léonie Mulier associait déjà la progression du nombre d'exposantes au triomphe à venir du féminisme dans un discours des plus radicaux à cette période:

Je ne vous surprendrai pas, mes sœurs, ni vous, messieurs, en vous disant que le nombre des artistes féminins au Salon de cette année était plus nombreux qu'à la précédente exposition, et que depuis quelque dix ans, la progression suit son cours de telle façon qu'il est à prévoir le moment où au lieu de composer une minorité, si imposante soit-elle, nos artistes seront en majorité en vertu de cette loi de nature que les femmes sont plus nombreuses

13 PARRHISIA [CREMNITZ, Blanche], 1902, p. 1.

que les hommes sur le globe qui leur est commun. [...] En rentrant plus pro-
fondément dans l'esprit de mon sujet, je ne puis que féliciter vivement les
artistes qui par leur vaillance établissent ainsi un courant d'opinion qui, leur
profitant à elles-mêmes, fera faire un pas de plus à la grande fusion égalitaire
entre les femmes-servantes et les hommes-maîtres[14].

S'associant encore davantage à leur quête de reconnaissance et contribuant à
pallier leur maigre visibilité sur la scène artistique parisienne, les journaux féministes métamorphosent ponctuellement leurs locaux en des espaces d'exposition pour les productions des artistes contemporaines. À peine un an après sa
fondation, le public est invité par *La Fronde* à découvrir des œuvres d'un groupe
de femmes, parmi lesquelles Louise Desbordes (1848-1926), Le Roy d'Étiolles
(1864-1939) ou encore Claude Marlef (1864-1937?). Pour Simone Darelle
(?-?), l'évènement dont elle décrit le succès est propice à une plume militante:

> Il serait difficile de trouver un cadre plus propice à l'intimité du talent que
> ce hall de *La Fronde* avec son artistique décoration, sa douce tonalité où la
> lumière, savamment ménagée des grappes électriques, met çà et là quelques
> taches brillantes, évocatrices de féerie. [...] C'est une preuve nouvelle que
> les femmes peuvent, en matière artistique, égaler, sinon dépasser les
> hommes. *La Fronde* se réserve le soin d'organiser d'autres expositions fémi-
> nines qui, nous l'espérons, recevront du public le même accueil favorable
> que celle-ci et remporteront le même succès[15].

L'initiative est réitérée par *La Française*, hebdomadaire fondé en 1906 par Jane
Misme (1865-1935). En 1911, les artistes françaises et étrangères sont sollicitées
pour participer à une exposition d'un mois, organisée sous le patronage de la
duchesse de Rohan (1853-1926)[16] et pendant laquelle les productions sont pro-
posées à la vente[17]. Une soirée en l'honneur des femmes peintres, sculpteurs
et décorateurs est encore programmée en 1925, grâce au concours du Conseil
National des Femmes dont Jane Misme préside la section « Presse, Lettres,
Arts »[18].

Sans surprise au regard de ces relations, la visibilité accordée aux artistes
contemporaines par les salonnières de la presse féministe s'avère sans précédent. Alors que leurs homologues masculins ont tendance à négliger, si ce n'est
occulter totalement la participation des exposantes aux salons, elles semblent
davantage soucieuses de leur garantir l'attention qui leur est souvent refusée.
Malgré leur faible participation à l'exposition des aquarellistes de 1898, Marie-
Louise Néron leur concède par exemple une place d'honneur: « Deux femmes
seulement figurent parmi les exposants. Nous les nommons tout d'abord, non

---

14 MULIER, Léonie, 1884, p. 78-79.
15 DARELLE, Simone, 1898, p. 1.
16 FEMINIA, 1911a, p. 2.
17 FEMINIA, 1911b, p. 3.
18 MISME, Jane, 1925, p. 1.

seulement parce que femmes, mais surtout parce qu'elles se placent au premier rang par un talent remarquable »[19]. Leurs comptes rendus recensent les contributions féminines de manière inédite. Charlotte Foucher Zarmanian remarque en effet la radicalisation de la pratique de Léonie Mulier qui, à partir de 1884, ne commente que les envois féminins des expositions pourtant mixtes[20]. Ce procédé, à contre-pieds des discours dominants, se généralise à l'ensemble de la presse féministe[21]. Ce soutien sans précédent ne doit pas néanmoins occulter la sévérité des jugements qu'elles peuvent porter sur les œuvres exposées. Dans un article consacré aux exposantes du Salon de la Société des artistes français de 1907, Rose de Marne (?-?) juge les fleurs de Jane Amen (1861-1923) « sans charme »[22]. Le portrait envoyé par Angèle Delasalle (1867-1939) ne trouve pas davantage grâce à ses yeux, estimant que « tout manque de vie ; même le toutou qui semble empaillé »[23].

Essentialisation des pratiques

L'une des stratégies employées par les salonnières afin d'œuvrer à la légitimité professionnelle des artistes femmes repose sur l'essentialisation des pratiques. Si ce moyen de revalorisation n'est pas propre aux critiques de la presse féministe, ces dernières s'appliquent particulièrement à détourner les stéréotypes féminins en atouts à la création en manipulant le concept de la féminité et les codes qui y sont associés. À cet égard, Blanche Cremnitz, constatant que la « véritable supériorité [des femmes] en peinture est dans les fleurs » s'interroge: « Est-ce parce qu'elles ont plus de patience pour reproduire chaque pétale si délicat des fleurs, ou parce qu'elles ont l'instinct poétique plus développé que leurs confrères masculins ? »[24]. La maternité, habituellement perçue comme incompatible avec une carrière professionnelle, est régulièrement conciliée à la pratique artistique. À propos des productions de Marie-Anne Leroudier (1838-1908), Joséphine Berger (?-?) affirme:

> L'âme douce et bonne, modeste de cette femme, son existence tout simplement droite d'épouse et de mère (elle a élevé cinq enfants) s'identifient avec la pureté de ses dessins, l'expérience de ses compositions et corrections, les chatoiements harmonieux de ses coloris[25].

---

19 NÉRON, Marie-Louise, 1898, p. 2.
20 FOUCHER-ZARMANIAN, Charlotte, 2015b, p. 117.
21 D'après nos dépouillements, les salonnières de *La Fronde* et de *La Française*, telles que Jeanne Perrot (1871-1970), Rose de Marne, Mathilde Dons (1801-1842) ou encore Clotilde Misme (1889-1970), proposent régulièrement des comptes rendus exclusivement dédiés aux femmes.
22 MARNE, Rose de, 1907a, p. 3.
23 MARNE, Rose de, 1907b, p. 3.
24 PARRHISIA [CREMNITZ, Blanche], 1903, p. 2
25 BERGER, Joséphine, 1899, p. 2.

À partir de la fin du siècle, l'essentialisation des pratiques sert l'émergence d'un discours encourageant les femmes à s'investir dans les arts décoratifs, lié à la fondation du Comité des Dames au sein de l'Union des arts décoratifs en 1895 pour remédier à la menace industrielle sur les métiers d'art. En 1898, Paule Vigneron (?-?) affirme leur supériorité dans ce domaine dans un commentaire empreint de nationalisme:

> dans ce domaine de l'ornement, le féminisme le plus radical devrait se donner carrière ; en cela, il n'y a rien à attendre que de l'initiative personnelle, pas de croisade à prêcher, pas de lois à enlever de façon révolutionnaire, et au bout de cette chose si simple, l'art décoratif aux femmes, un grand bien-être pour beaucoup, et peut-être dans la suite le relèvement de l'industrie nationale. [...] Voilà tout un ensemble de professions où nous sommes manifestement supérieures aux hommes ; elles sont parmi les plus lucratives et aussi les plus faciles à exercer ; elles nous concernent tout spécialement, puisque de temps immémorial, nous portons les robes et les bijoux et gouvernons les maisons[26].

L'assimilation des arts décoratifs au combat féministe semble paradoxale puisque l'enjeu économique a également eu l'objectif de contrôler, à travers l'instrumentalisation des facultés dites féminines, la carrière des artistes femmes alors incitées à s'investir dans un domaine artistique encore considéré comme mineur[27]. Pourtant, les salonnières des journaux féministes persistent à présenter cette pratique comme une de leur spécificité. En 1922, Mathilde Dons déclare:

> c'est dans l'art du tissu que la femme règne en maîtresse incontestée: chasuble de velours rose brodée par Mlle Desvallières de guirlandes de fleurs, toile brodée par Mme Marguerite Henri-Ramey, broderies de laine de Mme Georges Boileau, velours et satins peints par Mlle Suzanne Bertillon, ou merveilleux et féériques batiks de Mme Pangon, les femmes sont véritablement reines en ce domaine. Leurs doigts patients savent assembler les tons en harmonies délicates ou audacieuses et l'on est heureux de voir de grands talents se consacrer à cet art de la broderie longtemps délaissé, pour lequel, dans les siècles passés, les plus grands maîtres ne dédaignaient pas de créer des modèles et qui contribuaient alors à la gloire de la France[28].

Par la réhabilitation des arts décoratifs à travers un discours nationaliste, la critique perturbe les hiérarchies établies entre les domaines de création. Cette mise à mal des discours traditionnels lui permet ainsi de contribuer à la revalorisation des artistes femmes, associées à une pratique artistique qu'elle présente comme prestigieuse.

---

26 VIGNERON, Paule, 1898, p. 3.
27 FOUCHER ZARMANIAN, Charlotte, 2015a, p. 94.
28 DONS, Mathilde, 1922, p. 4.

Des engagements modérés: l'exemple de Marie Bashkirtseff

Alors que Marie Bashkirtseff s'insurge contre les conditions inégales de formation qui freinent l'évolution des carrières féminines, sa pratique critique, pourtant publiée dans le journal féministe *La Citoyenne,* ne témoigne pas d'un
engagement similaire à ses consœurs. Les exposantes demeurent en très large
retrait dans le compte rendu du Salon de 1881 qu'elle signe de son pseudonyme
Pauline Orell. Parmi la cinquantaine d'artistes étudiés, seules trois femmes sont
remarquées et les commentaires sont peu flatteurs. Elle n'a rien de remarquable
à signaler dans le portrait de femme envoyé par Louise Abbéma (1853-1927) et
considère les trois femmes du tableau de Louise Breslau (1856-1927) « ni jolies
ni distinguées et d'une facture qui flotte entre M. Bastien Lepage et M. Manet »,
ajoutant: « Il y a là des mains très extraordinaires comme encroûtement ; c'est
dommage que l'artiste prenne cet excès d'empâtement pour de la vigueur »[29].
Encore sévère mais toutefois plus indulgente, elle signale:

> "L'atelier de femmes dirigé par M. Julian", par Mlle Andrey. L'artiste nous
> montre toutes ces jeunes filles au travail, il y en a de jolies. C'est assez amu-
> sant, vivant et bien composé, mais que de duretés, que de choses lâchées !
> Le modèle qui pose sur la table n'est pas bon du tout. On dit que c'est une
> jeune débutante, elle est alors presque excusable[30].

Le commentaire réservé à Louise Breslau doit être mis en perspective avec la ri-
valité latente entre les deux élèves de l'académie Julian. Effrayée à l'idée que sa
concurrente soit récompensée, elle se désole lorsqu'elle apprend que le jury
s'est beaucoup intéressé à son envoi et se confie, dans son journal « Oh ! là là
les larmes, qui avaient déjà coulé, se répandent en torrents »[31]. En réalité, la
jeune ukrainienne expose elle-même au Salon cette année-là et espère être re-
marquée par le jury et la critique. Le tableau qu'elle présente n'est autre que *À
l'atelier Julian*, exposé sous le pseudonyme de Mlle Andrey. La pratique critique
de Marie Bashkirtseff, qui profite de sa position pour promouvoir son envoi et
doit être pensée au regard de son double statut d'artiste et de salonnière, témoigne de la singularité des profils et des engagements.

Dissonances & tensions: le cas de l'Union des femmes peintres et sculpteurs

En 1881, la fondation de l'Union des femmes peintres et sculpteurs (UFPS) par
la sculptrice Hélène Bertaux (1825-1909) constitue une initiative inédite et témoigne de la volonté des artistes contemporaines de s'organiser de manière au-
tonome sur la scène artistique parisienne. Alors que les conditions de création

---

29 ORELL, Pauline [BASHKIRTSEFF, Marie], 1881c, p. 3.
30 ORELL, Pauline [BASHKIRTSEFF, Marie], 1881b, p. 2.
31 BASHKIRTSEFF, Marie, 1881, p. 272.

leur sont encore défavorables, cette nouvelle société apparaît comme un véritable moteur de la lutte pour leur professionnalisation. La société, engagée pour l'accès des femmes à la formation gratuite de l'École des beaux-arts[32], inaugure également un nouvel espace d'exposition spécifiquement réservé aux femmes à partir de 1882. Dans un esprit de sororité, les artistes débutantes comme les plus confirmées y sont invitées à présenter leurs productions, à travers un accrochage refusant tout système de hiérarchisation[33]. Reconnue d'utilité publique en 1892, la contribution de l'UFPS à l'évolution de la reconnaissance des artistes femmes est indéniable. Dès 1882, Marie Biard (1840-1897) se réjouit de l'initiative dans *Le Figaro:* « L'union des Femmes peintres et sculpteurs mérite tous les encouragements. Le travail artistique console et charme la femme, quelles que soient d'ailleurs sa destinée et sa fortune »[34]. En 1894, dans le *Journal des artistes*, Jeanne Régamey (1868-1927) concilie même ses actions au combat féministe:

> La treizième exposition annuelle de l'Union des femmes peintres et sculpteurs vient de s'ouvrir au Palais de l'Industrie, et les nombreux et très élégants visiteurs qui, chaque jour y affluent, s'accordent à constater que jamais ce Salon spécial n'avait offert un ensemble d'œuvre aussi intéressant. [...] En notre temps, où le bien-fondé des revendications féministes est trop lentement reconnu, il était juste de fournir aux artistes à qui leur sexe interdisait jusqu'à présent l'accès de l'École des Beaux-Arts, un moyen de se révéler[35].

Dans un discours qui dénote, Andrée Myra (1868- ?) ne semble pourtant pas partager l'avis de ses consœurs. Accablée par sa visite du Salon de l'UFPS de 1906, elle déplore, en liminaire du compte rendu qu'elle propose dans les colonnes de *La Justice*, s'être « prise à désirer, comme le bonhomme Chrysale, que la femme abandonne pinceaux, palette et ébauchoir, pour se livrer au raccommodage actif de ses marmots à la confection prudente et raisonnée du bœuf à la mode »[36]. L'apparence misogyne des propos tenus par la critique contraste avec les revendications qui sont habituellement les siennes[37] et qu'elle s'empresse de réaffirmer:

> Je ne suis pourtant pas, de mon naturel, très pompier en matière d'éducation ou de principes sociaux ; je dirais même, si je n'avais horreur de m'embrigader sous un drapeau quelconque, que je suis féministe autant qu'on peut l'être. Reste à savoir ce que l'on entend au juste par féminisme[38].

---

32   À propos de l'entrée des femmes à l'École des beaux-arts, voir: SAUER, Marina, 1991.

33   GARB, Tamar, 1989a ; 1989b ; 1994.

34   ÉTINCELLE [BIARD, Marie], 1882, p. 1.

35   RIVAL, Jeanne, [RÉGAMEY, Jeanne], 1894, p. 489.

36   MYRA, Andrée [BOULAND, Andrée Marie], 1906, p. 1.

37   GRÉGOIRE, Manon, [à paraître].

38   MYRA, Andrée [BOULAND, Andrée-Marie], 1906, p. 1.

En signalant la difficulté de s'accorder sur une définition unique du féminisme, elle en suggère la pluralité. En 1989, l'historienne Karen Offen concluait un article sur l'origine du terme sur ce même constat: « Au début du XXᵉ siècle, donc, il y avait plusieurs féminismes français [...] Phénomène qui pose quelques questions intéressantes pour l'historien du féminisme: qui est vraiment féministe ? À quel point les féministes deviennent-ils des antiféministes ? »[39]. À cet égard, le discours porté sur l'UFPS semble cristalliser les tensions inhérentes à la polymorphie du féminisme et des positionnements.

Si Andrée Myra admet que la fondation de la société « dont les expositions permettraient de mieux juger des progrès, des qualités personnelles, du caractère spécial à chacune, loin du brouhaha et du chaos des grands salons, [...] était bonne et profitable »[40], elle en regrette les « résultats déplorables »[41]. Formulant un reproche assez inédit, elle s'attaque aux statuts même de la Société dont l'organisation repose sur un système mercantile et inégalitaire:

> Les personnes qui désirent en faire partie, sont obligées de verser une certaine somme moyennant quoi elles peuvent envoyer les œuvres qu'elles veulent, et qui sont toujours reçues. On forme ainsi une petite société fermée, un paradis de l'art, où peu sont appelées, où toutes sont élues, sans efforts, par la simple grâce de la cotisation annuelle. L'argent, là, comme partout, est le grand responsable de la décadence morale. Celles qui en ont sont sûres de leur fait, celles qui en manquent, restent à la porte, et meurent inconnues[42].

Bien que l'un des principes fondamentaux de l'UFPS soit de garantir à toutes la possibilité d'exposer, sans distinction aucune au regard du statut de leur carrière, Andrée Myra soulève le paradoxe de cette approche en introduisant les questions de classe aux débats féministes sur l'art. Contribuant certes à pallier les inégalités de genre dans le monde de l'art, la société opère néanmoins un glissement des procédés d'exclusion aux voies de reconnaissance puisque la classe sociale devient un facteur d'éviction. Si l'UFPS n'est pas à l'origine de cette inégalité –par exemple, seules les femmes issues de milieux privilégiés ont alors les moyens de se former dans des académies privées–, elle ne résout pas les injustices qui entravent les carrières de toutes les artistes en ignorant les rapports de classe. Elle démontre ainsi les failles du combat pour la reconnaissance professionnelle de l'artiste femme de l'UFPS dont les actions ne favorisent finalement qu'une élite.

Au sein des journaux féministes, les réprimandes remettent davantage en cause le Salon de la société dont le principe de non-mixité risque d'accroître l'exclusion

---

39 OFFEN, Karen, 1987, p. 496.
40 MYRA, Andrée [BOULAND, Andrée Marie], 1902, p. 2.
41 MYRA, Andrée [BOULAND, Andrée Marie], 1902, p. 2.
42 MYRA, Andrée [BOULAND, Andrée Marie], 1903, p. 2.

des femmes du discours sur l'art. En 1899, Jeanne Brémontier regrette en effet qu'elles s'isolent des institutions de consécration traditionnelles et mieux reconnues:

> Pourquoi les femmes artistes font-elles une exposition à part ? [...] quel besoin les pousse à faire ainsi bande à part. Ne voyons-nous pas chaque année, des femmes comme Mlles Alix d'Anethan, Dufau, Jeanne Breslau, Juana Romani [...] remporter dans les grands salons, aux côtés des maîtres les plus réputés, de francs et légitimes succès ? Alors, pourquoi ces airs de pensionnaires timides, pourquoi cette petite exposition féminine à laquelle, disons-le franchement, le public se rend sans enthousiasme, en dépit des œuvres vraiment remarquables qu'on est sûr d'y rencontrer. Il est bien entendu que ceci n'est point un blâme, mais simplement l'expression du désir bien légitime de voir les femmes prendre partout —en art comme ailleurs— la place à laquelle elles ont droit[43].

Jeanne Perrot se désespère surtout de la médiocrité des envois du Salon de 1902:

> Hier s'ouvrait ce Salon –le Salon des disciplinées. Est-ce l'effort vivant des groupes libres qui le fait paraître de moins en moins hardi ? Ou bien sa sécurité officielle le porterait-il à se contenter de plus en plus facilement ? Quoi qu'il en soit, sa sagesse est de plus en plus sage et soumise aux timidités d'École. Les indépendantes ne recherchent pas, sous son pavillon, l'hospitalité du Grand Palais. Et s'il n'avait quelques talents que l'ancienneté de leur dévouement oblige, il deviendrait tout-à-fait l'asile de productions d'amateurs, d'élèves– productions aimables, gracieuses, jolies, mais insuffisantes pour défendre l'idée que pareilles ambitions esthétiques sont permises à la femme et à l'homme[44].

À travers ce commentaire sévère, la salonnière regrette non seulement que les exposantes de l'UFPS se restreignent au conformisme, mais qu'elles contribuent également à véhiculer une image stéréotypée et dévaluée de leurs pratiques. Les recherches ont démontré comment le XIXᵉ siècle, en adéquation avec sa conception de la féminité, a façonné une « homogénéité fictive des productions féminines »[45] sur des critères esthétiques dépréciatifs. Dans un contexte culturel où le génie est pensé au masculin, l'art dit féminin s'apparente à une production normée, confinée à de petits formats ainsi qu'à des genres et des pratiques considérés comme peu prestigieux. Comme l'indiquent les travaux menés par Tamar Garb, l'UFPS a largement participé à cette catégorisation de l'art féminin afin de rendre compatible le profil de l'artiste professionnelle avec des idéaux plus conservateurs, dans un discours l'articulant à des valeurs patriotiques et une conception traditionnelle du rôle de la femme dans la société[46]. Cette caté-

---

43 BRÉMONTIER, Jeanne, 1899, p. 2.
44 HARLOR [PERROT, Jeanne], 1902, p. 2.
45 NOËL, Denise, 2004, p. 9.
46 GARB, Tamar, 1989, p. 41.

gorie est néanmoins d'autant plus limitante qu'elle restreint les artistes femmes à une pratique à contrecourant des réflexions contemporaines sur la modernité artistique. S'opposant aux valeurs conservatrices qui y sont associées dans un article sur l'Exposition des Femmes Artistes de 1900, Jeanne Perrot s'efforce de mettre à mal les stéréotypes associés à l'art féminin et la hiérarchisation des productions en fonction du sexe de l'artiste:

> « Art féminin » déclaraient des « connaisseurs » après une rapide visite à la galerie de la rue de Sèze. Et ces deux mots tombaient du haut d'une indulgence dédaigneuse pour signifier: art timide, mièvre, balbutiant, un peu mou, trop évidemment docile à des influences plus ou moins recommandables. À la vérité, l'observation est juste pour la plupart des expositions de peintures féminines. Mais il convient d'ajouter qu'il se trouve dans la plupart aussi des choses subtiles, gracieuses, délicates. Or ces qualités appartiennent à toute œuvre d'art qui se veut complète: elle doit être autant de finesse que de force. Si elle est puissante et peu nuancée, elle manque d'équilibre. Et l'art dénommé viril est plutôt brutal s'il ignore la douceur. Ainsi les caractères qu'on a l'habitude d'attribuer exclusivement à l'art féminin, sont également réclamés par l'art masculin s'il a un idéal de perfection. N'en faut-il pas conclure que l'art ne saurait être le privilège d'un sexe ?[47].

Incriminant les méthodes selon lesquelles les femmes sont élevées, elle les encourage à se défaire de la modestie et des conventions qui les retiennent de s'affirmer pleinement en tant qu'artistes. Elle conclut enfin sur le principe de liberté, associant de nouveau la lutte pour la reconnaissance des artistes femmes à celle de l'émancipation féminine: « Voilà l'éducation qui est à refaire, c'est-à-dire à supprimer. Il faut que la femme, comme l'homme, ait droit à l'émotion totale. Quand ses aptitudes longtemps repliées, atrophiées auront pu s'épanouir, alors elle fera de l'art, du véritable, de l'art libre. »[48].

Dans le contexte de développement du féminisme à la fin du XIXe siècle, les artistes femmes ont bénéficié d'un soutien de plus en plus prononcé de la part des critiques du même sexe. L'engagement en faveur de leur reconnaissance professionnelle s'est manifesté sous une forme inédite dans les organes de presse féministes. À travers un discours conciliant leur lutte pour leur reconnaissance professionnelle avec celle de l'émancipation féminine, elles leur ont accordé une visibilité sans précédent. Ces dynamiques de solidarité ne peuvent néanmoins occulter la singularité des pratiques critiques. De la même manière qu'être une femme ne signifie pas être féministe, l'engagement diffère en fonction des profils et des valeurs. La polymorphie du féminisme à cette période ainsi que l'articulation des revendications d'artistes professionnelles avec des idéaux parfois conservateurs sont à la source de dissonances et de tensions entre intellectuelles des milieux littéraires et artistiques.

---

47 HARLOR, 1900, p. 4.
48 HARLOR, 1900, p. 4.

Malgré l'enrichissement des études sur la critique d'art et l'intérêt croissant accordé aux artistes femmes par l'histoire de l'art, les études sur les salonnières demeurent lacunaires. Pourtant, au regard des dynamiques de soutiens privilégiés entre ces actrices du monde de l'art, il nous paraît primordial de s'intéresser à ce pan de la pratique critique susceptible de participer au renouvellement épistémologique de la discipline amorcé par les historiennes et historiens de l'art depuis une cinquantaine d'années[49].

Bibliographie

ALEXANDRE, Arsène. « La vie artistique. Les femmes artistes ». *Le Figaro*, 1899, n° 7, p. 4.

BASHKIRTSEFF, Marie. *Journal de Marie Bashkirtseff*. Paris: G. Charpentier & Cie, 1890.

BERGER, Joséphine. « Une Solitaire de l'Art ». *La Fronde*, 1899, n° 685, p. 2.

DARELLE, Simone. « L'exposition de la Fronde ». *La Fronde*, 1898, n° 374, p. 1.

DISSARD, Clotilde. « Chronique Féministe. Le féminisme dans l'art ». *La Fronde*, 1899, n° 396, p. 3.

DOIN, Jeanne. « Hélène Dufau, artistes contemporains ». *Gazette des beaux-arts*, 1917, t. XIII, p. 467-482.

DONS, Mathilde. « Les Femmes au Salon d'Automne ». *La Française*, 1922, n° 593, p. 3-4.

ÉTINCELLE [BIARD, Marie]. « Carnet mondain ». *Le Figaro*, 1882, n° 33, p. 1.

FEMINIA. « Notre Exposition d'Œuvres de Femmes Artistes ». *La Française*, 1911a, n° 191, p. 2.

FEMINIA. « Ce qu'il faut savoir ». *La Française*, 1911b, n° 196, p. 3.

FERNANDEZ, Hélène, « Les femmes artistes, ces "hommes ratés" ». Dans: FERNANDEZ Hélène. *Arsène Alexandre (1859-1937): critique et écrivain d'art, collectionneur et fonctionnaire des Beaux-Arts*. Bordeaux: Université Bordeaux Montaigne, 2021, p. 293-302.

FOUCHER ZARMANIAN, Charlotte. « Le bas-bleu artistique: portrait au vitriol de la femme critique d'art ». Dans: HYDE, Melissa ; FEND, Mechtild ; LAFONT, Anne (dir.), « *Plumes et pinceaux. Discours de femmes sur l'art en Europe (1750-1850)*. Dijon: Presses du réel, 2012, p. 271-289.

FOUCHER ZARMANIAN, Charlotte. *Créatrices en 1900. Femmes artistes en France dans les milieux symbolistes*. Paris: Mare et Martin, 2015a.

FOUCHER ZARMANIAN, Charlotte. « Les femmes artistes sous presse. Les créatrices vues par les femmes critiques d'art dans la presse féminine et féministe en France autour de 1900 ». *Sociétés & Représentations*, 2015b, n° 40, p. 111-127.

GAUTIER, Judith. « Exposition des aquarellistes ». *Le Rappel*, 1885, n° 5445, p. 3.

GARB, Tamar. « L'Art féminin: the formation of a critical category in late nineteenth century France ». *Art history*, 1989a, vol. 12, n° 1, p. 39-65.

GARB, Tamar. « Revising the Revisionists: The Formation of the Union des Femmes Peintres et Sculpteurs ». *Art Journal*, 1989b, vol. 48, p. 63-70.

GARB, Tamar. *Sisters of the Brush, Women's Artistic Culture in Late Nineteenth-Century Paris*. New Haven et Londres: Yale University Press, 1994.

GRÉGOIRE, Manon. « "Un art jusqu'alors presque exclusivement réservé aux fils d'Adam": les sculptrices sous la plume des salonnières (1850-1900) ». Dans les actes du colloque « "Sculpture. Une femme peut donc créer.". Parcours, pratiques, visibilité et réception des sculptrices, XIXᵉ-XXIᵉ siècle », 2023 [à paraître].

HALLER, Gustave [SIMONIN, Valérie]. *Le salon, dix ans de peinture*. Paris: Calmann-Lévy, 1902.

HARLOR [PERROT, Jeanne]. « La semaine artistique ». *La Fronde*, 1900, n° 761, p. 4.

49 NOCHLIN, Linda, 1971; POLLOCK, Griselda et PARKER Roszika, 1981.

HARLOR [PERROT, Jeanne]. « L'Exposition des Femmes peintres et sculpteurs ». *La Fronde*, 1902, n° 1524, p. 2.

MARNE, Rose de. « Beaux-Arts. Société des Artistes Français ». *La Française*, 1907a, n° 30, p. 3.

MARNE, Rose de. « Sté des Artistes Français ». *La Française*, 1907b, n° 31, p. 3.

MISME, Jane. « Soirée en l'honneur des femmes Peintres, Sculpteurs, Artistes-décorateurs ». *La Française*, 1925, n° 705, p. 1.

MULIER, Léonie. « Le salon de 1884 ». *La femme et l'enfant*, 1884, n° 6, p. 78-79.

MYRA, Andrée [BOULAND, Andrée Marie]. « Les petits salons. Femmes-artistes ». *Le Signal*, 1903, n° 2705, p. 1-2.

MYRA, Andrée [BOULAND, Andrée Marie]. « Les petits salons. Femmes peintres et sculpteurs ». *La Justice*, 1906, n° 42, p. 1.

NÉRON, Marie-Louise. « Les Aquarellistes ». *La Fronde*, 1898, n° 108, p. 2.

NÉRON, Marie-Louise. « L'œuvre de Rosa Bonheur ». *La Fronde*, 1899, n° 535, p. 1-2.

NOCHLIN, Linda. "Why Have There Been No Great Women Artists ?". *Artnews*, 1971. Réédité dans *Femmes, art et pouvoir et autres essais*. Nîmes: Jacqueline Chambon, 1993, p. 201-244.

NOËL, Denise. « Les femmes peintres dans la seconde moitié du XXᵉ siècle ». *Clio. Femmes, Genre, Histoire*, 2004, n° 19.

OFFEN, Karen. « Sur l'origine des mots "féminisme" et "féministe" ». *Revue d'histoire moderne et contemporaine*, 1987, t. 34, n° 3, p. 492-496.

ORELL, Pauline [BASHKIRTSEFF, Marie]. « Les femmes artistes ». *La Citoyenne*, 1881a, n° 4, p. 3-4.

ORELL Pauline [BASHKIRTSEFF, Marie]. « Le Salon de 1881 ». *La Citoyenne*, 1881b, n° 14, p. 2-3.

ORELL Pauline [BASHKIRTSEFF, Marie]. « Le Salon de 1881 ». *La Citoyenne*, 1881c, n° 15, p. 3.

PARRHISIA [CREMNITZ, Blanche]. « Une grande artiste ». *La Fronde*, 1902, n° 1635, p. 1.

PARRHISIA [CREMNITZ, Blanche]. « Le vernissage à l'Union des femmes peintres et sculpteurs ». *La Fronde*, 1903, n° 1892, p. 2.

POLLOCK, Griselda et PARKER, Rozsika. *Old Mistresses Women, Art and Ideology*. Londres: I. B. Tauris, 2013 (1ᵉʳᵉ éd. 1981).

RIVAL, Jeanne [RÉGAMEY, Jeanne]. « Les Salons ». *Journal des artistes*, 1894, n° 9, p. 489-490.

SAUER, Marina. *L'Entrée des femmes à l'École des beaux-arts, 1880-1923*. Paris: ENSBA, 1991.

V. P. [VIGNERON, Paule]. « Aux Salons. Les arts décoratifs ». *La Fronde*, 1898, n° 163, p. 3.

FEMINISMO Y SOCIALISMO EN LA CRÍTICA DE ARTE DE MARGA-RITA NELKEN: EL CASO DE KÄTHE KOLLWITZ

África Cabanillas Casafranca[1]

Centro Asociado de la UNED de Sevilla

1. Introducción

Margarita Nelken fue una escritora, crítica de arte y política comprometida con el feminismo y el socialismo. Una mujer, valiente y transgresora, que se encuentra entre las más interesantes intelectuales y activistas por la mejora de la condición femenina y de los grupos sociales más desfavorecidos de las décadas de los veinte y principios de los treinta del siglo XX español. Sin olvidar el papel destacado que tuvo a partir de los años cuarenta en la cultura de México, el país que la acogió durante su exilio.

Ejemplo de este compromiso son los textos en los que se ocupó de las mujeres artistas, que destacaron por un nuevo enfoque feminista que ponían en cuestión algunos de los prejuicios más extendidos sobre las creadoras y sus obras. Entre ellos, tienen un particular interés aquellos sobre creadoras defensoras de los más humildes y desheredados y que criticaban sus durísimas condiciones de trabajo y vida, en particular, los de la alemana Käthe Kollwitz —sus grabados y dibujos—, pues es a la que, con mucha diferencia, más páginas y elogios dedicó. Tanta fue su admiración por ella, que la visitó en su domicilio de Berlín en 1920, aprovechando un viaje que hizo como parte de un comité organizado por el Ateneo de Madrid cuyo objetivo era el socorro de la infancia de Alemania y Viena víctima de la Primera Guerra Mundial.

Nelken fue pionera en el reconocimiento de esta artista en España, donde recibió muy escasa atención de la crítica mientras vivió, a pesar de la gran celebridad y prestigio que tuvo en Alemania. Hubo que esperar a que pasaran más de cinco décadas de la muerte de Kollwitz —que se produjo en 1945— aproximadamente a los años noventa del siglo XX, para que la historiografía empezase a valorar su figura en nuestro país, aunque todavía hoy está muy lejos de ocupar el lugar que merece[2].

---

1 ORCID: https://orcid.org/0000-0003-2312-0235.

2 En España se han publicado solo dos libros monográficos sobre la artista: la biografía de María Ángeles López Fernández-Cao, *Käthe Kollwitz o el arte solidario (1867-1945)*, de 1996, y los *Diarios, 1908-1943*, en una edición seleccionada, prologada y traducida por J. Rafael Hernández Arias, de 2018. Hasta el momento, ninguno de los grandes museos nacionales le ha dedicado una exposición individual. Sí han podido verse obras suyas en muestras colectivas, por lo general, dedicadas al grabado, como *De Posadas a Isotype, de Kollwitz a Catlett. Diálogos de arte gráfico político. Alemania México, 1900-1968*, en el Museo Reina Sofía, o de mujeres artistas, como *Maestras* en el Museo Thyssen-Bornemisza, ambas celebradas en Madrid en 2022 y 2024, respectivamente.

2. Margarita Nelken (1894-1968): crítica de arte feminista y socialista

Margarita Nelken **[Fig. 1]** fue una de las primeras mujeres en figurar en la nómina de varias y prestigiosas publicaciones periódicas como crítica de arte en España[3]. Entre 1919 y 1920 colaboró asiduamente con el diario *El Fígaro* y a principios de los años veinte escribió crítica artística para el destacado suplemento cultural "Los Lunes de El Imparcial". También aparecieron textos suyos en otras publicaciones de la capital, como *El Día*, *España*, *La Esfera*, *Blanco y Negro*, y *Cosmópolis*[4]. Asimismo, escribió de forma habitual en prensa y revistas especializadas en arte, dirigidas a diferentes lectores, un número más reducido, pero entendido en la materia, por ejemplo, en *Arte Español*, la revista de la Sociedad de Amigos del Arte, de 1916 a 1922. Además, Nelken participó con frecuencia en publicaciones culturales y artísticas extranjeras, sobre todo, francesas, aunque también trabajó en otras de Alemania, Inglaterra, Suecia, Italia y Argentina[5].

Simultáneamente, escribió varios ensayos de arte: *Glosario (obras y artistas)*, *Guía espiritual del Prado* y *Tres tipos de Vírgenes*[6], publicados en 1917, 1928 y 1929, respectivamente; completando su labor como crítica de arte con conferencias y cursos. Con el tiempo, llegó incluso a ocupar importantes cargos en instituciones culturales y artísticas, destacando el de vocal del Patronato del Museo de Arte Moderno de Madrid, que desempeñó entre 1931 y 1939. Luego, en el exilio mexicano, escribir sobre arte se convirtió, prácticamente, en su única fuente de ingresos. Allí retomó su colaboración con numerosas y reconocidas publicaciones lo mismo de contenido general que especializadas en arte. Particular importancia tuvo su labor en el diario mexicano *Excélsior*, donde escribió un artículo semanal desde principios de los años cuarenta hasta su muerte[7].

Además de por el arte, fue precoz e inmenso su interés por las cuestiones relativas a la mujer, el cual quedó reflejado en gran parte de sus escritos. De 1919, es uno de sus ensayos de mayor trascendencia, *La condición social de la mujer en España* **[Fig. 2]**, en el que criticaba la explotación de las mujeres obreras que trabajaban en el textil[8]. Aunque de contenido muy diferente, otro libro de gran interés fue *Las escritoras españolas*, editado en 1930, sobre el papel de las mujeres en la literatura nacional. A su vez, pronunció abundantes conferencias

---

3 Su primera vocación fue la pintura. Se formó con Eduardo Chicharro y participó en varias exposiciones: Barcelona, Bilbao, París y Viena. Un problema en la vista, una miopía muy severa, la habría alejado de esta actividad, si bien esto también pudo deberse a que carecía de las suficientes dotes artísticas y a que exhibió su obra sin éxito, según las *Confesiones* de Diego Rivera, que coincidió con ella en el estudio de Chicharro. GARCÍA RODRÍGUEZ, Fernando; GÓMEZ ALFEO, María Victoria, 1997, p. 117.

4 CABAÑAS BRAVO, Miguel, 1997, p. 464-470.

5 OPISSO, Regina, 1930, p. 2.

6 Estos libros son todos ellos recopilaciones de artículos y conferencias aparecidos con anterioridad.

7 CABAÑAS BRAVO, Miguel, 1997, p. 475-477.

8 CABAÑAS BRAVO, Miguel, 1997, p. 271.

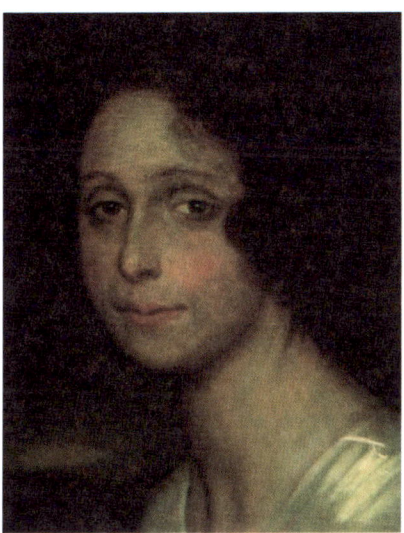

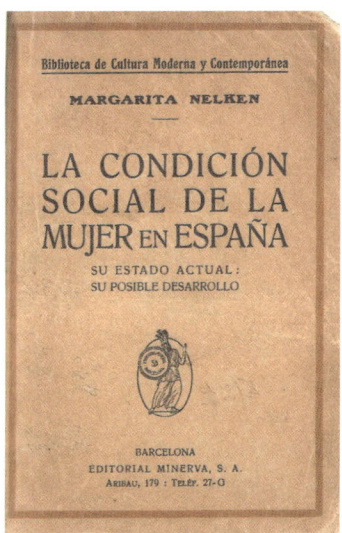

Figura 1. Julio Romero de Torres, *Retrato de Margarita Nelken*, 1929. Museo Julio Romero de Torres, Córdoba.

Figura 2. Margarita Nelken, *La condición social de la mujer en España. Su estado actual y su posible desarrollo*, 1919.

sobre la condición femenina y formó parte de la Asociación de Mujeres contra la Guerra y el Fascismo, fundada en 1933[9].

Como he dicho más arriba, aunó sus intereses sobre las mujeres y el arte en algunos de sus escritos, que suelen aparecer de forma dispersa en su producción literaria y periodística. Aunque no escribió ningún libro sobre creadoras plásticas, sí se ocupó de ellas, tanto de forma colectiva como individualmente, en abundantes artículos: Angelica Kauffman, Élisabeth L. Vigée Le Brun, Berthe Morisot, María Blanchard, Angelina Beloff, Eva Aggerholm, Frida Kahlo, Remedios Varo, Leonora Carrington, Elvira Gascón, María Izquierdo, Marysol, Alice Rahon, etc.[10]

En ellos, subvirtió algunas de las principales categorías establecidas por la Historia del Arte relacionadas con las mujeres que se basaban en una supuesta diferencia sexual-natural con respecto a los hombres que las situaba en un plano de inferioridad. Esto es, que las consideraba incapaces para la creación de obras originales e influyentes, comparables a las de los artistas varones. Además, destacó de ellas su valor, su independencia y su rebeldía, características que iban en contra del papel sumiso y subordinado que se atribuía tradicionalmente a las mujeres.

Como puede verse, en su mayoría se trata de creadoras contemporáneas, pues Nelken, desde el principio de su carrera, manifestó un gran interés por el arte

---

9 MARTÍNEZ GUTIÉRREZ, Josebe, 1997, p. 34.
10 CABANILLAS CASAFRANCA, África, 2013, p. 342-343.

de vanguardia y actual, como refleja su valoración de la originalidad, la experimentación, las técnicas como el grabado o las artes aplicadas. De este modo, se distanciaba de la crítica hegemónica, tradicional y conservadora, a la vez que demostraba su audacia, puesto que, sin la perspectiva del tiempo, emitir un juicio sobre estas artistas era más difícil y arriesgado.

Su dedicación a la crítica de arte decayó, aunque no llegó a abandonarla, a principios de los años treinta, desde el inicio de la Segunda República, cuando el compromiso con los más desfavorecidos que siempre tuvo Nelken se hizo más firme, conforme se fue produciendo una mayor tensión y crispación en el país y las posturas políticas se fueron polarizando. En 1931 se afilió al PSOE y empezó a escribir para *El Socialista*, su órgano de expresión oficial, donde tuvo una columna fija, "Desde la tribuna", en la que comentaba brevemente las sesiones parlamentarias[11]. Fue candidata de este partido por la provincia de Badajoz, convirtiéndose en una de las tres primeras diputadas, junto con Clara Campoamor y Victoria Kent, tras las elecciones de octubre de 1931, la primera a la que pudieron presentarse las mujeres[12]. Una de sus posiciones más polémicas durante esta legislatura fue su oposición al sufragio femenino –al igual que Victoria Kent–, argumentando que su voto, influido por la Iglesia, favorecería a las derechas. También fue elegida diputada en las dos legislaturas siguientes, las de 1933 y 1936. Durante la Guerra Civil, abandonó la militancia en el PSOE por la del Partido Comunista, del que fue expulsada en 1942.

Manifestó sus preocupaciones sociales, tanto por la clase trabajadora como por las mujeres, en el libro al que me acabo de referir, *La condición social de la mujer en España*, de 1919, que provocó un gran escándalo y fue atacado por los grupos más conservadores, ya que en él denunciaba la explotación de las obreras que trabajaban en el textil. Al tratar de las llamadas "labores de aguja", lo mismo en su versión mecanizada que artesanal, Nelken reflejó su interés por las artes decorativas o aplicadas, consideradas entonces más genuinamente femeninas.

3. Käthe Kollwitz (1867-1945): compromiso artístico y ético

Käthe Kollwitz, nacida Schmidt, en Königsberg (hoy la ciudad rusa de Kaliningrado), se educó en una familia culta y progresista vinculada a la socialdemocracia **[Fig. 3]**. Empezó a dibujar siendo niña con el grabador Rudolph Maurer, para formarse después, entre 1886 y 1889, en Berlín y Múnich en academias ex-

---

11 JARDÓN SANTAYANA, Pelayo, 2013, p. 36-37.

12 Nelken no pudo tomar posesión de su escaño de diputada inmediatamente. Fue elevada una protesta a la Comisión de Actas y Calidades del Parlamento por su supuesta condición de extranjera, al ser hija de padre alemán y madre de origen francés, aunque nacida en España, pero las reticencias también se debieron al hecho de que fuera mujer y que se hubiera incorporado al PSOE recientemente. Dicha Comisión, tras examinar el caso, emitió dictamen favorable a su elección y admisión. JARDÓN SANTAYANA, Pelayo, 2013, p. 39-40.

clusivamente femeninas, ya que la Escuela de Bellas Artes de Prusia por entonces no admitía alumnas. En Berlín, el suizo Karl Stauffer-Bern fue el primer profesor que la encaminó hacia las artes gráficas y le presentó el trabajo de su amigo Max Klinger, considerado el padre del grabado moderno en Alemania.

En 1891, tras su matrimonio con Karl Kollwitz, se estableció definitivamente en Berlín, donde, a través del trabajo de su marido, que era un médico militante socialista entró en contacto de forma más continua y cercana con los problemas de los proletarios. Su obra estuvo claramente, y desde el principio de su carrera, orientada hacia la crítica social, sobresaliendo sus series de grabados *La revuelta de los tejedores* (1893-1897) y *La guerra de los campesinos* (1902-1908) **[Fig. 4]**, ambas inspiradas en hechos históricos

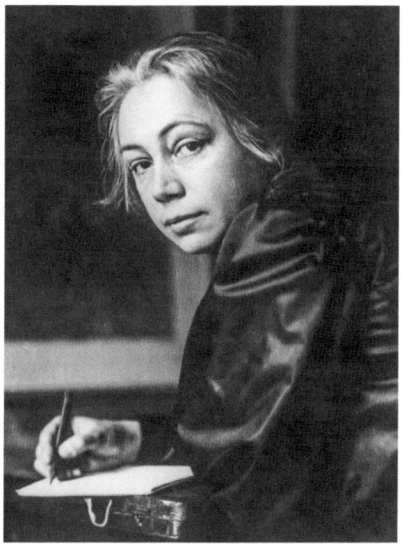

Figura 3. Philipp Kester, *Retrato de Käthe Kollwitz*, 1906. Colección particular.

que llevó al teatro Gerhart Hauptmann, y con las que consiguió un gran éxito. Esto a pesar de que, además del sexismo, sufrió la represión política del periodo del reinado del káiser Guillermo II, quien solo apoyaba actividades culturales que reforzaran los valores burgueses y nacionalistas[13].

Su labor propagandística dirigida a diversas causas sociales, en especial, al pacifismo y a la protección de la infancia, se intensificó después de la Primera Guerra Mundial –su hijo Peter murió en el frente alemán en Flandes en 1914– y se materializó, sobre todo, a través de los carteles, entre los que sobresalen los titulados *Hambre* (1924) y *Nunca más guerra* (1924). De este periodo es su otra gran serie gráfica: *Guerra* (1922-1923), en la que denunció los horrores de la contienda.

Una faceta muy interesante de su trabajo son sus autorretratos, de los que hizo más de un centenar a lo largo de toda su carrera, en dibujos, grabados y esculturas **[Fig. 5]**. Estos constituyen un verdadero ejercicio de introspección como artista y mujer, muy alejado de la representación femenina convencional, puesto que, de acuerdo con Maggie Hire, en lugar de mostrar la juventud o la belleza, reflejan solemnidad y profundidad psicológica[14].

En 1904 estudió escultura en la famosa *Académie Julian* de París y empezó a hacer pequeños bronces, que serán una parte reducida, pero significativa, de su

---

13 FIGURA, Starr, 2024, p. 18-22.
14 HIRE, Maggie, 2024, p. 68.

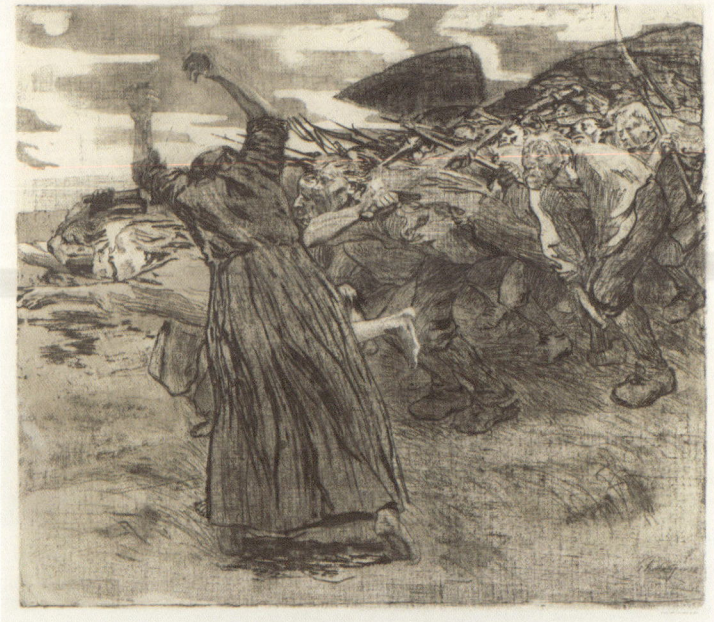

Figura 4. Käthe Kollwitz, *La carga* (serie *La guerra de los campesinos*), 1902-1903. Käthe Kollwitz Museum Köln, Colonia.

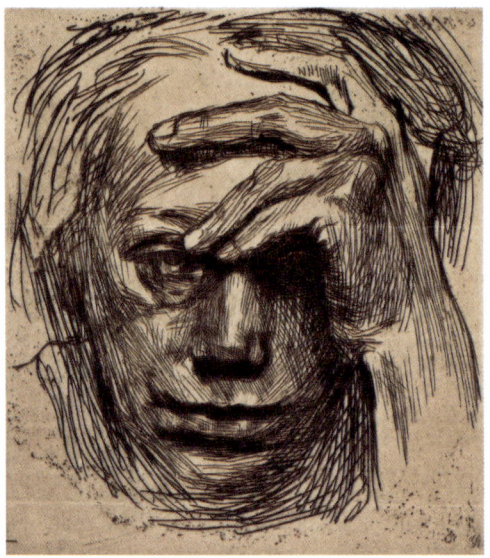

Figura 5. Käthe Kollwitz, *Autorretrato con mano en la frente*, 1910. Käthe Kollwitz Museum Köln, Colonia.

producción, en la que se ocupó de los mismos temas que en su obra gráfica. Sus trabajos más conocidos, en este caso de tamaño natural, son *Los padres dolientes* (1914-1932), un memorial para el cementerio belga de veteranos de guerra de Vladslo Baredbosch —en el que fue enterrado su hijo Peter— y *Madre con hijo muerto* o *Piedad* (1937).

Kollwitz, que en 1913 creó la *Frauen Kunstverband* (Unión Artística Femenina), fue la primera mujer elegida miembro de la Academia Prusiana de las Artes en 1919 —y su primera profesora (que ese mismo año admitió a las mujeres como alumnas)[15]—, cargo que perdió en 1933, cuando Hitler, contra quien

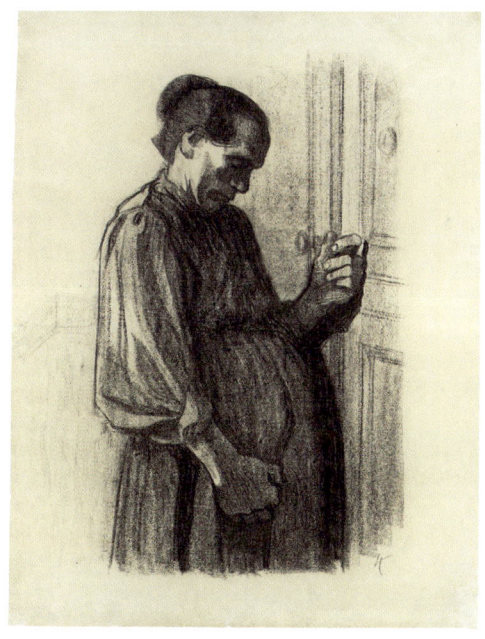

Figura 6. Käthe Kollwitz, *En el médico* (serie *Imágenes de miseria*), 1908-1909. Käthe Kollwitz Museum Köln, Colonia.

había firmado el documento conocido como la *Llamada Urgente*, se convirtió en canciller. Es más, su obra fue incluida en la famosa exposición *Arte degenerado*, de Múnich de 1937, y su producción retirada de las galerías y los museos públicos.

En su obra, tienen un papel protagonista las mujeres, algo que es habitual en el expresionismo, pero en su caso desde una perspectiva muy diferente. Según Henriette Kets de Vries, los expresionistas, por lo general, las representan como símbolo del mal, la corrupción o la muerte, cuya máxima personificación sería la figura de la prostituta; mientras que las de Kollwitz son mujeres reales con problemas reales: la maternidad, la contracepción, el aborto **[Fig. 6]**, la prostitución, la violencia doméstica, las difíciles condiciones laborales, etc. Pero no "victimizadas", sino como agentes de cambio, con valor y fuerza, capaces lo mismo de resistencia que de rebeldía[16].

Kollwitz tuvo un extraordinario dominio de la técnica del grabado en sus múltiples posibilidades: aguafuerte, litografía y xilografía, fruto de la experimentación y del profundo conocimiento que tuvo de la tradición alemana. Tanto es así, que es considerada por muchos estudiosos una de las más eminentes artistas gráficas de la primera mitad del siglo XX, hasta el punto de equipararla a los más célebres

15 FIGURA, Starr, 2024, p. 27.

16 KETS DE VRIES, Henriette, 2016, p. 13

17 FIGURA, Starr, 2024, p. 27.

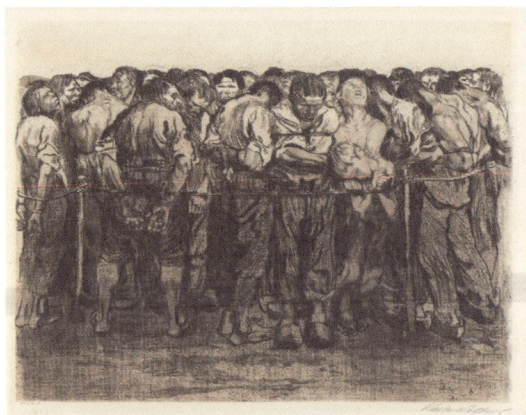

Figura 7. Käthe Kollwitz, *Prisioneros* (serie *La guerra de los campesinos*), 1908. Käthe Kollwitz Museum Köln, Colonia.

grabadores de la Historia del Arte, como Durero, Rembrandt y Goya[17].

La pertenencia de la artista a la vanguardia, en general, y al expresionismo, en particular, ha sido objeto de discusión. Por una parte, Clement Greenberg y Robert Fry rechazaron su adscripción a la creación más avanzada, pero, si bien es cierto que su estilo es realista, el punto de vista y el uso del grabado, en particular de la xilografía – por su dureza y tosquedad– son radicales[18]. Por otra parte, el expresionismo ha sido considerado un movimiento fundamentalmente masculino y, además, Kollwitz estuvo alejada de los círculos de *El Puente* y *El jinete azul*[19]. Sin embargo, en 1901 se integró en la Secesión Berlinesa, liderada por Max Beckmann, que rechazaba los principios del arte académico por inmovilistas.

4. Margarita Nelken y Käthe Kollwitz

La obra de la artista Käthe Kollwitz fue conocida, aunque de manera muy superficial, en la España de los años veinte y treinta del siglo XX. Además de la información que llegaba a través de las publicaciones internacionales, se pudieron ver obras suyas en varias exposiciones colectivas de creadores alemanes, por lo general, de arte gráfico. Así, en el Museo de Arte Moderno de Madrid, en la muestra *El grabado alemán contemporáneo*, de 1926, se exhibieron obras de su ciclo *La guerra de los campesinos*, por ejemplo *Prisioneros* (1903) **[Fig. 7]**, que después viajó a Barcelona, al Real Círculo Artístico. Con motivo de esta muestra, aparecieron en la prensa reseñas que se interesaron, relativamente, por su obra.

Ahora bien, en relación con esto, es muy significativo destacar que varios sobresalientes críticos coetáneos de Nelken, como Juan de la Encina, se referían a la artista, de forma errónea –quizá automática o inconsciente–, como si fuera un hombre: "el autor"[20], "el gran artista", "el expresionista"[21]. Y ello a pesar de que su nombre de

---

18 BUCHLOH, Benjamin H. D., 2022, p. 14-15.

19 En la actualidad, son reconocidas muchas mujeres dentro del expresionismo, como ha podido verse recientemente, en 2024, en la exposición *Expressionists: Kandinsky, Münter and the Blue Reiter*, celebrada en la Tate Modern de Londres, que incluía abundantes obras de Gabriele Münter, Marianne Werefkin, Maria Franz-Marc y Erma Bossi, entre otras muchas creadoras.

20 ENCINA, Juan de la, 1926, p. 1.

21 Anónimo, 1927, p. 2.

pila, Käthe –abreviatura de Kä-
therine–, es común en Alemania
y claramente de mujer (con frecuencia, aparece escrito siguiendo su transcripción fonética
como "Käethe"). Esto pone de
manifiesto hasta qué punto el
prejuicio en contra de la capacidad de creación y, más aún, del
éxito de las mujeres artistas estaba arraigado entonces. Tanto
que no se admitía que hubiera
una mujer, como Kollwitz, de
fama internacional, menos aún
creadora de una obra de contenido político, fuerza dramática y
denuncia, menos aún, en la téc-

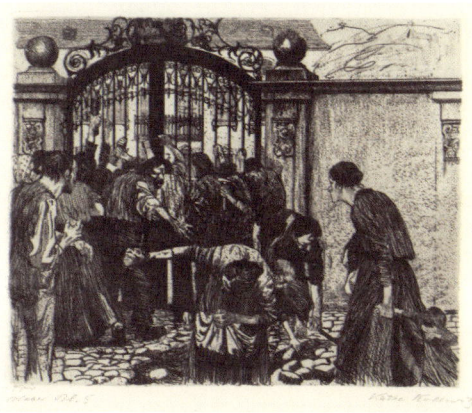

Figura 8. Käthe Kollwitz, *Asalto* (serie *La revuelta de los tejedores*), 1893-1897. Käthe Kollwitz Museum Köln, Colonia.

nica del grabado –tradicionalmente considerado masculino–.

También hay alusiones a ella en noticias de actualidad, por ejemplo, a propósito del viaje que hizo a la Unión Soviética en 1927 invitada por la Organización de Ar-tistas Rusos con motivo de la conmemoración del décimo aniversario de la Revo-lución de Octubre y aprovechando que se exhibía su obra en la Academia Estatal de las Ciencias Artísticas de Moscú; de su firma del mensaje de salutación a Miguel de Unamuno a su regreso del destierro en 1930, tras la caída de la dictadura del general Miguel Primo de Rivera, de un nutrido grupo de notables intelectuales ale-manes de distintos ámbitos: filosofía, literatura, política, etc., entre los que la única pintora –mujer u hombre– citada era ella[22]; y de su expulsión de la Academia de Prusia en 1933[23].

Asimismo, se reprodujeron algunas de sus obras en publicaciones periódicas, sobre todo, para ilustrar noticias relacionadas con el socialismo, como el dibujo *La cabeza de Karl Liebknecht en su lecho de muerte* (en el pie de foto se indicaba de forma equivocada que se encontraba en la ambulancia), que acompañaba la noticia del asesinato de este líder espartaquista alemán –junto a Rosa Luxem-burgo– en Berlín en 1919 en el diario *El Sol*[24] o en la prensa de izquierdas, como *La Internacional*, en "Escenas de la revolución", de 1920, para la que se eligió la imagen *Asalto,* uno de los seis grabados de su célebre serie *La revuelta de los tejedores*[25] **[Fig. 8]**.

---

22 "Grato mensaje. La intelectualidad de Alemania y Unamuno. Profesores, escritores pintores y grandes artistas". *La Voz*, Madrid, n.º 2856, 22 de febrero de 1930, p. 1.

23 "Crónicas de Berlín", *La Vanguardia*, Barcelona, 24 de febrero de 1933, p. 5.

24 "Los grandes asesinatos políticos. Cómo murió Carlos Liebkchnet". *El Sol*, 15 de mayo de 1919, p. 1.

25 *La Internacional*, Madrid, 27 de agosto de 1920, p. 4.

4.1. *Käthe Kollwitz, artista "genial"*

Käthe Kollwitz contó con la ferviente admiración de Nelken desde muy pronto, tanto por sus cualidades artísticas como morales, que aunó la dibujante y grabadora alemana en toda su producción –nunca se refiere a sus esculturas . Es más, con mucha diferencia, fue la crítica de arte española que de forma más entusiasta y continuada destacó su relevancia. Esto se explica, principalmente, por la gran afinidad ideológica a ella: la cercanía de la artista al socialismo, el protagonismo que da a las mujeres en su obra y su vanguardismo: su proximidad al expresionismo y su dedicación al dibujo y, ante todo, al grabado. A esto hay que añadir, el dominio del alemán que tenía Nelken –la lengua de su padre[26]– y su amor y conocimiento de la cultura germana.

Su pasión por esta creadora se remonta al comienzo de su dedicación a la crítica de arte, puesto que ya en su primer ensayo de este tipo, *Glosario (obras y artistas)*, que data de 1917[27], la mencionaba, de manera muy breve, como ilustradora en el capítulo titulado "El arte ruso y su influencia decorativa". En él, defendía la fuerza emotiva, dramática, apasionada –reflejo del alma o de la raza–, que atribuía únicamente al arte ruso y español; frente a la falsedad, el artificio, la superficialidad o la belleza externa del resto de países, con unas pocas excepciones. Entre estas excepciones, que denominaba "personalidades superiores"[28], dentro de la ilustración, incluye a la artista alemana, junto a otros dibujantes: Théopile Alexandre Steinlen en Francia y Salvador Bartolozzi en España[29]. De los tres, destaca la "fuerza emotiva del carácter y la síntesis"[30].

Ese mismo año, publicó en *El Día* el artículo "La vida y las mujeres. Exposiciones", en el que hacía el balance, una vez terminada la temporada artística, de la participación de las artistas en distintas muestras. Como introducción, reflexionaba brevemente sobre la creatividad femenina. En su opinión, solo unas cincuenta mujeres "en el mundo entero"[31], podían incluirse dentro de la categoría de "artistas" o "creadoras", esto es, "las que verdaderamente hacen obra propia y pueden parangonar las demostraciones de su originalidad con las de la originalidad masculina"[32]. De este grupo, citaba a las que consideraba que estaban en primera fila del movimiento artístico de la época y eran "universalmente célebres"[33]: Hèlene Dufau, Camille Claudel, Angelina Beloff, Anna

---

26 Nacido en Breslau en 1860, hoy Polonia, pero entonces parte del Imperio Alemán, se estableció en Madrid como joyero entre 1886 y 1888.

27 Este libro es una recopilación de artículos aparecidos con anterioridad, entre 1915 y 1916, en varias publicaciones: *Summa, Lectura, La Esfera, La Ilustración Española y Americana, Archivo de Arte Español*, etc.

28 NELKEN, Margarita, 1917a, p. 46.

29 NELKEN, Margarita, 1917a, p. 51.

30 NELKEN, Margarita, 1917a, p. 51.

31 NELKEN, Margarita, 1917b, p. 3.

32 NELKEN, Margarita, 1917b, p. 3.

33 NELKEN, Margarita, 1917b, p. 3.

Boberg y también Kollwitz, "la maravillosa aguafortista alemana"[34]. Junto a estas, aunque en una categoría inferior, según ella, por ser menos originales, mencionaba a Cecilia Beaux y Mme. Ostrooumoff y, después, seguía bajando de nivel hasta llegar a las mujeres que se dedicarían al arte únicamente para hacerse notar o llevar una vida singular.

A continuación, pasaba a hablar de la Exposición Nacional de Bellas Artes y las obras que destacaba eran exclusivamente de arte decorativas: los repujados en cuero de Carmen Baroja y Pilar Zubiaurre y las cerámicas de las hijas de Daniel Zuloaga: Esperanza y Teodora –pese a que las mujeres participaron en la sección de Pintura desde su creación en 1856–. A partir de ellas, hacía una reivindicación de estas artes , que consideraba que tenían poca presencia y eran poco valoradas en las exposiciones y señalaba que reivindicarlas sería una forma de dar mayor protagonismo a las mujeres en el arte, puesto que asociaba a las dos.

Poco después, en 1918, escribió para *El Fígaro* "La actualidad. Concurso de grabado del Círculo de Bellas Artes"[35], con motivo del certamen que organizó la Sección de Grabado de esta institución. Como en el texto anterior, se vuelve a centrar en la cuestión de la originalidad o la personalidad artística, cuya ausencia opina que es el principal problema de los participantes –incluido su ganador–, a excepción solamente de dos o tres casos. Nelken atribuye este defecto a la consideración tradicional del grabado como un trabajo sobre todo técnico, falto de originalidad y que sería un mero "ejercicio de paciencia"[36]. Por el contrario, ella opina que no es así, y para ello cita a tres creadores: Frank Brangwin, Angelina Beloff y Kollwitz, que son claros ejemplos de que "el grabado puede ser tan personal, tan emotivo y tan vigoroso como una pintura"[37].

En el diario madrileño *La Voz* en 1931, se publicó "Subrayando. Comunismo de salón", que no era un texto de contenido artístico, sino una crítica a ese "fenómeno", según decía Nelken, una especie de moda o esnobismo de ciertos miembros de las clases medias y altas de la España de la época que decían ser comunistas. En su opinión, estas personas estaban alejadas por completo de la realidad de este movimiento y de las terribles condiciones: hambre y enfermedad, de los y las trabajadoras industriales. Por oposición, aludía a Kollwitz como ejemplo de verdadero compromiso con los más desfavorecidos: "Una de las artistas más gloriosas de hoy"[38], cuya gloria, dice, pone al servicio de sus modelos.

Al referirse a una gran manifestación comunista que se encontró en el barrio en el que la artista vivía cuando fue a visitarla en el año 1920.

---

34 NELKEN, Margarita, 1917b, p. 3.
35 Es interesante destacar que este texto, a diferencia de lo que era habitual en ella, lo firmó exclusivamente con sus iniciales: M. N., quizá por su brevedad o porque considerara que sus opiniones podían comprometerla.
36 NELKEN, Margarita, 1919, p. 2.
37 NELKEN, Margarita, 1919, p. 2.
38 NELKEN, Margarita, 1931, p. 3.

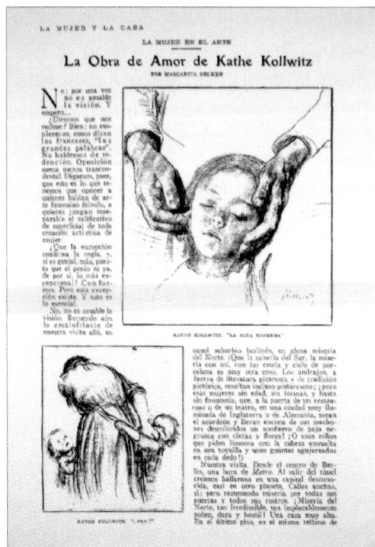

Figura 9. Artículo de Margarita Nelken para la revista *Blanco y Negro* en la sección "La mujer y la casa": "La obra de amor de Käthe Kollwitz", publicado en 1927.

Los niños que pagan con su depauperación y sus taras el pecado imperdonable de haber sido concebidos de entrañas pobres: las mujeres que nunca tienen diez y ocho años, sino la edad de sus trabajos y de sus privaciones. Los hombres que esgrimen en la mina, en el campo o en la fábrica puños de venganza[39].

Asimismo, la mencionaba, aunque muy de pasada, en el artículo –dedicado a otra grabadora que, como hemos visto, también admiró enormemente– "Una aguafortista rusa. Angelina Beloff", que apareció en la revista *Museum* en 1919. En el texto, "La vida y las mujeres. Exposiciones", al que me he referido más arriba, la había incluido, junto a Kollwitz, entre las cinco creadoras que nombra como "universalmente célebres". Angelina Beloff[40], a su parecer, con el inglés Brangywn y la alemana Kollwitz, formaban el "trío" principal del grabado moderno, si bien establecía una distinción entre ellos: en el caso de Brangywn hablaba de un realismo, a veces, algo estrecho; en el de Kollwitz de una artista socialista de un naturalismo vehemente, mientras que a Beloff le atribuía una visión más soñadora[41].

No obstante, los tres textos más interesantes sobre la artista alemana son monográficos, escritos en distintos momentos separados entre sí por más de cuarenta años, lo que refleja que su admiración por ella no fue, ni mucho menos, efímera; al contrario, la acompañó siempre. El primero lo publicó en 1927 en la revista *Blanco y Negro*, el suplemento dominical de *ABC*, bajo el título: "La mujer en el arte. La obra de amor de Käthe Kollwitz" **[Fig. 9]**. En este artículo, ponía de relieve la capacidad que tenía la artista para representar la miseria de su pueblo, a la vez que su rebeldía contra ella y su vida palpitante[42]. Incluso iba más lejos al referirse a ella como un "genio", una excepción entre las creadoras, una idea que hemos visto antes:

> ¿Diremos que nos redime? Bien; no empleemos, como dicen los franceses, "las grandes palabras". No hablemos de redención. Oposición suena menos

---

39 NELKEN, Margarita, 1931, p. 3.

40 Aunque no hay constancia de ello, Nelken pudo conocer a Angelina Beloff (1879-1969) en París entre 1911 y 1914, cuando residió de forma intermitente en París. Como he dicho, en Madrid, en el estudio de Chicharro, Nelken trató a Diego Rivera, quien se casó con la artista rusa en 1911. Después de doce años, el matrimonio se rompió y, más adelante, Beloff marchó a México, país en el que se afincó, dedicándose a la ilustración y la pintura de paisajes. Nelken le dedicó dos artículos monográficos, uno en la revista *Museum* y otro en *Los Lunes de El Imparcial*.

41 NELKEN, Margarita, 1920, p. 315.

42 NELKEN, Margarita, 1927, p. 96-98.

trascendental. Digamos, pues, que esto es lo que tenemos que oponer a quienes hablan de arte femenino frívolo, a quienes juzgan inseparable el calificativo de superficial de toda creación artística de mujer. [¿]Qué la excepción confirma la regla, y, si es genial, más, puesto que el genio es ya, de por sí, lo más excepcional? Conformes. Pero esta excepción existe. Y esto es lo esencial[43].

La idea de "excepción" la vuelve a repetir al terminar el texto: "Käthe Kollwitz, por su vida y su obra, carga con la frivolidad de todas las creaciones del arte femenino. ¿Excepción? Sea. Pero excepción que conviene no olvidar"[44]. Asimismo, resaltaba sus cualidades morales, como madre y hasta hablaba de que tenía materia de "santa"[45]. También es de destacar que este fue el caso en el que Nelken incluyó más reproducciones de sus obras, cinco en total: *La niña enferma* (1900), *¡Pan!* (*Brot!*, en alemán) (1924) **[Fig. 10]**, *Autorretrato* (1934), *Madre e hijo* (1916) y *Obrera* (1906).

El segundo texto en el que se ocupaba de ella de forma individual era el capítulo "Los dibujos que claman", de su libro inédito de 1947, *Presencias, evocaciones* (también en el capítulo inmediatamente anterior de este mismo libro: "En la desaparición de Gerhart Hauptmann"). En él, volvió a dedicarle palabras elogiosas, al referirse a sus dibujos, pues afirmaba de ella que se trataba de: "La dibujante más famosa de Alemania; uno de los artistas más grandes y admirados de su tiempo"[46]. Su contenido era muy similar, en algunos momentos igual, al del artículo aparecido con anterioridad en *Blanco y Negro*, ex-

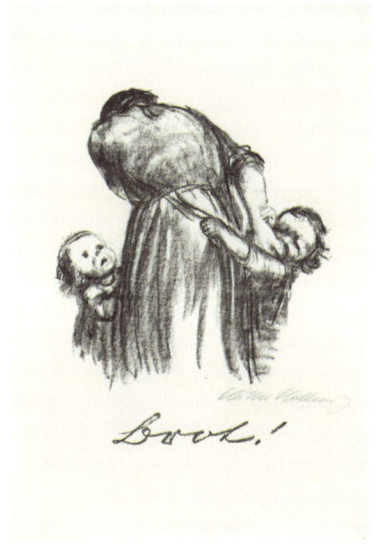

Figura 10. Käthe Kollwitz, *Brot!* (*¡Pan!*), 1924. Colección particular.

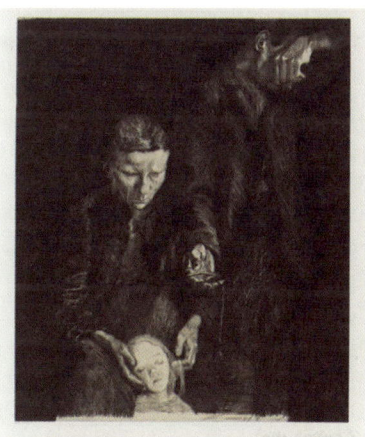

Figura 11. Käthe Kollwitz, *Desesperación* (*Familia pobre*), 1900. Colección particular.

43 NELKEN, Margarita, 1927, p. 96.
44 NELKEN, Margarita, 1927, p. 98.
45 NELKEN, Margarita, 1927, p. 98.

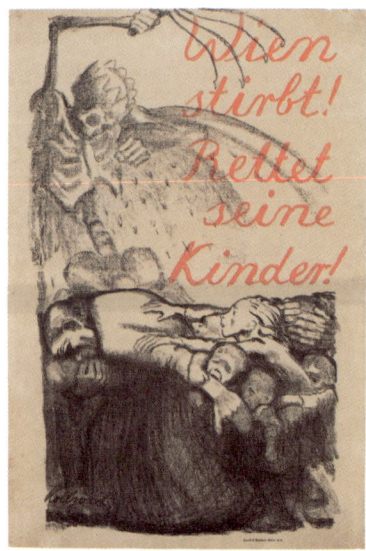

Figura 12. Käthe Kollwitz, *Wien stirbt! Rettet seine Kinder!* (¡Viena está muriendo! ¡Salvad a los niños!), 1920. Los Angeles County Museum, Los Ángeles.

cepto su principio, en el que aludía a la miseria, el hambre y el dolor de la Segunda Guerra Mundial, que superaron con creces a los horrores de la Primera[47]. El tercero, y último de estos escritos, es el artículo "Exposiciones. El mensaje de Käthe Kollwitz", publicado en el *Excélsior* en 1966, dos años antes de su muerte, a propósito de una exposición individual de ella en Chapultepec, que ilustraba con la obra *Desesperación* (1901) **[Fig. 11]**.

Esta fue la primera vez, y la única, en la que Nelken confesaba sentirse identificada con la obra de la artista –y con la artista misma, podríamos añadir– al referirse a la muerte de su hijo Santiago, caído en 1944, durante la Segunda Guerra Mundial, formando parte de las filas del ejército ruso, del mismo modo que Kollwitz perdió a su hijo Peter en la Primera Guerra Mundial y a uno de sus nietos, también llamado Peter, en la Segunda, en 1942.

4.2. *El encuentro de Margarita Nelken con Käthe Kollwitz en Berlín*

Nelken no solo dedicó a Kollwitz palabras muy elogiosas en varios de sus textos sobre arte, sino que, su enorme admiración la llevó a visitarla en su apartamento de los suburbios de Berlín en 1920, cuando, con cincuenta y dos años, era ya una creadora consagrada. Esta fue una experiencia que la conmovió profundamente y que conocemos por sus escritos, que permiten, hasta cierto punto, reconstruir ese encuentro. Para tener esta entrevista, aprovechó el viaje que hizo a la ciudad como miembro de un comité formado por escritores y profesores de universidad que se creó en el Ateneo Artístico y Literario de Madrid con el fin de socorrer a los niños hambrientos de Alemania y Austria víctimas de la Primera Guerra Mundial; para remitir a distintas instituciones los fondos que había recogido[48] **[Fig. 12]**. Como hablaba perfectamente el alemán, Nelken fue la elegida para viajar a Berlín[49]. En este encuentro, a Nelken quizá no solo la animó un interés artístico, sino

---

46 NELKEN, Margarita, 1947, p. 131.

47 NELKEN, Margartia, 1947, p. 130.

48 Nelken fue socia del Ateneo de Madrid entre 1930 y 1934, pero con anterioridad, en la década de los veinte, dio varias conferencias en esta institución.

49 El conocimiento del alemán le permitió, además, colaborar con publicaciones alemanas y traducir al español de diversos libros de autores germanos, entre los que destacan Bertolt Brecht y Franz Kafka (se la considera la primera traductora al español de *La metamorfosis*).

también solidario, pues Kollwitz formó parte desde 1919 de la Internacional de Ayuda al Trabajador (IAH) que incluía el socorro a los niños y niñas en Viena y Rusia, junto a otras destacadas personalidades: Albert Einstein, George Groz, Henri Barbusse o Upton Sinclair.

Nelken visitó a la pintora en su domicilio de 25 Weissenburger Strasse (actualmente con el nombre de la artista: 56a Kollwitz Strasse, así como la plaza en la que se encuentra: Kollwitz Platz[50]), en el suburbio, entonces obrero y humilde, hoy conocido como Prenzlauer Berg –aunque en uno de sus textos la escritora dice erróneamente que se trataba de Moabit–, al noreste de la ciudad. La pintora vivió allí con su marido cincuenta y dos años, desde 1891, cuando se casaron y se mudaron a esta ciudad, hasta agosto de 1943, cuando, amenazada por los bombardeos aliados de la Segunda Guerra Mundial, lo abandonó. Durante los primeros años de convivencia del matrimonio, tuvieron en el

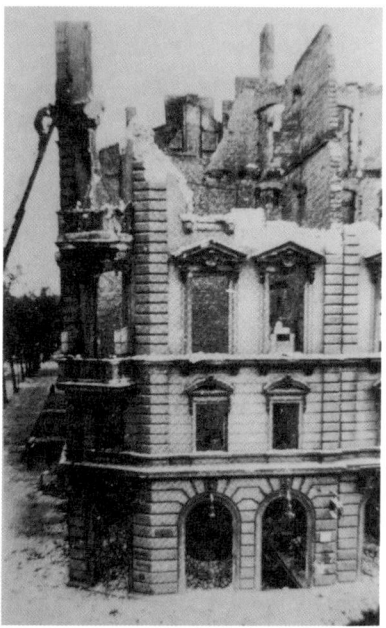

Figura 13. Casa de Käthe Kollwitz en el 25 Weissenburger Strasse después de un bombardeo aliado, Berlín 1943.

propio apartamento ella su estudio (de forma intermitente, pues en algunos periodos trabajó fuera de su hogar en locales alquilados y en 1919 el Estado alemán le concedió uno cuando fue elegida miembro de la Academia Prusiana de las Artes) y su marido su consulta. El apartamento no se conserva en la actualidad, ya que fue destruido el 23 de noviembre de 1943 por la explosión de varias bombas en un ataque aéreo aliado [Fig. 13], que hizo que se perdieran muchas de sus obras, entre ellas, las planchas de sus grabados y varias esculturas[51].

A esa visita, que fue la primera que hizo Nelken al llegar a Berlín, no fue sola, sino que la acompañó su pareja de entonces, Martín de Paúl[52]. Desde el centro, viajaron en metro durante una hora hasta llegar al suburbio, que, según su descripción, era de una miseria escalofriante y donde se encontraron una gran manifestación comunista que los retuvo durante gran parte de la tarde. Destacaba los carteles de la artista que podían verse en las paredes del barrio en el que

---

50 En 1947 se le dio el nombre de Kollwitz a la calle y a la plaza en la que estuvo su casa hasta 1943. De este modo, se recordaba, en particular, a la artista –la iniciativa partió de su amigo el pintor Otto Nagel y una escultura memorial de ella, obra de Gustav Seitz, se erigió en el centro de la plaza–, pero también a su marido, Karl Kollwitz.

51 HIRE, Maggie; RAPOPORT, Sarah, 2024, p. 223.

52 Aunque para entonces ya convivían, no pudieron casarse hasta 1933, pues si bien él estaba separado de su esposa, el divorcio no era aún legal en España. No obstante, en el artículo "El mensaje de Käthe Kollwitz", de 1966, habla de él como su marido.

vivía y que representan este tema: "Cuya depauperación encogía el alma desde los carteles, soberbios desde el punto de vista artístico y maravillosos desde el punto de vista humano, de la genial Kollwitz"[53], sobre el hambre y los niños. Describía con detalle uno de ellos, que parece ser: *Brot!* (¡Pan!), de 1924, que acabamos de ver que incluyó en su artículo de *Blanco y Negro*: "Una mujer esquelética con un niño esquelético que se le agarraba a la falda"[54], si bien los niños eran, en realidad, dos.

Kollwitz vivía en el último piso de un edificio de apartamento también muy pobre, lo que llevó a Nelken a destacar la modestia del matrimonio por propia voluntad: "Gana muchísimo, pero vive pobre entre los pobres"[55]. A propósito de lo cual, describe el rellano que correspondía a su domicilio, en el que había notas para el marido de sus numerosos y paupérrimos pacientes. Según cuenta Nelken, la artista le hizo una recomendación que ella siguió: ir a ver la obra de teatro *El dios blanco*, de Gerhart Hauptmann, como hemos visto, autor también de *La revuelta de los tejedores* y *La guerra de los campesinos*, en las que se inspiró para la creación de dos de sus ciclos de grabados más conocidos[56].

Ahora bien, llama poderosamente la atención que Nelken no reprodujera prácticamente nada de la conversación con la pintora –tan solo la recomendación teatral, que no es una cuestión relacionada con las artes plásticas– ni el interior de la casa ni, aún más extraño, las obras que en ella podía haber de la creadora. ¿Por qué? Mi hipótesis, que aún no he podido confirmar, es que quizá publicara esta entrevista en la prensa internacional aliada, francesa o inglesa, con la que tan a menudo colaboró, y que dicho periódico o revista tuviera la exclusividad de este texto, lo que le habría imposibilitado reproducirla en otro medio.

5. Conclusiones

Margarita Nelken hizo crítica de arte feminista y socialista en sus textos dedicados a Käthe Kollwitz, una de las creadoras que más admiró y a la que más escritos dedicó. En esta elección, además de sus cualidades como artista, influyó la afinidad ideológica que tenía con ella por su compromiso con la socialdemocracia y el hecho de que situara a la mujer en el centro de sus obras, junto con su proximidad a la vanguardia: al expresionismo. Valoró múltiples cualidades de su trabajo, en especial, la originalidad, la autenticidad y el dramatismo –a su juicio las más importantes en un artista–, a la vez que ensalzó su compromiso con la defensa de los más desfavorecidos, sobre todo, cuando se trataba de las mujeres, y, por tanto, reconoció en ella una total coherencia entre su trabajo y su vida.

---

53 NELKEN, Margarita, 1946, p. 126.
54 NELKEN, Margarita, 1966, s. p.
55 NELKEN, Margarita, 1927, p. 98.
56 NELKEN, Margarita, 1946, p. 126.

En su gran estimación por Kollwitz, Nelken la comparó con los artistas hombres, dibujantes y grabadores, más renombrados no solo de su época, sino también del pasado, situándola al mismo nivel o, a veces, por encima de ellos. Incluso la consideró un "genio" –si bien la crítica feminista ha demostrado que esta categoría excluye a las mujeres creadoras–. Es más, en su afán por ensalzarla se refería a ella en masculino: "un gran artista", "el dibujante más famoso", y no por error, como hemos visto que hicieron otros críticos coetáneos, sino dando por hecho que el creador-hombre era el único posible, no la mujer, aunque de este modo cayera en una contradicción y aceptara los prejuicios más extendidos entonces sobre las mujeres artistas. De hecho, reproducía, con frecuencia, el estereotipo de las artistas a cuyas obras se trasladaba –de forma automática y generalizada– las características supuestamente femeninas, basándose en argumentos biológicos o esencialistas. Así, según ella, por lo general, el femenino era un arte frívolo –el adjetivo que repite más a menudo– y superficial; aparte de que hacía hincapié en su falta de originalidad y su escasa capacidad para crear.

Nelken se refería a Kollwitz también como una excepción –categoría en la que incluía a un grupo muy reducido de mujeres, entre las que la alemana ocupaba uno de los primeros puestos–. De este modo, con la intención de elevar su figura, negaría la posibilidad de la mayoría de las mujeres para dedicarse al arte, sin tener en cuenta sus específicas y limitadas condiciones de creación, por lo menos del "gran arte". A la vez, defendía que las mujeres debían cultivar las artes decorativas o menores, para las que estarían, en su opinión, más dotadas, en especial, a aquellas que se tenían por femeninas, como las labores de aguja o la moda, utilizando de nuevo argumentos esencialistas, todas ellas en una categoría inferior respecto a las mayores, si bien es cierto que ella defendió siempre elevar su consideración, cambiando, así, la jerarquía tradicional.

Aunque Nelken pueda ser considerada una crítica de arte feminista, sus opiniones sobre el arte y la mujer fueron, con frecuencia, vacilantes y contradictorias –no pone en duda los principios y categorías (patriarcales) de la disciplina–. Esto es lógico si tenemos en cuenta que se trata de los primeros pasos de esta crítica, en una época todavía muy desigual, en la que aún no existía un aparato teórico ni metodológico feminista desarrollado.

6. Bibliografía

BARBERO REVIEJO, Trinidad. *Margarita Nelken (Madrid, 1894-Méxcio, 1968). Compromiso político, social y estético.* Tesis Doctoral. Barcelona: Universidad de Barcelona, 2014.

BERNT, Iris; FLEMMING, Isabell. *Käthe Kollwitz in Berlin. A City Tour.* Berlín: Käthe Kollwitz Museum Berlin, 2024.

BEYER, Jonas *et al. Taking a Stand. Käthe Kollwitz* (*With Interventions by Mona Hatoum*) Zurich: Kunsthaus Zürich and Kunsthalle Bielefeld, 2023.

BUCHLOH, Benjamin H. D. "De Posadas a Isotype, de Kollwitz a Catlett: diálogos de arte gráfico político, Alemania-México, 1900-1968". En: BUCHLOH, Benjamin H. D.; HAREWOOD, Michelle N. (eds.). *De Posadas a Isotype, de Kollwitz a Catlett: diálogos de arte gráfico político. Alemania-México, 1900-1968.* Madrid: Museo Reina Sofía, 2022, p. 12-17.

CABANILLAS CASAFRANCA, África. *Las pioneras de la crítica de arte feminista en España (1875-1936)*. Tesis Doctoral. Universidad Nacional de Educación a Distancia (UNED), 2013.

CABAÑAS BRAVO, Miguel. "Margarita Nelken, una mujer ante el arte". En *La mujer en el arte español*, VIII Jornadas de Arte. Departamento de Historia del Arte del CEH del CSIC. Madrid: Editorial Alpuerto-CSIC, 1997, p. 463-484.

CRÓNICAS. "Crónicas de Berlín", *La Vanguardia*, 24 de febrero de 1933, p. 5.

ENCINA, Juan de la. "El grabado alemán contemporáneo. Segunda visita". *La Voz*, 18 de mayo de 1926, n.º 1740, p. 1.

ESCENAS. "Escenas de revolución", *La Internacional*, Madrid, 27 de agosto de 1920, p. 4.

FIGURA, Starr. "Käthe Kollwitz: An Introduction". En: FIGURA, Starr; HIRE, Maggie (coords). *Käthe Kollwitz. A Retrospective*. Nueva York: Museum of Modern Art (MoMA), 2024, p. 15-29.

FINGER, Anke; SHOULTS, Julie (eds.). *Women in German Expressionism: Gender/Sexuality/ Activism*. Michigan: University of Michigan, 2023.

GARCÍA RODRÍGUEZ, Fernando; GÓMEZ ALFEO, María Victoria. "Margarita Nelken. Teoría de la contemplación y de la crítica de arte". En: GARCÍA RODRÍGUEZ, Fernando; GÓMEZ ALFEO, María Victoria. *La mujer en el arte español*. Madrid: Editorial Alpuerto, 1997.

GRANDES. "Los grandes asesinatos políticos. Cómo murió Carlos Liebkchnet". *El Sol*, 15 de mayo de 1919, p. 1.

GRATO. "Grato mensaje. La intelectualidad de Alemania y Unamuno. Profesores, escritores pintores y grandes artistas". *La Voz*, 22 de febrero de 1930, n.º 2856, p. 1.

HIRE, Maggie. "Self-Portraits". En: FIGURA, Starr; HIRE, Maggie (coords.). *Käthe Kollwitz. A Retrospective*. Nueva York: Museum of Modern Art (MoMA), 2024, p. 68-75.

HIRE, Maggie; RAPOPORT, Sarah. "Chronology". En : FIGURA, Starr; HIRE, Maggie (coords). *Käthe Kollwitz. A Retrospective*. Nueva York: Museum of Modern Art (MoMA), 2024, p. 213-223.

ISRAEL GARZÓN, Jacobo. "Margarita Nelken, una mujer en la encrucijada española del siglo XX". *Raíces. Revista judía de cultura*, 1994, n.º 20, p. 32-36.

JARDÓN SANTAYANA, Pelayo. *Margarita Nelken. Del feminismo a la revolución*. Madrid: Sanz y Torres, 2013.

KETS DE VRIES, Henriette. "Mother's Arms. Käthe Kollwitz Women and War". En: WHITNER, Claire C. (ed.). *Käthe Kollwitz and the Women of War. Femininity, Identity, and Art in Germany During World Wars I and II*. New Haven y Londres: Davis Museum at Wellesley College-Yale University Press, 2016, p. 11-19.

KOLLWITZ, Käthe. *Diarios, 1908-1943*. Madrid: Hermida Editores, 2018.

LÓPEZ FERNÁNDEZ-CAO, María Ángeles. *Käthe Kollwitz o el arte solidario (1867-1945)*. Madrid: Ediciones del Orto, 1997.

MARTÍNEZ GUTIÉRREZ, Josebe. *Margarita Nelken (1896-1968)*. Madrid: Eds. del Orto, 1997.

NELKEN, Margarita. *Glosario (obras y artistas)*. Madrid: Librería Fernando Fe, 1917.

NELKEN, Margarita. "La vida y las mujeres. Exposiciones". *El Día*, Madrid, 19 de abril de 1917, p. 3.

NELKEN, Margarita. "La actualidad. Concurso de grabados en el Círculo de Bellas Artes". *El Fígaro*, 27 de febrero de 1919, p. 2.

NELKEN, Margarita. "Una aguafortista rusa. Angelina Beloff". *Museum*, Barcelona, 1919-1920, vol. VI, n.º 9, p. 315-318.

NELKEN, Margarita. "La mujer en el arte. La obra de amor de Käthe Kollwitz". *Blanco y Negro*, 25 de diciembre de 1927, p. 96-98.

NELKEN, Margarita. "Subrayando. Comunismo de Salón". *La Voz*, 20 de julio de 1931, n.º 3294, p. 3.

NELKEN, Margarita. *Presencias, evocaciones*, 1947. Inédito, AHN, Diversos/5, Leg. 3244, doc. n.º 4.

NELKEN, Margarita. "Exposiciones. El mensaje de Käthe Kollwitz". *Excélsior*, 1966, n.º 6876, p. 55.

OPISSO, Regina. "Margarita Nelken". En NELKEN, Margarita. *La exótica*. Barcelona: La Novela femenina, 1930, p. 2.

PRESTON, Paul. *Palomas de guerra. Cinco mujeres marcadas por el enfrentamiento bélico*. Barcelona: Plaza y Janés, 2001.

RODRIGO, Antonina. *Mujeres para la historia. La España silenciada del siglo XX*. Barcelona: Carena, 2002.

SERRANO DE HARO SORIANO, Amparo; CABANILLAS CASAFRANCA, África. *Orgullo y prejuicios. En torno al arte de las mujeres*. Madrid: Tres Hermanas, 2022.

MUJERES ESCRIBIENDO LA HISTORIA DEL COLECCIONISMO

María Roca Cabrera[1]

Universitat de València

Introducción

Este texto se enfoca en tres mujeres que estuvieron involucradas en el círculo del coleccionismo a finales del siglo XIX y que a través de sus escritos privados dejaron constancia de sus vivencias, comentando anécdotas sobre artistas, coleccionistas, marchantes o cargos de responsabilidad en museos. Por tanto, son relatos redactados en el ámbito privado que nos permiten ampliar aspectos relacionados con el sistema del arte en el ámbito de las galerías, de los salones oficiales, de los museos o del expolio de nuestro patrimonio. En la historia del coleccionismo son pocas las figuras femeninas, y muchas de sus colecciones se integraban en las de sus maridos o familiares, por lo que apenas encontramos datos en las crónicas que habitualmente protagonizaban los nombres masculinos. Este es su testimonio, escrito por ellas mismas. Cecilia de Madrazo, Emilia Gayangos y Enid Layard fueron mujeres cosmopolitas y viajeras, vivían y coleccionaban a través de las fronteras y por ello las fuentes que documentan sus vidas y sus compras a menudo están dispersas geográficamente[2].

Cecilia de Madrazo y Garreta (1846-1932), por un lado, fue nieta, hija, hermana, esposa y madre de artistas, los Madrazo destacaron en el panorama artístico del siglo XIX y sus miembros ostentaron importantes cargos: pintores de cámara, arquitectos, directores del Museo Nacional del Prado o de la Academia de Bellas Artes de San Fernando. La esfera de su influencia asentó en España los cánones artísticos de todo el siglo XIX y, además, tuvieron la inquietud de atesorar obras de arte, convirtiéndose en grandes entendidos, asesores e intermediarios[3] **[Fig. 1]**.

Enid Layard (1843-1912) es nuestra segunda protagonista. La británica Enid Evelyn Guest se casó en 1869 con el diplomático Austen Henry Layard (1817-

---

1 ORCID: https://orcid.org/0000-0002-0374-6372.

Esta investigación se ha desarrollado dentro del programa "Ayudas para la recualificación del sistema universitario español" (MS-21/107) convocado por el Ministerio de Universidades del Gobierno de España y financiado por la Unión Europea, NextGenerationUE. Miembro del "Proyecto Arte, Historiografía y Feminismos" (arthistFEM) CIGE2022/130, financiado por una subvención GE 2023 de la Conselleria d'Educació, Cultura, Universitats i Ocupació de la Generalitat Valenciana y del "Grupo de investigación VALuART" de la Universitat de València.

2 Epistolario de Cecilia Madrazo. Archivo del Museo Nacional del Prado, Madrid, Museo Fortuny, Venecia y Biblioteca Marciana, Venecia; Subastas colección Fortuny. Museo Fortuny, Venecia; Diario personal de Enid Layard. British Library Department of Manuscripts, Londres (textos traducidos del inglés por la autora); Epistolario de Emilia Gayangos. "Layard Papers", British Museum, Londres (textos traducidos del inglés por la autora).

3 ROCA CABRERA, María, 2015.

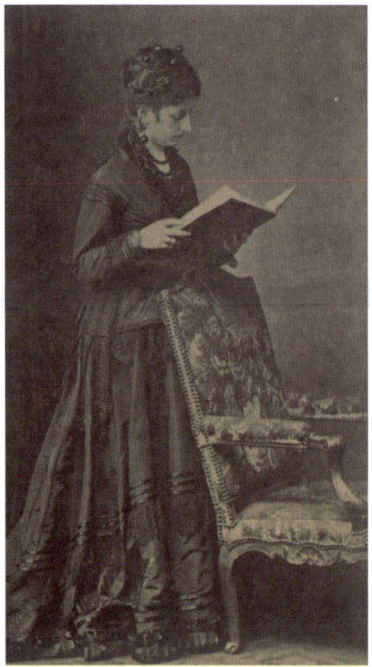

Figura 1. Bertall, Charles Albert, *Cecilia de Madrazo, ca.* 1870. © Museo Nacional del Prado, Madrid.

1894). Layard, fue un reputado arqueólogo conocido por sus expediciones en Asiria (1845-1851) y muchos de sus descubrimientos se trasladaron a las galerías del British Museum. El matrimonio siempre estuvo vinculado al mundo del arte, Layard fue patrono de la National Gallery y como coleccionista formó un importante conjunto de obras de los grandes maestros italianos del Renacimiento[4]. Lady Layard compartía con su marido el interés por el coleccionismo de pintura y, además, acumuló un conjunto de antigüedades españolas, principalmente joyas, abanicos y encajes[5]. Desde 1861, Enid registró sus experiencias a través del diario que escribió de forma continua durante cincuenta y un años y hasta pocos días antes de morir en su palacio veneciano de Ca' Capello. Muchas de las anotaciones relatan visitas a galerías y exposiciones, así como encuentros con poetas y pintores **[Fig. 2]**.

Emilia Gayangos (1835-1903) no fue únicamente la hija del reputado arabista Pascual de Gayangos y esposa de Juan Facundo Riaño, catedrático de Árabe, crítico de arte y político, sino que desde muy joven se dedicó al estudio y, al igual que otras mujeres del XIX, sus logros literarios permanecieron a la sombra de sus familiares masculinos. Debido al trabajo de su padre y la nacionalidad británica de su madre, Francisca Rebell, residió desde temprana edad durante largas temporadas en Inglaterra. En Londres trabajó en la embajada despachando la correspondencia de su padre y a lo largo de los años se ocupó de asuntos paternos como la elaboración de fichas bibliográficas o la organización de la biblioteca[6]. Sin duda, tras su matrimonio con Juan Facundo de Riaño, también compaginó sus tareas de colaboración con ambos, padre y marido. El matrimonio se movía en las altas esferas internacionales, al mismo tiempo que frecuentaba el ambiente intelectual y cultural madrileño, manteniendo además una amistad con los Madrazo desde hacía años[7] **[Fig. 3]**.

---

4 SYMMONS, Sarah, 2000, p. 85-100.

5 NEW GALLERY THE, 1896, p. 46, 47, 68, 69, 70, 88.

6 SANTIÑO RAMÍREZ, Santiago, 2018.

7 El 19 de febrero de 1868 Federico de Madrazo anotó en su agenda que los Riaño habían pasado una agradable velada charlando junto al compositor Francisco Asenjo Barbieri (1823-1894) y Agustina Green en su casa de Madrid.

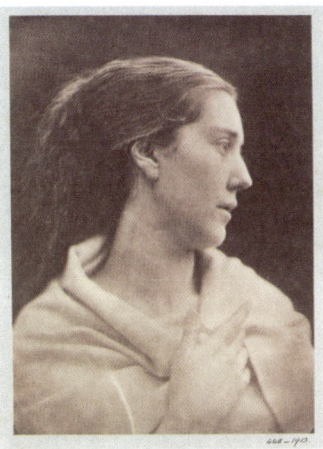

Figura 2. Julia Margaret Cameron, *Enid Layard*, marzo de 1869. © Victoria and Albert Museum, Londres.

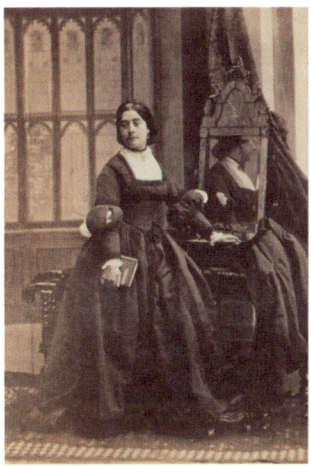

Figura 3. Camille Silvy, *Emilia Gayangos de Riaño*, 25 de septiembre de 1860. © National Portrait Gallery, Londres.

Círculo Madrazo

La de los Madrazo fue una de las familias con mejores conexiones en el círculo artístico internacional. Su prestigio no solo abarcaba el ámbito profesional como pintores o arquitectos, sino también sus vínculos con el academicismo, la enseñanza o la museología. El iniciador fue José de Madrazo y Agudo, estudió pintura en París con Jacques-Louis David como maestro e hizo amistad con Dominique Ingres. Fue pintor de cámara del rey Carlos IV y Fernando VII lo nombró director de la Academia de Bellas Artes de San Fernando y del Museo Nacional del Prado y fundó el Real Establecimiento Litográfico[8]. Su hijo el pintor Federico de Madrazo y Kuntz se formó en Madrid, París y Roma[9]. Al igual que su padre dirigió la Academia de Bellas Artes de San Fernando y el Museo Nacional del Prado. Fue pintor de cámara de la reina Isabel II y un retratista muy solicitado en la élite social e intelectual de Madrid durante el Romanticismo, donde contaba entre sus clientas a literatas, escritoras y poetas[10]. Los hijos de Federico continuaron vinculados a la esfera artística, Raimundo y Ricardo, conocidos pintores, se convirtieron también en asesores e intermediarios en el mercado del arte[11]. En este entorno, su hermana Cecilia emparentó por matrimonio con el pintor Mariano Fortuny.

Cecilia de Madrazo tuvo una esmerada educación intelectual y musical, se convirtió en una virtuosa pianista y asistía a las tertulias artísticas y acontecimientos musi-

---

8 GONZÁLEZ LÓPEZ, Carlos; MARTÍ AYXELÁ, Monserrat, 2007, p. 309.
9 Sobre Federico de Madrazo ver: GONZÁLEZ LÓPEZ, Carlos, 1981.
10 PÉREZ MÁRTIN, Mariángeles, 2017, p. 132.
11 ROCA CABRERA, María, (en prensa).

cales que se celebraban en Madrid[12]. El estudio de su padre se convirtió en un punto de reunión de la sociedad de la época, allí exponían sus obras la familia o sus propios discípulos, Antonio Gisbert, Vicente Palmaroli, Eduardo Rosales, José Casado de Alisal, Bernardo Ferrándiz, José Tapiró, Martín Rico, Eduardo Zamacois o Mariano Fortuny, se reunían marchantes, coleccionistas o miembros de la aristocracia que acudían a las veladas literarias o las audiciones musicales en las que Cecilia tocaba el piano[13]. Sin duda, esta red de contactos favoreció la trayectoria profesional de la familia y estrechó sus vínculos con el mercado del arte internacional. Fue en 1866, cuando en una de estas reuniones Cecilia de Madrazo y el pintor Mariano Fortuny Marsal se conocieron. Al año siguiente contrajeron matrimonio y se trasladaron a Roma donde el cotizado artista había establecido su estudio.

Dos años después, en 1869, Henry Layard fue nombrado embajador de Inglaterra en España y tras su boda con Enid Evelyn Guest el matrimonio se estableció en Madrid. Los encuentros con los Riaño fueron habituales desde su llegada, Enid y Emilia Gayangos forjaron una gran amistad, juntas visitaban el Museo del Prado o tiendas de curiosidades y organizaban reuniones donde mostraban sus antigüedades, vajillas o joyas antiguas para examinarlas y comentarlas con Riaño que acababa de ser nombrado asesor artístico del South Kensington Museum, recomendado por Layard[14]. El perfil profesional de Juan Facundo Riaño, así como sus relaciones sociales y profesionales en España, le convertían en el candidato ideal para el puesto de *art refere* de la institución inglesa. Su misión consistía en la localización y compra de objetos en venta que pudieran interesar al museo – antigüedades, reproducciones, fotografías o manufacturas de la industria tradicional–[15]. Una de sus primeras operaciones, detallada en el diario de Enid Layard, fue el encargo de compra en la subasta de joyas de la Virgen del Pilar en Zaragoza con un presupuesto de mil quinientas libras[16]. En junio de 1870, Riaño empaquetó las piezas adquiridas en la embajada inglesa en Madrid para enviarlas al museo inglés, donde actualmente se conservan. Quizá este tipo de operaciones fue lo que desencadenó las críticas a Layard por haber "convertido la Legación en un receptáculo de baratijas, que se vendían a bajo precio, debido a una revolución" pues durante su estancia en Madrid como Ministro Plenipotenciario (1869-77) comenzó a inspeccionar lo que había disponible para comprar y a informar de tales oportunidades a los directores de la National Gallery y del South Kensington Museum[17].

12 GUTIÉRREZ MÁRQUEZ, Ana, 2017.

13 GONZÁLEZ LÓPEZ, Carlos; MARTÍ AYXELÁ, Monserrat, 2007, p. 30-32; RICO ORTEGA, Martín, 1907, p. 18.

14 1870, enero 28; marzo 10, 15, 23; junio 1. Madrid. Lady Layard's Journal. En: https:// www.browningguide.org/lady-layards-journal/ (28-IV-2024).

15 1875, febrero 28. Londres. Informe mensual. VAM, *Riaño J.F. Nominal Files, Pt. 5, 1874-1875, MA/1/R741/5*, RP/1875/789.

16 1870, mayo 21, 23, 25; junio 7 10, 15, 23. Madrid. Lady Layard's Journal. En: https:// www.browningguide.org/lady-layards-journal/ (8-V-2024).

17 RIVA, Cecilia, 2019, p. 93.

Sin duda, la conservación del patrimonio era un aspecto que preocupaba en el entorno de Lady Layard, en esa época registró en su diario conversaciones que giraban en torno a las pérdidas de obras de arte y el estado caótico de los museos. El 31 de marzo de 1870 comentaba el robo de unos cartones de Goya en el Palacio Real, pues un año antes Gregorio Cruzada Villaamil había descubierto cuarenta y cuatro cartones de Goya en los sótanos del Palacio Real, procedentes de la donación que la Real Fábrica de Tapices había realizado doce años atrás[18]. Se asombraba que objetos y muebles del palacio acabaran a la venta en las tiendas de antigüedades y la mujer del general Prim le comentaba que a pesar de que se intentara mantener el control de las piezas catalogándolas, algunos empleados habían encontrado la manera de eludir las autoridades para venderlas[19].

Así como a Henry Layard le interesaban las pinturas de los grandes maestros italianos y flamencos, las preferencias de Enid, además, se centraron en los pintores de la época con los que la inglesa mantuvo mucho trato e introdujo obras de artistas españoles del siglo XIX en la colección de su marido. Se convirtió en mecenas de Vicente Palmaroli, autor de su conocido retrato. Pronto entró en contacto con el círculo Madrazo, con Martín Rico o Antonio Gisbert, director del Museo del Prado, que eran habituales en las reuniones del estudio de Federico [Fig. 4]. Durante los años setenta los artistas españoles buscaban contactos extranjeros debido a la escasez de patronos en el país y, sin duda, la amistad con Lady Layard o los artículos firmados por Juan F. Riaño para la revista inglesa *The Athenaeum* fueron un medio útil para darse a conocer entre el público anglófono [Fig. 5]. Según apuntan algunos estudios, Emilia Gayangos colaboró en la redacción de estos textos sobre arte y literatura publicados en Inglaterra durante más de dos décadas (1871-1896)[20]. En el texto titulado *Spanish Art 1871* promocionaba la calidad de la pintura de muchos de los artistas con los que se relacionaban, incluso llegando a comparar a Fortuny con Velázquez:

> Echamos de menos entre las pinturas algo del gran artista Fortuny, ahora tan conocido y apreciado en Inglaterra, el primero y más importante de los pintores modernos españoles. Fortuny tiene dones como pintor que difícilmente se pueden superar; su dibujo es perfecto, y su colorido posee la mayor verdad y belleza, y, como el del gran maestro Velázquez, está libre de exageración. [...] La escuela moderna de pintura ha dado gigantescos pasos en España en muy poco tiempo, pero, aunque los nombres de Fortuny, Raimundo Madrazo, Rico, Ximenes, y otros, aún representan de manera admirable el arte español, no hay duda de que la escuela comienza a mostrar signos de decadencia. Todos, o casi todos los artistas que han contribuido a dar vida al arte español y que han sido tan merecidamente admirados en los últimos años, han participado en esta exposición, y es extraño que ninguno de ellos haya enviado una obra que se pueda comparar con las que han ex-

---

18 CRUZADA VILLAAMIL, Gregorio, 1870, p. 5-9.
19 1870, marzo 31. Madrid. Lady Layard's Journal. En: https://www.browningguide.org/lady-layards-journal/ (3-V-2024).
20 SANTIÑO RAMÍREZ, Santiago, 2018, p. 439, 544.

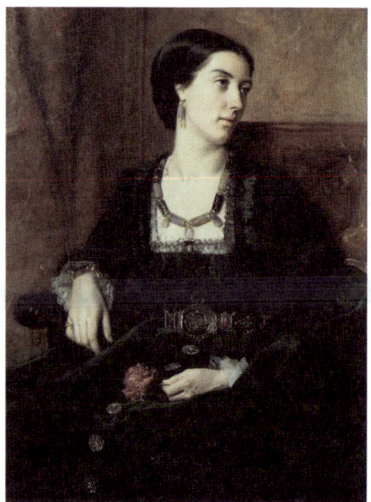

Figura 4. Vicente Palmaroli y González, *Lady Layard,* 1870. © The Trustees of the British Museum, Londres.

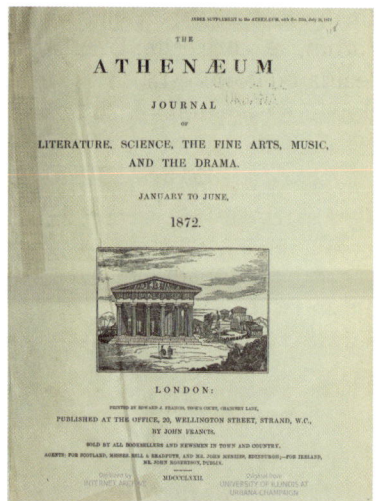

Figura 5. Portada de la revista *The Athenaeum*, enero-junio de 1872.

hibido en exposiciones anteriores. Gisbert, Rosales, Palmaroli y Mercadé son todos hombres jóvenes, pero nadie lo pensaría al estudiar sus cuadros, ya que es tan grande la falta de frescura que se observa en los temas elegidos y la manera de tratarlos. Una de las causas de la decadencia puede ser que los artistas españoles se han acostumbrado a copiar e imitar a las escuelas francesa y belga, que han perdido gran parte de su brillo, y al regresar a su propio país, su inspiración les falla, y no saben qué camino deben seguir[21].

Riaño criticaba los temas trágicos elegidos por Rosales en *La muerte de Lucrecia* o Palmaroli en *El tres de mayo de 1808* y los acusaba de querer imitar a Goya o Paul Delaroche sin conseguirlo. Entre los artistas que destacaba se encontraba Ricardo de Madrazo, que había expuesto "interesantes acuarelas". En 1878 redactó otra crítica sobre la Exposición de Madrid, comentando la ausencia de Martín Rico, (Raimundo) Madrazo y Vicente Palmaroli. Riaño se extrañaba que en Madrid prácticamente no se expusieran retratos, pocos y de baja calidad, y en cambio alababa el nivel de las representaciones de temas históricos destacando la obra de Francisco Pradilla, *Juana la Loca,* por su fidelidad histórica. Además, es interesante mencionar que señalaba que en Inglaterra y Francia la tendencia estaba siendo totalmente la opuesta, donde abundaba la pintura de retrato, quizá sugiriendo que España iba por detrás en la evolución del gusto de la época en el ámbito oficial. Es más, la reseña finaliza con una recomendación en la que muestra su desagrado por bocetos de Goya en su última etapa: "Son ingeniosos, pero sin duda se cuentan entre los ejemplos más desagradables de su estilo"[22].

---

21 RIAÑO MONTERO, Juan Facundo, 1872, p. 272.
22 RIAÑO MONTERO, Juan Facundo, 1878, p. 196.

Mientras, durante los primeros años de los Layard en Madrid, el matrimonio Fortuny se había establecido en Roma y debido a la carrera profesional del pintor realizaron largas estancias también en París y Granada. Mediante la correspondencia que mantenía con Adolphe Goupil, el marchante más importante del momento, Cecilia estaba al tanto del interés que despertaba la obra de su marido y de los progresos de su hermano Raimundo. "Los Goupil nos escriben mucho y en la última nos decían que habían hecho el mismo trato con Raimundo que con Mariano y que está trabajando mucho [Raimundo] y que gusta mucho"[23]. La *Maison Goupil* había sido fundada en París en 1829 y saltó al mercado de pinturas originales con la sociedad Goupil & Cie. dos décadas después. En el número 7 de la rue Chaptal, albergaba una galería de pinturas en la que organizaba exposiciones para promocionar a los pintores que representaba[24]. En París Cecilia también acudía a las reuniones que se organizaban en los salones de Matilde Napoleón, Beaumont, William Hood Stewart, la emperatriz Eugenia o el barón Jean Charles Davillier, un coleccionista y erudito experto en arte y antigüedades[25]. Los Fortuny solían cenar con frecuencia en el *hôtel* de Davillier, donde entraron en contacto con Gustave Doré, Alejandro Dumas hijo, Henri Regnault, Clairin o Jules Worms o discípulos de su padre, Zamacois, Martín Rico y Bernardo Ferrándiz.

En 1870, el estallido de la guerra franco-prusiana precipitó la salida del matrimonio Fortuny Madrazo de París y después del verano, estaban ya establecidos en Granada en la Fonda de los Siete Suelos. El pintor se había aficionado a la adquisición de antigüedades, cerámicas o tejidos y Cecilia le acompañaba en la búsqueda de tesoros escondidos de épocas pasadas[26]. Podemos imaginar la dimensión de sus adquisiciones a partir de un comentario que surgió en un encuentro entre los Layard, los Riaño y Fortuny en Toledo en 1871. Así lo relataba Isabel de Madrazo, hermana pequeña de Cecilia, en su correspondencia: "Allí estuvieron los de Riaño también, y a Mariano le dijeron: «Dice Palmaroli que todo se lo lleva V., todo lo que hay en Granada», riéndose"[27]. Las numerosas adquisiciones que Fortuny realizó durante su estancia eran *vox populi* **[Fig. 6]**. Granada era un mercado casi inexplorado por los marchantes extranjeros, con precios asequibles y piezas que eran verdaderas joyas. Allí encontraría numerosos objetos antiguos, pues su pasado romano, musulmán y cristiano la convertía en el destino soñado para los coleccionistas, como los Layard y los Riaño, no solo por interés propio, sino también para localizar ejemplares destinados a instituciones como el South Kensington Museum. Aunque la venta de objetos artísticos era habitual en Madrid donde se concentraba la mayor parte de los agentes que recorrían las provincias en busca de propietarios que, por necesidad o co-

---

23 1869, marzo. 8. Roma. Carta de Cecilia de Madrazo a su padre Federico de Madrazo. MNP, *Archivos Personales, Colección Familia Madrazo*, AP: 30 / Nº. Exp. 2.

24 ALZAGA RUIZ, Amaya, 2012, p. 116.

25 GUTIÉRREZ MÁRQUEZ, Ana, 2017, p. 44.

26 OSMA, Guillermo de, 2012, p. 43.

27 GUTIÉRREZ MÁRQUEZ, Ana; MARTÍNEZ PLAZA, Pedro J., 2017, p. 225.

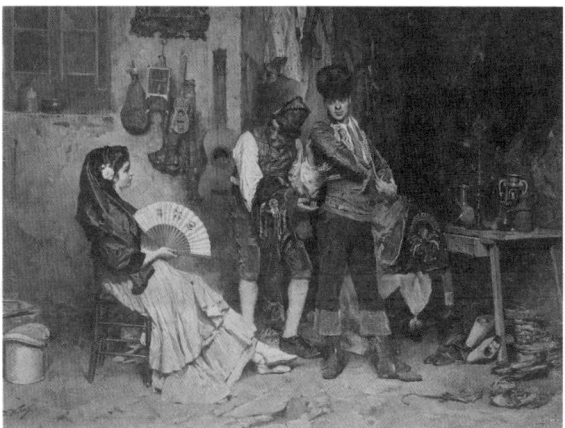

Figura 6. Jules Worms, *Trapero español, ca.* 1873. © Museo Nacional del Prado, Madrid.

dicia, ponían a la venta piezas de gran valor histórico o crematístico. En Andalucía, los coleccionistas buscaban proveedores directos, siguiendo el rastro de estos artefactos desde su origen, ahorrándose así las comisiones de intermediarios. Así lo vemos descrito en el diario de Lady Layard, ya sea visitando anticuarios que vendían reliquias guardadas para coleccionistas habituales o en conventos para tratar directamente con las monjas:

> [...] en la calle eché un vistazo en una tienda y vi, entre un montón de ropa vieja, unas hermosas colgaduras de seda roja antiguas por lo que entramos de inmediato y las compramos por dos libras, pero la mujer declaró que un francés para el que estaba coleccionando colgaduras de seda se pondría furioso con ella si se enterara y nos rogó que nos las lleváramos de inmediato[28]. Fuimos a otras iglesias y al convento de Santa Clara, [...] y luego el Sr. Will procedió a explicar a la santa madre que estábamos ansiosos por llevarnos algún recuerdo de Santa Clara si tenían algo bonito y antiguo para vender. Los escuchamos consultar y finalmente, dijeron que lo verían. Después de unos ruidos y pisadas, pusieron algo en el torniquete que resultó ser una bonita caja antigua de madera con incrustaciones y luego fueron a buscar otras cosas, pero no llegó nada que nos interesara, así que después de un tiempo cobraron siete duros por su caja y nos la llevamos[29].

En el verano de 1871, el matrimonio Layard conoció a los Fortuny, visitaron el estudio del pintor y juntos realizaron excursiones compartiendo conocimientos e intereses[30]. Recién llegados visitaron la Alhambra y Lady Layard comentó maravillada el buen estado de conservación gracias a las restauraciones llevadas a cabo por Rafael Contreras Muñoz, figura clave para todo visitante interesado en el patrimonio histórico y el arte hispanomusulmán en Granada, pues era el

---

28 1870, mayo 3. Sevilla. Lady Layard's Journal. En: https://www.browningguide.org/lady-layards-journal/ (5-V-2024).

29 1870, mayo 5. Sevilla. Lady Layard's Journal. En: https://www.browningguide.org/lady-layards-journal/ (5-V-2024).

30 GUTIÉRREZ MÁRQUEZ, Ana; MARTÍNEZ PLAZA, Pedro J., 2017, p. 19, 20.

responsable de conservación del palacio nazarí desde hacía décadas[31]. Ese mismo día se encontraron con Isabel de Madrazo, quien les presentó a sus hermanos, Ricardo y Cecilia, y también al marido de esta, Mariano Fortuny, al que Enid describió en su diario como un pintor renombrado. Juntos realizaron diversas visitas, al Cuarto Real de la Alhambra, al Generalife o la catedral de Granada.

El 9 de mayo de 1871, Enid Layard expresó su admiración por los ternos y tejidos históricos de la catedral, destacando: "las vestiduras de terciopelo rojo brocado, que eran más exquisitas que las de Toledo"[32]. Otro día, los Layard también visitaron el estudio de Fortuny donde admiraron algunos bocetos de la Alhambra que el artista estaba pintando en sus jardines y Enid también destacó la calidad de las acuarelas de Ricardo de Madrazo que resaltaban por su color, es interesante señalar que las acuarelas de Madrazo también fueron elogiadas por Riaño con motivo de la Exposición Nacional de Bellas Artes que se inauguró meses después en Madrid. Además, en su diario, Enid dejó constancia de los planes que hacían juntos, visitando barrios de la ciudad, las tiendas de Zacatín o las vistas desde el Albaicín donde Ricardo y Rico habían pintado sus acuarelas, así como momentos más privados durante la velada del nacimiento de Mariano Fortuny hijo[33]: "Cenamos sobre las siete menos cuarto. Había un gran revuelo pues Madame Fortuny se había puesto de parto y sobre las ocho y media nació su hijo —esa noche no hubo música"[34].

No es casualidad que un año después, el matrimonio Riaño también acudiera a Granada, ciudad natal de Juan Facundo, donde el asesor aprovechó para hacer expediciones como agente del South Kensington Museum para localizar antigüedades, tasar el valor de los ejemplares, realizar adquisiciones y organizar la salida y transporte de las piezas. La Gran Exposición de Londres de 1851 contribuyó a la fascinación que despertaron las manifestaciones artísticas de la península ibérica. Por un lado, destacó la presencia de una decoración de marcado carácter hispanomusulmán de la mano de Owen Jones y al mismo tiempo supuso la revalorización de las artes industriales del pasado que se buscaron como fuente de inspiración didáctica para los nuevos creadores. A Riaño y Fortuny les unía el interés por la búsqueda de antigüedades pues una de las prioridades de la estancia de Riaño era informar al museo de todo aquello que localizara. Visitaron el estudio del pintor, del que Emilia Gayangos era una gran admiradora y al que consideraba "un ser privilegiado"[35].

31 1872, julio 31. Granada. Informe de julio de 1872. VAM, *Nominal File: Riaño, J. F., part 2, 1872, MA/1/R741/2*, RP/1872/10751; SERRANO ESPINOSA, Francisco, 2012, p. 94.

32 1871, mayo 7-12. Granada. Lady Layard's Journal. En: https://www.browningguide.org/lady-layards-journal/ (15-VI-2024).

33 VGUTIÉRREZ MÁRQUEZ, Ana; MARTÍNEZ PLAZA, Pedro J., 2017, p. 70, 71.

34 1871, mayo 11. Granada. Lady Layard's Journal. En: https://www.browningguide.org/lady-layards-journal/ (25-VI-2014).

35 MUÑOZ GONZÁLEZ, Ignacio A., 2016, p. 277.

Cuando a finales de 1872 los Fortuny regresaron a Roma, Cecilia retomó el ambiente cosmopolita de las reuniones sociales acompañada de su hermano Ricardo y disfrutó de las veladas en el taller repleto de antigüedades, el *Studio di Papa Giulio.* Cecilia ayudó con la decoración y en sus cartas explicaba: "lo desarreglado que en Madrid lo tenía, pero aquí es todo diferente, reluce de limpio y de ordenado"[36]. Cecilia estaba muy al tanto de las informaciones referentes al mercado del arte y la correspondencia dirigida a su padre contiene noticias sobre varias operaciones que Fortuny encargó a Diego del Castillo, un marchante de Granada que le vendió piezas valiosas. En el verano de 1873 realizaron las gestiones para un pago a través de Federico de Madrazo de doce mil duros y Cecilia también le comentaba a su padre que el negociante de antigüedades había ofrecido un tejido muy interesante: "Castillo nos tiene preparado otra cosa buena, veremos si se podrá adquirir"[37]. Sin embargo, en la siguiente carta Cecilia comunicó que en esta ocasión Fortuny consideraba que el precio era demasiado elevado: «he recibido carta de Granada y pocas esperanzas hay de conseguir el bordado que quería Mariano porque nada menos que piden seis mil duros, mucho tienen que bajar para que lo compráramos"[38].

Cecilia siguió vinculada al mercado del coleccionismo tras la repentina muerte de Fortuny el 21 de noviembre de 1874 en Roma, pues decidió vender todo lo que albergaba la casa-taller y así trasladar su residencia a París[39]. Tras una primera subasta en Roma, Cecilia se trasladó a principios de marzo para poder preparar la segunda venta con los objetos más valiosos de la colección, para ello se rodeó de personas de su confianza y los mejores expertos: Federico y Raimundo de Madrazo, Martín Rico y el barón Davillier, entre otros. La viuda de Fortuny también colaboró, ocupándose de diversos detalles relacionados con la selección de la efigie de Fortuny y la de un retrato de su hija María Luisa realizado por Federico de Madrazo que quería que se incluyera en el catálogo para la biografía del difunto redactada por Davillier[40].

Aunque Cecilia conocía el mundo del mercado del arte, no quedó tranquila hasta ver cómo se iban desenvolviendo las ventas, que en ocasiones sorprendieron a todos de forma más o menos satisfactoria. El primer día se vendieron las pinturas de Fortuny de menor tamaño a precios más elevados de lo que esperaba. Sin embargo, Cecilia quedó decepcionada con la venta de *La playa de Portici*:

---

36 1873, agosto 28. Roma. Carta de Cecilia de Madrazo a su padre Federico de Madrazo. MNP, *Archivos Personales, Colección Familia Madrazo*, AP: 30 / Nº. Exp. 46.

37 1873, agosto 28. Roma. Carta de Cecilia de Madrazo a su padre Federico de Madrazo. MNP, *Archivos Personales, Colección Familia Madrazo*, AP: 30 / Nº. Exp. 46.

38 1873, septiembre 15. Roma. Carta de Cecilia de Madrazo a su padre Federico de Madrazo. MNP, *Archivos Personales, Colección Familia Madrazo*, AP: 30 / Nº. Exp. 47.

39 GUTIÉRREZ MÁRQUEZ, Ana, 2017, p. 87.

40 1875, marzo 12, 15, 28; abril 9. París. Carta de Cecilia de Madrazo a su padre Federico de Madrazo. MNP, Archivos Personales, Colección Familia Madrazo, AP: 30 / Nº. Exp. 55; AP: 30 / Nº. Exp. 57; AP: 30 / Nº. Exp. 60; AP: 30 / Nº. Exp. 105.

> habrás visto que el primer día gracias a Dios ha empezado bien, pero como siempre hay algo que le descontenta a uno. [...] Así ha sucedido ayer porque algunos cuadros de los grandes han subido a poco. La playa 49.800. Monsieur Stewart el de Nueva York, yo quería retirarlo a 50.000 pero me aconsejaron que no, porque entre los derechos que tenía que pagar y la pérdida de lo que podría rentar esa suma perdía mucho, así es que lo cedí a pesar mío, pues no debía haberlo vendido menos de 70.000. Aunque es verdad que para los *amateurs* pierde mucho el que no esté concluido[41].

Con esta última afirmación defendía que al tratarse de una pintura sin concluir el remate no había alcanzado el precio previsto. Al día siguiente, Raimundo tampoco pujó por una obra en la que estaba interesado William Hood Stewart, el mecenas más importante de Fortuny. Los hermanos debieron considerar "la competición" como una falta de cortesía y de ningún modo iban a contrariar a un coleccionista tan poderoso y bien relacionado: "el matadero de Portici solo ha subido 8.000 francos. Raimundo lo hubiera pujado, pero como lo quería Stewart no se atrevió. Me alegro que lo tenga él"[42]. Por otro lado, gracias a su correspondencia, sabemos que algunas piezas que aparecen vendidas al barón Davillier en el catálogo manuscrito de la subasta, realmente permanecieron en la colección de la viuda para que ella pudiera obtener el precio deseado en futuras operaciones:

> La arquita árabe se retiró de la venta porque no subía de 4.000 y dijo Davillier que no debía dejarla porque es seguro encontrar comprador por más de 5.000 [...] Tú comprendes que era estupidez dejarlo así, pudiendo ganar más en ello el día de mañana[43].

Quizá esta experiencia le sirvió para reflexionar, tomar decisiones diferentes en el futuro y buscar compradores adecuados para sacar el máximo provecho a las ventas que tuviera que realizar posteriormente. Años después, a través de Davillier, participó como prestataria en varias exposiciones. En 1878, *Exposition Universelle* de París o en 1881 en la *Special Loan of Spanish and Portuguese Ornamental Art* en el Museo South Kensington de Londres. Durante los años que vivió en París en el número 152 de los Campos Elíseos, Cecilia solía quedar con la esposa de William H. Stewart, siguió en contacto con Davillier, los Goupil, Martín Rico y los Layard, y siempre contó con el apoyo de sus hermanos. En 1889, trasladó definitivamente su residencia a Venecia. Adquirió el Palazzo Martinengo en el Gran Canal y lo transformó en casa-museo que evocaba el taller de Mariano

---

41 1875, abril 27. París. Carta de Cecilia de Madrazo a su padre Federico de Madrazo. MNP, *Archivos Personales, Colección Familia Madrazo*, AP: 30 / Nº. Exp. 65. Cecilia se refería a Alexander Turney Stewart. En el catálogo de la subasta del *Atelier* aparece como "Stewart".

42 1875, abril 28. París. Carta de Cecilia de Madrazo a su padre Federico de Madrazo. MNP, *Archivos Personales, Colección Familia Madrazo*, AP: 30 / Nº. Exp. 66.

43 1875, mayo 2. París. Carta de Cecilia de Madrazo a Federico de Madrazo. MNP, *Archivos Personales, Colección Familia Madrazo*, AP: 30 / Nº. Exp. 68.

Fortuny Marsal en Roma con "tanto cuadro y tanta cosa de valor"[44]. Venecia era destino habitual del ambiente intelectual y artístico con el que continuó manteniendo contacto y recibiendo en sus salones del *palazzo* donde organizaba reuniones. La expresión *dimanche à chez Fortuny* era célebre, y tras el encuentro previo en el Caffè Florian de la plaza San Marco se acudía a casa de Cecilia de Madrazo[45]. En 1902 el escultor Ettore Cadorin relataba que cada domingo Cecilia recibía tanto a la sociedad veneciana, como a los más ilustres personajes que visitaban la ciudad **[Fig. 7]**. El salón principal del primer piso, con una longitud de treinta y cinco metros, era un punto de encuentro internacional donde se podían admirar obras del fallecido Fortuny. Presidía la sala el óleo *Niños en el jardín japonés*, bronces del escultor Gemito, así como muebles y sus telas preciosísimas, "reinaba una atmósfera refinada y artística que difícilmente se podía encontrar en París"[46].

A estas reuniones de Cecilia, primero como viuda de Fortuny y Marsal y luego como madre del diseñador Fortuny y Madrazo, acudían entre otras personalidades la exemperatriz Eugenia, Carlos VII y Berta de Borbón, Rubens Santoro, Guglielmo Marconi, Henri Regnault, Giovanni Boldini, los Stewart o los Goupil. Posteriormente se fueron incorporando, Walter Sickert, Giuseppe de Nittis, Sarah Bernhardt, Gabriele d'Annunzio, el conde Urribaren, el poeta Paul Morand, Isaac Albéniz, José Mª Sert, José Mª de Heredia e Ignacio de Zuloaga. Cecilia era vecina de la extravagante marquesa Casatti, así como del barón Giorgio Franchetti que también vivía cerca de Martinengo[47]. Muchos de los que residían en Venecia habían coincidido antes en Roma, París o Granada: Martín Rico, con el que mantenía una estrecha relación o Lady Enid Layard, con la que acudía a veladas musicales como la de Madame Mallier[48]. El poeta francés Henri de Régnier describió con sumo detalle el ambiente que se respiraba en el palacio. Sus líneas constatan la figura de Cecilia como una *amateur* del coleccionismo de tejidos y constituyen el documento más preciso sobre la tipología de piezas que componían el conjunto textil que ella misma había reunido, terciopelos y brocados de seda medievales y renacentistas propios de la indumentaria de la aristocracia de Oriente y Occidente desde la Edad Media[49]. Con el paso de los años, la viuda de Fortuny transmitió la pasión por las telas antiguas a su hijo, Mariano Fortuny y Madrazo, artista polifacético, que destacó en el diseño de moda y tejidos tomando como referente estos ejemplares. Una de las pocas cartas que se con-

---

44   Cecilia compró una casa en Venecia por 55.000 francos y le comentó a su padre: "En París ya no era posible vivir por lo caro y los quebraderos de cabeza que me daba el dichoso dinero". 1889, febrero 1. Venecia. Carta de Cecilia de Madrazo a su padre Federico de Madrazo. MNP, *Archivos Personales, Colección Familia Madrazo*, AP: 30 / Nº. Exp. 98.
45   GONZÁLEZ LÓPEZ, Carlos, 1975, p. 229.
46   CADORIN, Ettore, 1953, p. 12.
47   GONZÁLEZ LÓPEZ, Carlos, 1975, p. 228.
48   1902, marzo 1. Venecia. Lady Layard's Journal. En: https://www.browningguide.org/lady-layards-journal/ (25-VI-2024).
49   RÉGNIER, Henri de, 2011 [1928], p. 115-119.

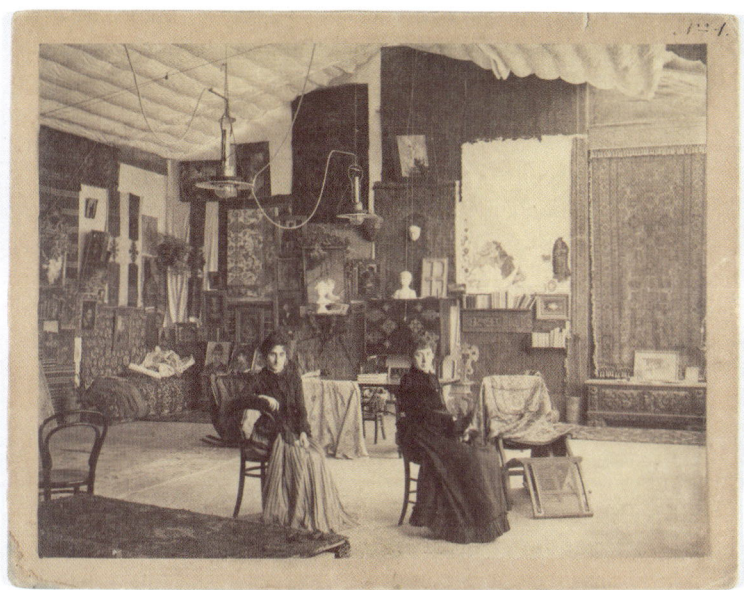

Figura 7. Anónimo, *Interior del palacio Martinengo de Venecia con Cecilia de Madrazo y su hija María Luisa Fortuny*, *ca*. 1889-1895. © Museo Nacional del Prado, Madrid.

servan de la correspondencia entre madre e hijo refleja cómo el interés por los textiles antiguos era mutuo. Mariano desde Florencia le comentaba a Cecilia:

> Gracias a mi nombre, nos han permitido a Conti y a mí [...] pasar a casa del anticuario Bardini[50], ¡es más importante que la colección Spitzer! [...] repleta de Piero della Francesca, Botticelli, Lippi, Signorelli, Bronzino, de primer orden, con tapices como Goupil. Y una disposición maravillosa [...] con tejidos que ni en el Musée d'Arts Décoratifs [...], ni Múnich, ni la Exposición de Madrid, ¡todos juntos no tienen un solo tejido comparable a los de aquí![51]

Cecilia de Madrazo fue fundamental en el desarrollo de la carrera de su hijo, en 1912 juntos fundaron la sociedad *Mariano Fortuny*. Cuando la empresa sufrió apuros debido a la Primera Guerra Mundial, Cecilia comenzó a consultar la posibilidad de vender la pieza más preciada de su colección, la arqueta árabe de

---

50 El anticuario Stefano Bardini, tras años de intensa actividad transformó su antiguo negocio en un museo. En 1881 compró y reformó, con piezas procedentes de otros edificios, el convento e iglesia de San Gregorio della Pace que habilitó no solo con galerías de exposición, sino también con salas adecuadas para laboratorios de restauración de los objetos de su colección que luego eran vendidos. Tras su muerte la ciudad de Florencia recibió el museo que contiene más de tres mil seiscientas piezas de pintura, escultura, instrumentos musicales y artes decorativas.

51 Sin año, mayo 2. Florencia. Carta de Mariano Fortuny a Cecilia de Madrazo. BNM, *Fondo Mariutti-Fortuny*, M 4.4.51.

marfil, sabía quiénes eran los coleccionistas que se podían interesar y le indicó a Ricardo que se pusiera en contacto con Guillermo de Osma que, junto a su esposa Adela Crooke, había fundado un año antes el Instituto Valencia de Don Juan:

> Querido Ricardo: visto las dificultades que pudieran venir si la guerra dura todavía, que esperamos en días que termine pronto. He pensado que podría venderse el arquita árabe, pero me gustaría que quedase en España posiblemente, ya que se hace el sacrificio de separarse de ella. He pensado que, si Osma la comprase, ¿crees tú? Naturalmente, la dificultad sería para el envío, pero quién sabe qué se pudiese obtener, que esperase el momento oportuno y diera anticipado parte de la suma, que ya tú sabes poco más o menos lo que vale el arquita, pues lo dijiste a aquel anticuario que nos vendió [ilegible][52].

Aunque finalmente no tuvo que desprenderse de la arqueta. Cecilia sabía que tanto Osma como Archer Milton Huntington, fundador de la Hispanic Society, habían adquirido piezas de la colección Fortuny y valorarían la pieza en sí misma, así como la identidad de su propietario:

> Del arquita, bueno será saber las intenciones de Mr. Huntington, y lo que daría, y si la situación no cñ..-.-
> claro está que habrá que venderla, pero esperemos en días que pueda todavía conservarla[53].

Pocas noticias tenemos de Cecilia de Madrazo tras la Primera Guerra Mundial, vivió el resto de su vida en el Palazzo Martinengo rodeada de su colección, falleció en agosto de 1932.

También los Layard habían comprado una propiedad en Venecia en 1874 con la intención de pasar temporadas, aunque finalmente establecieron su residencia en Ca' Capello en 1881 **[Fig. 8]**. El *palazzo* se convirtió en un punto de reunión con una función de encuentro social más que un espacio doméstico donde Enid diseñó la exposición de la colección de pintura con ayuda del crítico de arte Giovanni Morelli[54]. El diario de Lady Layard nos ofrece una aproximación del número y la variedad de personas que visitaron el palacio hasta 1912, año de su muerte[55]. Entre estas personalidades, señalaremos figuras destacadas del mercado del coleccionismo como los historiadores Gustav Dreyfus y Charles Ephrussi, ambos comisariaron exposiciones de pintura y artes decorativas y fueron miembros fundadores

---

52 1917, mayo 26. Venecia. Carta de Cecilia de Madrazo a Ricardo de Madrazo. MNP, *Archivos Personales, Colección Familia Madrazo*, AP: 30 / Nº. Exp. 129.

53 1917, junio 25. Venecia. Carta de Cecilia de Madrazo a Ricardo de Madrazo. MNP, *Archivos Personales, Colección Familia Madrazo*, AP: 30 / Nº. Exp. 130.

54 RIVA, Cecilia, 2019, p. 221-222.

55 1880, septiembre 22, 23. Venecia. Lady Layard's Journal. En: https://www.brown ingguide.org/lady-layards-journal/ (15-VI-2024).

de la Société du Musée des Arts Décoratifs de París; o el joyero y anticuario Alessandro Castellani, reproducía modelos de piezas antiguas, fundó una escuela de orfebrería en Nápoles y como anticuario hizo de intermediario con instituciones como el British Museum[56]. Es interesante señalar que la colección de artes decorativas formada principalmente por Enid Layard fue muy admirada por visitantes como el joven barón Franchetti o el financiero John Pierpont Morgan, benefactor del Metropolitan Museum of Art, la Frick Collection, el Cooper Hewitt Museum o la Huntington Library:

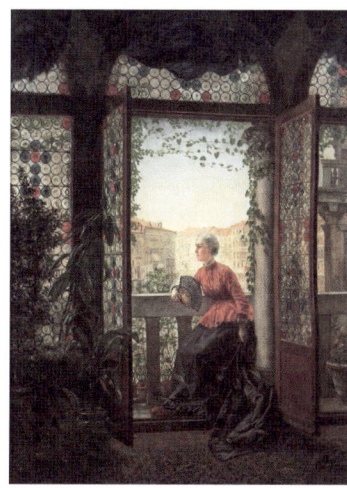

Figura 8. Charles Vigor, *Lady Layard (in Ca'Capello)*, 1885. © The Trustees of the British Museum, Londres.

> Después del almuerzo recibí la visita de Mme. Noce, que trajo consigo al joven barón Franchetti, que deseaba estudiar los cuadros de esta casa. Lo llevé también arriba, a mi estudio, y abrí la caja de encajes de mi dormitorio y le mostré las curiosas piezas de encaje que había coleccionado mientras estuvimos en España. Las apreció mejor que nadie a quien se las haya mostrado en mucho tiempo y, de hecho, se mostró tan entusiasmado que me hizo recordar por un tiempo mi propio gusto e interés por ellas[57].

En cuanto a Pierpont Morgan, compuso su colección a partir de compras de lotes enteros, colecciones liquidadas directamente por sus propietarios o a través de marchantes en Europa y EEUU gracias a su fortuna. Según Enid el financiero comentó las oportunidades que Layard había tenido para adquirir su colección, aunque Enid pensaba que la selección de las piezas se debía a los conocimientos de su marido más que por su capacidad económica:

> A las 11 de esta mañana vino a visitarme el señor Pierpont Morgan. Nunca había visto los cuadros de esta casa y quedó impresionado por ellos y por otras cosas que había en ella. No dejaba de comentar las oportunidades que debía haber tenido Henry, y yo añadí "y conocimientos". También admiraba los platos de Hispano Maurenque, las obras de Cortelazzo y los jarrones esmaltados de Bourges que me regaló la reina Margarita. No pude evitar comparar mentalmente la ventaja del conocimiento sobre el dinero. Con medios

56 MORETTI SGUBINI, Anna Maria, 2000, p. 9-11; ROCA CABRERA, María, (en prensa), p. 103-105; 263; 279-282.
57 1901, abril 25. Venecia. Lady Layard's Journal. En: https://www.browningguide.org/lady-layards-journal/ (15-VI-2024).

muy limitados, Henry había reunido una colección de objetos preciosos, ya que Morgan, el millonario, tuvo que pagar sumas inmensas por aquello que había adquirido[58].

En otro de los encuentros le comentó a Enid que la aduana italiana lo vigilaba para evitar que exportara obras de arte. Aunque ella no conocía a Morgan de antes, defendía que tiempo atrás este había comprado un valioso ornamento de iglesia por un alto precio en Italia y al descubrir que había sido robado, se lo devolvió al rey de Italia como regalo:

> Me dijo que la aduana italiana lo vigilaba de cerca por miedo a que comprara y se llevara alguna obra de arte y que cuando algunas damas llegaron de Milán para quedarse con él, no se les permitió llevar su equipaje a bordo, sino que lo llevaron de regreso a la aduana para su examen. Este es un acto muy descortés hacia un hombre que hace dos años había devuelto un valioso ornamento de iglesia por un alto precio en Italia. Al descubrir que había sido robado, el Sr. Morgan se lo devolvió al Rey de Italia como regalo[59].

Tras la muerte de Henry Layard (1894), Enid decidió componer un catálogo descriptivo de la colección. En él reunió dos textos manuscritos de su marido que mecanografió en un solo documento y acompañó con copias de las pinturas, realizadas por ella misma en acuarela[60]. Enid se había aficionado a la pintura gracias a la artista Margaretta Burr, compartiendo juntas jornadas dedicadas a tomar bocetos en diversos escenarios pintorescos muy del gusto de la época en Sevilla, Granada y Córdoba, en su diario aparecen reflejadas las anotaciones de esta época. Su primera acuarela la realizó en la Puerta de la Justicia de la Alhambra el 18 de mayo, y otros bocetos los tomaron en los Jardines de los Adarves o el Patio de los Naranjos[61]. También registró en su diario la admiración por otras artistas, como Clara Montalba, que según sus anotaciones le comentó agradecida sus críticas y consejos: "Clara me mostró algunos de sus hermosos cuadros y declaró que, pensando en mis críticas, últimamente había comenzado a pintar con más vigor. Dije que me avergonzaba mi audacia al encontrar defectos en una artista tan grande, pero me alegré de pensar que no le importaba"[62]. El catálogo de la colección Layard estaba compuesto por maestros de la pintura italiana y flamenca, *Ritratto di Maometto II* de Gentile Bellini, *Adorazione dei Magi della bottega* de Giovanni Bellini, *San Girolamo*

58 1907, junio 17. Venecia. Lady Layard's Journal. En: https://www.browningguide.org/lady-la-yards-journal/ (15-VI-2024).

59 1907, junio 12. Venecia. Lady Layard's Journal. En: https://www.browningguide.org/lady-la-yards-journal/ (15-VI-2024).

60 "List of pictures and tapestry in the possession of A. H. Layard" y "Catalogue of Layard Bequest: manuscript catalogue, including notes on provenance and restoration (n. d.)". Visto en: RIVA, Cecilia, 2019, p. 217, 476.

61 1872, mayo 18. Granada. Lady Layard's Journal. En: https://www.browningguide.org/lady-la-yards-journal/ (25-V-2024).

62 1912, septiembre 13. Salce, Belluno. Lady Layard's Journal. En: https://www.browningguide.org/lady-layards-journal/ (25-V-2024).

de Savoldo, la *Musa* de Cosmè Tura, el *Battesimo* de Moretto o *La partenza da Ceyx* de Carpaccio. Sin embargo, no se mencionaron las colecciones de artes decorativas y algunas de las obras de pintores españoles del XIX, que en gran parte fueron adquiridas gracias al entusiasmo y amistades de Enid. Tampoco se habló de ello en los obituarios tras su muerte cuando sí que se destacó el gusto y la visión artística de su marido como coleccionista y *connaisseur*[63].

En cuanto a Emilia Gayangos, señalaremos que, en 1901, tras la muerte de Riaño se trasladó a Ca' Capello con Lady Layard, donde permaneció cuatro meses haciendo turismo y ayudando a Enid en la organización del epistolario de su marido. Durante años Emilia Gayangos había mantenido correspondencia con Henry Layard, en ocasiones trataron temas relacionados con el ámbito profesional de Riaño que en 1878 había obtenido el cargo de director del Museo de Reproducciones Artísticas **[Fig. 9]**. Estos museos de ambición enciclopédica exhibían copias artísticas de esculturas y relieves, que se realizaban sobre todo con la técnica del vaciado en escayola[64]. Se trataba de reproducciones de obras dispersas en colecciones de varios países, algunas de ellas eran descubrimientos recientes, por lo que suponían una forma de difusión de estos originales.

> Me pregunto si tendría la amabilidad de comprar al Patronato del Museo Británico un molde de yeso de la estatuilla de Atenea Pártenos, descubierta en 1880 en Atenas; la copia en Kensington fue presentada por ellos. No veo que Brucciani lo tenga a la venta. Brucciani va a enviar varios moldes a Madrid, y este podría llegar al mismo tiempo[65].
> La estatuilla que mencionas es la que quiere Juan [...] Él escribió, cuando se encontró la estatuilla, al cónsul en Atenas y nunca pudo conseguir que le enviara un molde. Por supuesto, si Brucciani tiene el molde, se le puede pedir a él, pero pensamos que el molde pertenece al Museo Británico y no debe estar a la venta sin un permiso especial[66].

Emilia solicitaba una copia de la Atenea Pártenos a un proveedor, Brucciani, pero para ello necesitaba la ayuda de Layard para que gestionara el permiso a través del Patronato del Museo Británico, institución propietaria del molde de la pieza descubierta en Atenas en 1880. Sin duda, Emilia fue fundamental en las gestiones y relaciones de su marido Juan F. Riaño a lo largo de su carrera profesional, permaneciendo ella siempre en un segundo plano. Por otro lado, la afición por el coleccionismo de Emilia Gayangos también pasó desapercibida en su época, incluso para sus allegados. Una carta de Ricardo a Cecilia de Madrazo relata cómo se descubrieron piezas de esta colección:

---

63 SYMMONS, Sarah, 2000, p. 98-99.
64 BOLAÑOS, María, 2013, p. 2.
65 Carta de Emilia Gayangos a Henry Layard del 8 de febrero de 1887, consultada en: QUIJANO, José Antonio, 1985, p. 299.
66 Carta de Emilia Gayangos a Henry Layard del 18 de febrero de 1887, consultada en: QUIJANO, José Antonio, 1985, p. 300.

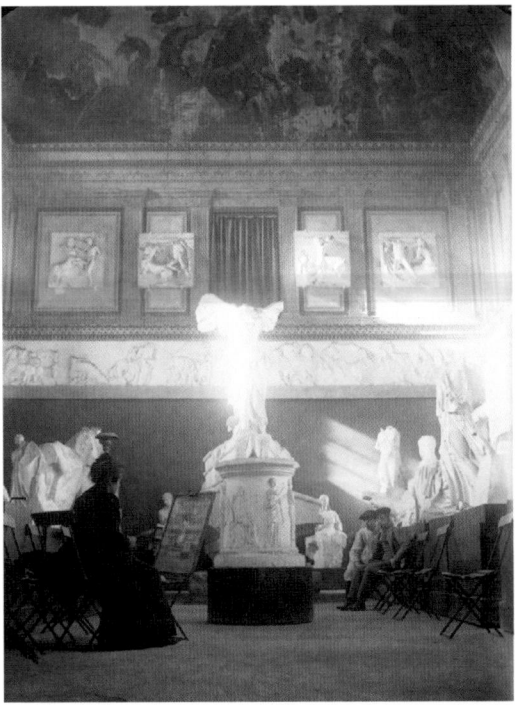

Figura 9. Anónimo, *Copista en el Museo Nacional de Reproducciones Artísticas, ca.* 1900. Visto en: BOLAÑOS, María, 2013, p. 4.

> Juanito Riaño se casa con una norteamericana, han encontrado que tenía guardado su madre (q.e.p.d.) encajes ¡por valor de 20.000 duros! Es verdad que Emilia empezó a coleccionar antigüedades cuando nadie las buscaba.[67]

Algunos de los ejemplares de Emilia Gayangos pasaron a formar parte de la colección de bordados del Museo Pedagógico Nacional (1894) que, en sus inicios, contó con donaciones del matrimonio Riaño y Emilia Pardo Bazán, entre otros. Emilia Gayangos falleció en 1903 y tal como desvelaba la necrológica publicada en *La Alhambra. Revista quincenal de artes y letras,* efectivamente colaboró en la redacción de algunos artículos firmados por Riaño:

> tenía claro y amplio talento, verdadera y sólida instrucción y depurado y finísimo gusto artístico, que por igual llevaba á sus aficiones literarias, pictó-

---

67 1903, diciembre 25. Madrid. Carta de Ricardo de Madrazo a Cecilia de Madrazo. MNP, *Archivos Personales, Colección Familia Madrazo,* AP: 31 / N.º Exp. 152.

ricas ó arqueológicas ó a los quehaceres y ocupaciones femeninas. Constante colaboradora de su ilustre marido, jamás, sin embargo, quiso figurar como "sabia"[68].

Muchas de las actividades desarrolladas por estas tres figuras quedaron en un segundo plano, meramente como aficiones. Esta circunstancia es comprensible en el contexto de una época en la que la mayoría de las mujeres limitaban el desarrollo de sus funciones al ámbito privado, en el caso de Cecilia de Madrazo y Enid Layard por tratarse de escritos personales y en el caso de Emilia Gayangos fueron publicaciones en colaboración con figuras familiares, padre y marido, donde la autoría ha permanecido anónima y desdibujada.

Bibliografía

ALZAGA RUIZ, Amaya. *Raimundo de Madrazo y Garreta (1841-1920)*. Tesis doctoral. Madrid: Universidad Nacional de Educación a Distancia, 2012.

BOLAÑOS, María. "Bellezas prestadas: La colección nacional de reproducciones artísticas". *Cultural History and Digital Journal,* 2013, diciembre 2/2, p. 1-13.

CADORIN, Ettore. *Note di un artista veneziano*. Venecia: Officine C. Ferrari, 1953.

CALDERÓN QUIJANO, José Antonio. "Correspondencia de Don Pascual de Gayangos y de su hija Emilia G. de Riaño en el Museo Británico". *Boletín de la Real Academia de la Historia*, 1985, tomo 182, vol. 2, p. 217-310.

CRUZADA VILLAAMIL, Gregorio. *Los tapices de Goya*, Madrid: Imprenta y Estereotipia de M. Rivadeneyra, 1870.

GONZÁLEZ LÓPEZ, Carlos. "El hogar de los Fortuny". *Revista de ideas estéticas*, 1975, nº 131, p. 213-230.

GONZÁLEZ LÓPEZ, Carlos. *Federico de Madrazo y Kuntz*. Barcelona: Subirana, 1981.

GONZÁLEZ LÓPEZ, Carlos; MARTÍ AYXELÁ, Monserrat. *El mundo de los Madrazo. Colección Comunidad de Madrid*. (Exposición celebrada en Madrid el 28 de marzo de 2007). Madrid: Consejería de Cultura y Deportes, Comunidad de Madrid, 2007.

GUTIÉRREZ MÁRQUEZ, Ana. *Cecilia de Madrazo. Luz y memoria de Mariano Fortuny*. Madrid: Museo Nacional del Prado y Fundación María Cristina Masaveu Peterson, 2017.

GUTIÉRREZ MÁRQUEZ, Ana; MARTÍNEZ PLAZA, Pedro J. (eds.). *Epistolario del Archivo Madrazo en el Museo del Prado [1]. Cartas de Mariano Fortuny, Cecilia, Ricardo, Raimundo e Isabel Madrazo*. Madrid: Museo Nacional del Prado y Fundación María Cristina Masaveu Peterson, 2017.

MORETTI SGUBINI, Anna Maria (dir.). *La collezione Augusto Castellani*. Roma: L'Erma di Bretschmeider, 2000.

MUÑOZ GONZÁLEZ, Ignacio A. *Arqueología y política en España en la segunda mitad del siglo XIX: Juan Facundo Riaño y Montero*. Tesis doctoral. Madrid: Universidad Autónoma de Madrid, 2016.

NEW GALLERY, THE. *Exhibition of Spanish Art: under the Patronage of Her Majesty The Queen Regent of Spain*, 1895-96. Londres: The New Gallery, 1896.

OSMA, Guillermo de. *Mariano Fortuny, arte, ciencia y diseño*. Madrid: Ollero y Ramos, 2012.

---

68 . VALLADAR SERRANO, Francisco de Paula, 1903, p. 527-528.

PÉREZ MARTÍN, Mariángeles. "Las mujeres de Madrazo: retratos de damas célebres y literatas". *Quaderns Arts Longa*, 2017, nº. 6, p. 131-139.

RÉGNIER, Henri de. *La altana. La vida veneciana.* Barcelona: Cabaret Voltaire, 2011. [1928].

RIAÑO MONTERO, Juan Facundo. "Spanish Art". *The Athenaeum*, 1872, nº 2314, 2 de marzo, p. 272.

RIAÑO MONTERO, Juan Facundo. "Notes from Madrid". *The Athenaeum*, 1878, nº 2624, 9 de febrero, p. 195-196.

RICO ORTEGA, Martín. *Recuerdos de mi vida.* Madrid: Imprenta Ibérica, 1907.

RIVA, Cecilia. *Austen Henry Layard collector and amateur: diplomacy, art history and collecting in XIX-Century Europe.* Tesis doctoral, Venecia: Università Ca' Foscari, 2019.

ROCA CABRERA, María. "Cecilia Madrazo. Coleccionista". En: ALBA PAGÁN, E.; PÉREZ OCHANDO, L. (eds.). *Me veo, luego existo: mujeres que representan, mujeres representadas.* Madrid: CSIC, 2015, p. 201-210.

ROCA CABRERA, María. *Fortuny. Edad de Oro del coleccionismo textil.* Valencia: Tirant Humanidades, (en prensa).

SYMMONS, Sarah. "The Spanish Diary of Enid Layard". *Boletín del Museo del Prado*, 2000, vol. 18, nº. 36, p. 85-100.

SANTIÑO RAMÍREZ, Santiago. *Pascual de Gayangos. Erudición y cosmopolitismo en la España del XIX.* Pamplona: Urgoiti Editores, 2018.

VALLADAR SERRANO, Francisco de Paula. "Crónica granadina. Dª. Emilia Gayangos". *La Alhambra. Revista quincenal de artes y letras*, 30 de noviembre de 1903, año VI, nº 142, p. 527-528.

LAS MUJERES EN LA CRÍTICA DE ARTE DURANTE EL PRIMER FRANQUISMO: ADHESIONES Y RUPTURAS CON EL DISCURSO NACIONALCATÓLICO

Irene Barreno García[1]

Instituto de Historia, CSIC

Este estudio pretende indagar en la participación de las mujeres en la crítica de arte a lo largo de la primera etapa de la dictadura franquista (1939-1959). Con la llegada del régimen, esta disciplina, al igual que el resto de los ámbitos culturales, experimentó un proceso de reconfiguración que perseguía su alineamiento con los ideales oficiales. La imposición del nacionalcatolicismo podía lograrse de manera más efectiva haciendo uso de aquellos ámbitos que, como la crítica, permitieran la creación de un discurso autorizado que se presentaría como legítimo ante el resto de la población. Desde la perspectiva de género, la crítica se empleó como un mecanismo de regulación social que trasladaba al mundo cultural el modelo ideal de feminidad española y católica defendido por la Sección Femenina. Mediante la consolidación de un discurso masculinizado sobre la figura del artista, que excluía conceptualmente a las mujeres de la creación, se pretendió favorecer la vuelta a los hogares de muchas mujeres que, sin embargo, durante el primer tercio de siglo habían comenzado a formar parte de la vida cultural y pública. Este paradójico contexto se vio reforzado por la presencia en la crítica de autoras de distintas posiciones ideológicas y concepciones vitales. La variedad de sus planteamientos en ocasiones les llevó a alzarse contra lo que el discurso hegemónico de la crítica afirmaba sobre las artistas, mientras que otras veces participaron de él con reflexiones que reforzaban la mirada patriarcal sobre la creación contemporánea.

Se pretende también, por tanto, proporcionar un marco contextual sobre la crítica de arte durante el franquismo desde la perspectiva de género. Para ello se analizará la obra de tres autoras seleccionadas como casos de estudio por la atención que prestaron en sus críticas a la cuestión de la mujer en el arte. A la par, trataremos de evidenciar cuáles fueron los principales tópicos sobre las artistas durante la dictadura y cómo se codificó social y culturalmente la autoría femenina en ese momento. Entender cuál fue la imagen que la crítica patriarcal

1   ORCID: https://orcid.org/0000-0002-7800-8382. Este trabajo es resultado de una ayuda del Ministerio de Universidades (FPU20/06726) para realizar una tesis doctoral bajo la dirección de Miguel Cabañas Bravo y Mónica Carabias Álvaro, y se inserta en el marco de los Proyectos de Investigación I+D+i "Puentes creativos. Desplazamientos, retornos, disidencias y adhesiones en el arte español contemporáneo" (Ref. PID2022-138643NB-I00, financiado por MCIU/AEI/10.13039/501100011033/FEDER) y "Hacedoras de Cultura. Conexiones e intercambios artísticos transatlánticos en el siglo XX" (Ref: PID2022-142633OA-I00 financiado por MICINN-AEI).

creó de las artistas permite contextualizar a las autoras que se adhirieron a este discurso y, por otro lado, comprender el valor de las contribuciones que muchas otras críticas realizaron, en ocasiones, desde planteamientos cercanos al feminismo.

María Campo Alange: una trayectoria dedicada a la visibilización y reconceptualización de las artistas

La producción de María Campo Alange (1902-1986) es sin duda la más estudiada de los tres casos analizados en este artículo[2]. Con todo, parece pertinente reflexionar sobre algunas cuestiones que permiten contextualizar la importancia de su obra en el momento en que fue concebida, así como ponerla en diálogo con las ideas hegemónicas desarrolladas por la crítica en esa misma cronología (aspecto menos trabajado por la bibliografía existente).

Crítica de arte, escritora y fundadora en 1960 del Seminario de Estudios Sociológicos sobre la Mujer, realizó imprescindibles aportaciones al pensamiento feminista español. En sus planteamientos (conectados en varios puntos con los de Simone de Beauvoir, aunque fueron incluso anteriores a estos)[3] reflexionó sobre el papel de la mujer en distintos ámbitos de la sociedad y, por supuesto, de la cultura. Estuvo vinculada a instituciones como el Ateneo de Madrid o la Academia Breve de Crítica de Arte, y dedicó numerosas obras a analizar y promocionar la obra de diversas artistas, como María Blanchard, Pepi Sánchez, Carmen Arozena, Liliane Lees-Ranceze o Ángeles Ballester.

Su libro sobre María Blanchard (1881-1942), de 1944, fue su primer contacto con la crítica de arte y el impulsor de su carrera en esta disciplina. Patricia Mayayo ha señalado cómo el método biográfico en esta y otras obras fue para Campo Alange "una herramienta de afirmación: frente a la exclusión de las mujeres de los relatos históricos, el género biográfico le permitía poner de relieve sus logros y la calidad de las obras"[4].

Campo Alange deja clara desde el inicio su motivación con esta obra: "Lo que me mueve a escribir estas líneas es justamente el deseo de divulgar en España la existencia de una mujer genial, compatriota nuestra, cuya obra es admirada hace largos años en el extranjero"[5]. Su consciencia de la necesidad de visibilizar y difundir el arte de Blanchard, al mismo tiempo que la conceptualiza como gran artista de la contemporaneidad, supone efectivamente una fractura en la narrativa crítica e historiográfica construida sobre la exclusión de las mujeres de la Historia del Arte (tema que abordaremos en profundidad en las páginas siguientes).

---

2 Algunas de las investigaciones que han profundizado en su producción son MAYAYO, Patricia, 2021; BARRERA, Begoña, 2015; o ALCALÁ, María Inmaculada, 2017.

3 BARRERA, Begoña, 2015, p. 100-123.

4 MAYAYO, Patricia, 2021, p. 136.

5 CAMPO ALANGE, María, 1944, p. 7.

Precisamente por la modernidad de sus planteamientos, llama la atención que Campo Alange conciba el arte de Blanchard como un remedio adoptado por la artista ante su incapacidad física para tener descendencia:

> El hijo bien formado, sano e inteligente, es, sin duda alguna, la obra de arte con que cada mujer sueña, pero cuando el equilibrio se rompe [...] la mujer tiene muchas veces una carga de ternura y de ambición capaz de dar impulso a cualquier ideal. [...] Ante una realización normal imposible, esta muchacha débil y deforme de cuerpo [...] intenta un delicado y difícil juego de prestidigitación: va a transformar sus sentimientos. [...] María Blanchard echa a volar su arte. [...] más adelante, ya consagrada, hubieras tirado todos tus lienzos por la ventana hubieras dado el genio y la gloria por tener un hijo tuyo entre tus brazos[6].

Esta supeditación de su capacidad artística al que debía ser el destino biológico deseado por toda mujer entroncaba plenamente con el ideal hegemónico de la feminidad impuesto por el régimen. Y, de igual manera, participaba de la relación conceptual entre creación femenina y maternidad que desarrollaron más prolíficamente otros autores y autoras, como se verá después con Josefina de la Maza. Se realizaba en esta obra, por tanto, una lectura dramática sobre sus acontecimientos vitales, a los que se otorga plena influencia sobre la obra pictórica. Esto deja poca cabida a análisis que incorporasen de manera más equilibrada cuestiones estéticas y estilísticas propias del ambiente de reflexión sobre la creación del que participó Blanchard. No obstante, como ha señalado Mayayo, textos posteriores de Campo Alange evidencian una maduración y refinamiento de sus mecanismos críticos, incorporándose paulatinamente reflexiones más complejas sobre, por ejemplo, la relación entre el género y las condiciones materiales necesarias para la creación artística[7].

Un aspecto muy relevante de la obra de Campo Alange es la plena contextualización que realiza de Blanchard en el ambiente de la vanguardia europea del primer tercio de siglo. Aunque esto pueda parecer una obviedad, lo cierto es que la crítica de arte franquista tuvo dos propósitos esenciales en lo relativo a esta artista: resaltar el "españolismo" de su pintura y negar la influencia en ella de las vanguardias del primer tercio de siglo. Sirva como ejemplo una crítica de Rafael Laínez Alcalá que aquel mismo año (1944) afirmaba del arte de Blanchard:

> París estaba lejos, envuelto en especiosas brumas intelectualistas de logreros sin alma y exquisitos fracasados sin energías propias para reencontrarse en las verdades de su desnudez espiritual. [Blanchard] se entregó al más hondo lirismo, al de su ternura de mujer española; los negociantes de la rue de la Boetie pudieron quedarse con los sofismas de una moda pasajera. [...] María, como Juan Gris y pocos artistas más, no eran solo pintores de circunstancias

6 CAMPO ALANGE, María, 1944, p. 28-31.
7 MAYAYO, Patricia, 2021, p. 137.

antiacadémicas, en disolución de manierismos; en sus lienzos hay una dimensión que vence a la moda y al «esprit» de la ciudad cosmopolita. [S]en-
sibilidad hispánica [...]. «Impaciencias de eternidad», a la manera española.
[...] Nada tiene que ver con la farsa de «l'art vivant», aunque la crítica docta
y la de aluvión quieran buscarle los tres pies al gato de las modas superrea-
listas y de los impulsos psicoanalíticos. María Blanchard es una mujer de España a su manera peculiarísima y nada más[8].

Campo Alange se situó frontalmente contra estas ideas, llegando a reprobar su
redundancia por parte de la crítica: "cuando los críticos examinan su obra pictórica, verán a través de su arte el 'eslavismo' y el 'españolismo' de su origen,
repitiéndolo con pesadez monótona, queriendo, tal vez, así desentrañar el dramatismo singular de su visión personalísima"[9].

Así, en su obra profundizó sobre la influencia que París tuvo en Blanchard, y que
ella tuvo en París: habla sin reticencias del grupo que formó con Juan Gris y Lip-
chitz y la sitúa como "la única mujer que ha practicado seriamente el cubismo
puro"[10]. Igualmente, se preguntaba: "¿Dónde se desarrollará mejor su arte
joven? ¿Qué clima espiritual será el más propicio para este hijo del amor por el
cual está decidida a sacrificarse cuanto sea necesario? Este sitio es París, sin
duda"[11]. De esta forma, no ocultó ni minimizó esa importante faceta de la artista,
sino que la situó como eje central de su trayectoria vital y pictórica. También
narró cómo Blanchard se adentró "en un ambiente de bohemia literaria. Personajes con extraña indumentaria [...] proclaman las más atrevidas teorías y en-
cendidos por el ideal hablan de Rousseau y de Carlos Marx [...] y en medio de
esa amable camaradería María entra en esa gran familia de la bohemia"[12]. No
mostró reparos tampoco en ilustrar esta relación de Blanchard con círculos bo-
hemios y artísticos en cuyo seno se movían ideas de izquierdas. Mediante estas
referencias a las relaciones que la pintora mantuvo en París y la contextualización
de estos intercambios artísticos, Campo Alange no solo defendió la entrada de
María Blanchard en el relato de nuestro arte contemporáneo, sino que lo hizo
desde una novedosa perspectiva respecto al panorama de la crítica del momento.

Un buen resultado de la maduración crítica a la que apuntábamos lo encontramos en su catálogo sobre la artista Pepi Sánchez (1929-2012). Artista de larga e
interesante trayectoria, supo combinar los elementos tradicionales del arte que
requerían las imposiciones culturales en aquel momento con innovadoras fórmulas estéticas vinculadas a la exploración de los elementos puramente consti-
tutivos del arte **[Fig. 1]**.

8 LAÍNEZ ALCALÁ, Rafael, "De Arte. En torno a la sensibilidad estética de la mujer española". *Infor-
    maciones*, 31 de agosto de 1944, s. p. Fichero de Arte Español Moderno (FAEM), CCHS-CSIC.
9 CAMPO ALANGE, María, 1944, p. 25.
10 CAMPO ALANGE, María, 1944, p. 43.
11 CAMPO ALANGE, María, 1944, p. 29.
12 CAMPO ALANGE, María, 1944, p. 91.

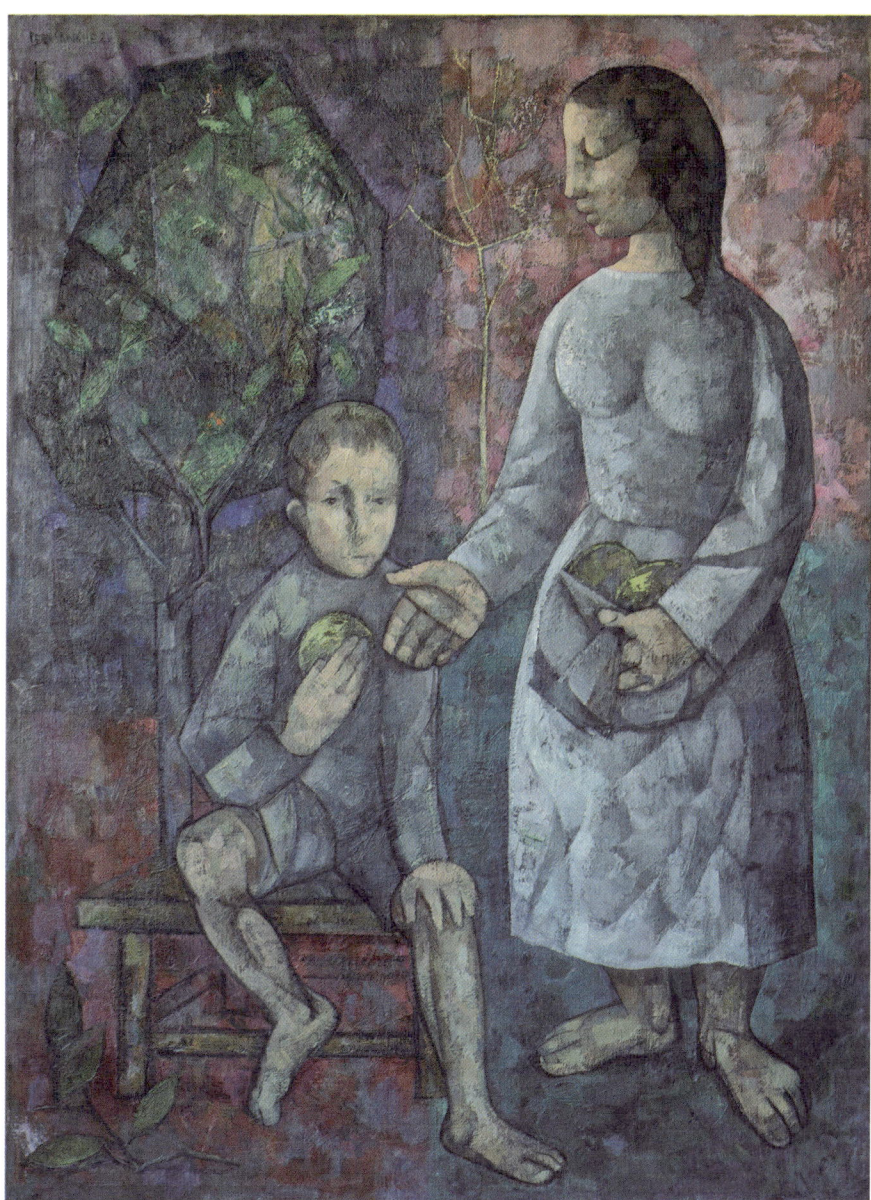

Figura 1. Pepi Sánchez, *Árbol verde,* 1953. Colección familiar.

Campo Alange en esta obra mostró un especial interés por reconocer a las mujeres como artífices de nuevos modos de hacer arte, por reivindicar el papel de las artistas como pioneras:

> Pepi Sánchez ha sido la primera que ha empezado a hacer en Sevilla eso que se llama [...] pintura moderna. Ella es, sin duda alguna, la primera que tuvo que soportar, en la graciosa ciudad del Betis, el escándalo y la incomprensión de la gente, habituada a contemplar con amor los cuadros de Murillo, de Zurbarán o de Valdés Leal –perdiendo [...] la noción del tiempo desde ellos transcurrido. [...] Ella fue la primera que empezó a pintar sin modelos; la primera que rompió el divorcio entre figura y fondo del arte tradicional, sin preocuparse de la perspectiva; [...] la primera que empezó a considerar un cuadro como pura manifestación de arte y no como una reproducción fiel de la realidad, la que dejó de perseguir las calidades propias de cada una de las materias [...] para buscar única y exclusivamente la belleza pura y simple de la línea, el volumen y el color [...]. En la masa compacta y añeja del arte sevillano, Pepi Sánchez abre [...] una vía nueva y ejemplar que hoy siguen con más o menos fortuna algunos jóvenes pintores de Sevilla[13].

Para Campo Alange, esta creadora constituía un estandarte del arte moderno en Sevilla, una figura precursora que se atrevió a abrir terreno donde, explicaba, nadie lo había hecho antes. La autora centró sus esfuerzos en transmitir ese carácter pionero de Pepi Sánchez, enumerando los aspectos que, gracias a la artista, se incorporaban al arte sevillano por primera vez. Su posicionamiento resulta especialmente interesante si lo analizamos dentro del contexto hegemónico de la crítica sobre el arte femenino durante los años 40 y 50. Sirva como ejemplo el siguiente texto del crítico José de Castro Arines, en el que el autor afirmaba que si "la pintura es una cosa mental" entonces el arte hecho por mujeres es antimental, imitativo:

> Si excluimos en la Historia del Arte las páginas que señalan la pintura rococó francesa y ciertas individualidades distinguidas del Impresionismo, la mujer pasa por la pintura universal sin pena ni gloria. [...] Estudiando la historia y evolución de la pintura [...] parece reservado al sexo varonil no ya la supremacía de la misma, que le corresponde por derecho, sino la propia actividad pictórica. Cierto que corresponde a la capacidad varonil todo lo que el arte tiene de profundo, bello, inquietante y angustioso [...]. Todo lo que el arte ha creado de original y trascendente es obra de los hombres; a ellos se deben los cambios y evoluciones. A la mujer correspondió una simple función imitativa, sin eco alguno en el campo de las ideas estéticas[14].

Es exactamente contra esta concepción del papel de la mujer en las artes contra la que se pronunció Campo Alange, escogiendo cuidadosamente sus palabras

---

13 CAMPO ALANGE, María, 1958, p. 8-10.
14 CASTRO ARINES, José de. "En torno a la pintura femenina". *El correo español*, 22 de septiembre de 1948, s. p. FAEM, CCHS-CSIC.

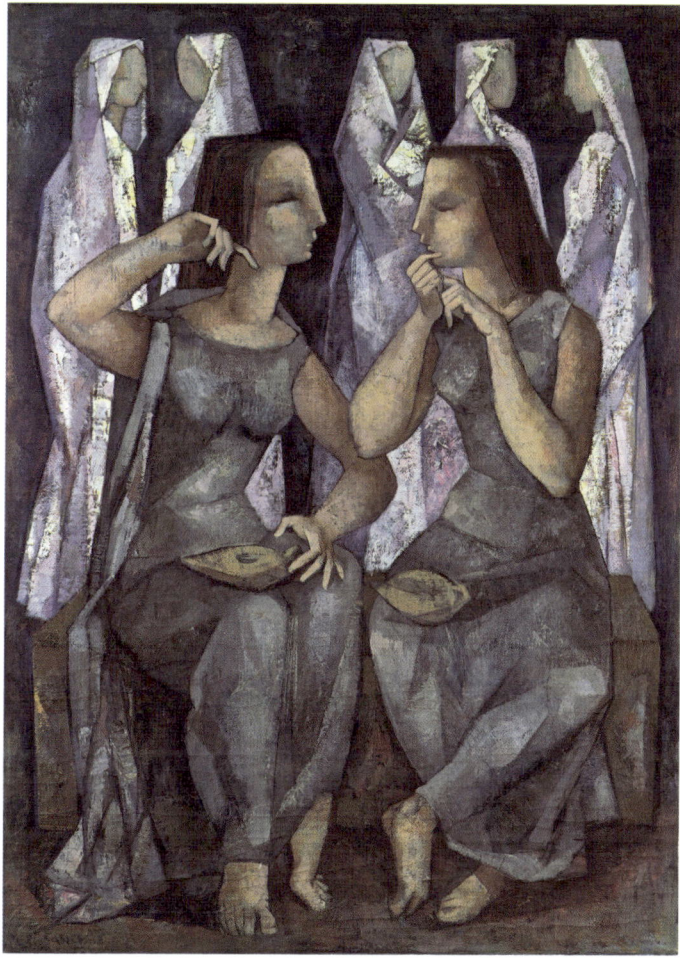

Figura 2. Pepi Sánchez, *Vírgenes fatuas,* 1950. Colección familiar.

para recalcar las aportaciones originales de la artista a su contexto. La autora supo discernir con claridad los elementos que constituían el gran valor de la pintura de Sánchez: una gran capacidad de integración, manejando temáticas tradicionales y religiosas representadas, sin embargo, mediante un estilo de gran modernidad **[Fig. 2]**; la fragmentación de las figuras en planos geométricos y el estudio de la superposición de perspectivas variadas; la introducción paulatina de otro tipo de temáticas vinculadas a lo onírico y fantasioso, con la exploración de sugerentes gamas cromáticas **[Fig. 3]** o el interés por la experimentación técnica que más adelante le llevaría a practicar con otros soportes mediante la pintura en piedra, adaptando lo representado a la fisicidad del elemento base. Ese carácter de promotora que acuña nuevas tendencias estéticas es el que la crítica le había negado tradicionalmente a las mujeres. Y constituía también el eje ver-

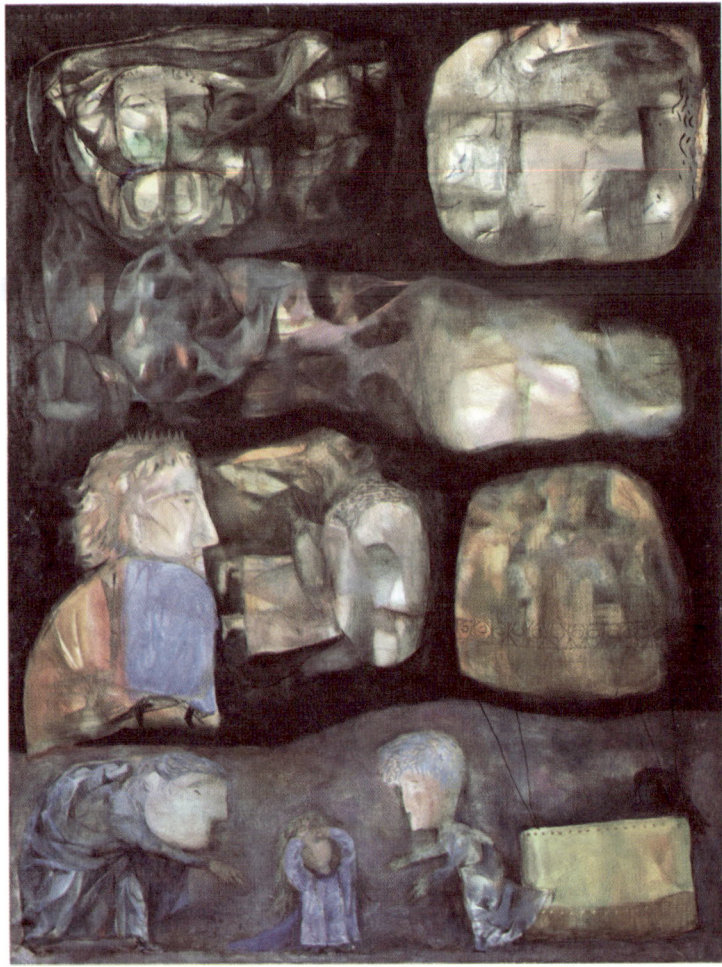

Figura 3. Pepi Sánchez, *Brujos capturando a un rey,* 1962. Colección familiar.

tebral de la crítica de Campo Alange sobre Pepi Sánchez, evidenciando, de nuevo, lo rupturista de su producción con respecto a la crítica de arte canónica.

Es también interesante cómo Campo Alange valoró que Pepi Sánchez afrontara que su obra fuese contemplada con desdén por sus coetáneos, criticando a quienes no sabían valorar su propuesta de renovación estética por estar acostumbrados a mirar tan solo la pintura de los clásicos sevillanos. En estas declaraciones la autora, hasta cierto punto, se situaba contra el que fue el gusto oficial imperante durante el primer franquismo. En este período se había defendido estoicamente la vuelta a la considerada como la "gran pintura española": "la pintura del Imperio". Los siglos XVI y XVII se rescataron como epítomes de la cultura española, y los valores de su pintura religiosa y moralista debían ser el punto de referencia para cualquier arte que se preciase[15]. Entre estos referentes ocupaban un puesto central pintores como Zurbarán o Valdés Leal, aquellos mismos artistas cuya única consideración, según Campo Alange, derivaba ahora en las reticencias del público a aceptar nuevas formas artísticas. Sus palabras traslucían un posicionamiento abierto hacia fórmulas pictóricas renovadas, que dejasen atrás el componente imitativo y se interesasen puramente por la belleza de los elementos geométricos, del color y demás elementos pictóricos *per se*. De esta forma, tomaba una posición clara en el debate estético fundamental de aquel momento, en el que la defensa de formas más abstractizantes venía ganado terreno.

Encontramos, en definitiva, un claro interés de la autora por resignificar la posición de la artista en su contexto artístico y cultural. Frente a la crítica de arte que trataba a la mujer artista como *rara avis*, como un fenómeno extraño de la naturaleza, Campo Alange insertó a Pepi Sánchez en su contexto, con el que se relacionaba de forma dinámica y activa, aportando renovaciones estéticas y situándose como pionera en el cambio en la concepción estética de aquel momento. La crítica de Campo Alange, además de la recuperación y visibilización de las artistas, supuso la creación de nuevos espacios en los que debatir sobre la capacidad creativa femenina, alzándose contra muchas de las ideas preconcebidas sobre las mujeres que primaban, como hemos visto, en su contexto cultural.

Algunos textos críticos de Josefina de la Maza. Entre la reivindicación, el esencialismo y la adhesión al pensamiento oficial

Resulta interesante analizar la aproximación a estas cuestiones que realizó otra autora: la escritora Josefina de la Maza (1903-). Hija de la célebre novelista Concha Espina y fiel reivindicadora de la obra de su madre, estuvo desde niña en contacto con la creación femenina, algo que sin duda influyó en la manera de cuestionarse sobre la relación entre las mujeres y la creatividad que se manifestó en sus algunas de sus críticas de arte. En ellas no solo aprovechó para tratar la obra de distintas artistas, sino que puso activamente sobre la mesa el debate en torno a la capacidad artística femenina.

La autora reflexionó sobre muchos de los tópicos ya mencionados, y especialmente sobre las implicaciones de la idea de "arte femenino". Esto es importante en tanto que contribuyó a sentar las bases de una de las cuestiones más prolíficas (la de la pertinencia o no de hablar de un arte específicamente femenino) en los debates feministas sobre la creación y la cultura que se produjeron ya posteriormente, en los años 60.

Esto puede verse en textos como "Divagaciones sobre el Arte y las mujeres" de

---

15 Sobre la importancia que los siglos XVI y XVII tuvieron para la ideología cultural y el posicionamiento estético del régimen, ver BARREIRO LÓPEZ, Paula, 2021; LLORENTE HERNÁNDEZ, Ángel, 1995; y MARZO, Jorge Luis, 2010.

1945, que comienza con una queja abierta: De la Maza denuncia que, en su diccionario, la pintora aparece definida como "la mujer del pintor". En una interesante conexión con la obra de Campo Alange, esta escritora también recurrió a la obra de María Blanchard para desarrollar sus planteamientos:

> Esta pintora insigne es un ejemplo de [...] que las mujeres no deben ser artistas al modo de los hombres, imitándolos y queriéndolos suplantar, poniéndose [...] frente a ellos [...]. Debemos las mujeres hacer un arte nuestro, inconfundible, diferente al de los hombres, y no por eso mejor o peor: diferente, nada más. Y aun llevamos de ventaja que nuestra labor artística puede tener, en determinadas ocasiones, una fortaleza varonil sin mengua ni desdoro de los intrínsecos valores de la mujer. Ventaja esta que los hombres no poseen, ya que cualquier atisbo de afeminamiento en la obra de arte masculina signo es de debilidad, desvío del ímpetu varonil del hombre[16].

Es interesante esta reivindicación de la autora contra el canon historiográfico que tradicionalmente ha elevado a una categoría superior aquellas formas de arte vinculadas a valores masculinizados. De la Maza proponía ampliar el concepto de arte para que en él tuvieran cabida las manifestaciones artísticas tradicionalmente menospreciadas por ligarse a las mujeres, sin que la estética considerada como "femenina" debiera ser rechazada de plano. En este sentido, es abundante la historiografía feminista que ha debatido sobre ideas similares: Rozsika Parker y Griselda Pollock han denunciado en sus textos la codificación del artista "como espacio de masculinidad, raza blanca, heterosexualidad"[17], que dejaba conceptualmente fuera la posibilidad de que una mujer produjese obras de calidad. Sobre este antagonismo entre los valores "femeninos" y el "verdadero arte", su posición es clara:

> Para [...] perpetuar la narrativa ideológica del arte y sus grandes creadores (hombres) [...], la Historia del Arte como discurso tiene que inventar una feminidad como imagen en negativo. Ese negativo se refiere a lo que no se valora, a lo que no es grandioso, ni importante, ni original[18].

Esto, que nos recuerda al planteamiento de Castro Arines visto anteriormente, resultaba en que "el arte de las mujeres se subordinaba a las nociones burguesas de feminidad y [...] se relegaba a una categoría especial presentada como algo distinto de la actividad cultural y de la profesionalidad pública dominantes —el coto de la masculinidad"[19].

Pero esas novedosas ideas sobre la cabida de las obras consideradas femeninas

---

16 DE LA MAZA, Josefina. "Divagaciones sobre el Arte y las mujeres". *El Español*, 20 de enero de 1945, s. p. FAEM, CCHS-CSIC.

17 PARKER, Rozsika y POLLOCK, Griselda, 2021, p. 13.

18 PARKER, Rozsika y POLLOCK, Griselda, 2021, p. 23.

19 PARKER, Rozsika y POLLOCK, Griselda, 2021, p. 70.

en la idea universal del arte no impiden detectar varios argumentos problemáticos, a nuestro juicio, en los planteamientos de Josefina de la Maza. Siguiendo con la posición que cree que deben adoptar las artistas, afirmaba:

> Y me parece mejor tomar humildemente los atributos del trabajo [...] con una suave mano tiernamente enérgica, sin aires de amazona. [...] María Blanchard pintó siempre con un aire feminilmente apasionado; en sus lienzos, las cosas más humildes están como invadidas por un halo espiritual[20].

Su discurso adquiere un tinte ciertamente esencialista o biologicista al dar por hecho que el arte realizado por mujeres es siempre un arte "suave", "tierno", "humilde" y "espiritual". Máxime en casos como el de María Blanchard, sobre cuya pintura hemos de preguntarnos si realmente puede diferenciarse de la de otros artistas cubistas porque cuente con rasgos "típicamente femeninos". Existe el riesgo, por tanto, de que a partir de estos supuestos se termine por englobar automáticamente las obras realizadas por mujeres en esa categoría aparte, aislándolas de los movimientos artísticos de los que realmente formaron parte íntegra. Si María Blanchard se constituye como epítome del arte femenino, en lugar del arte cubista, poco se habrá avanzado en su reconceptualización. Continuaba De la Maza:

> Para demostrar hasta qué punto la mujer y su fuerza tienen importancia en el mundo, quisiera decir algo de lo que a mí me parece otra de las artes femeninas: el arte de la casa. Las femeniles labores han sido siempre desdeñadas por los hombres [...]. Y hay que repetir a los señores hombres, una y mil veces, que estas labores son la fuerza si frágil también poderosísima con que las mujeres sostienen el hogar centro de la vida[21].

Vemos cómo ha concebido esta crítica como una proclama en la que reivindicar distintos ámbitos y labores tradicionalmente menospreciados porque sus artífices fueran mujeres. Entre ellos el mundo del arte, pero también otras esferas de la vida cotidiana. Es interesante el tono con el que subraya la importancia de las actividades feminizadas, por ser labores que permiten el desarrollo de la vida de una comunidad, que sostienen la base sobre la que se alzan el resto de parcelas de una sociedad, reflexionando sobre el poder de estas actividades. No obstante, de nuevo, se da pie a una romantización esencialista de las mismas:

> La gran dama, la señora burguesa, la artesana, la artista, si es una mujer de honra y provecho, sabe que la casa adquiere en el mundo no solo resultados de ventaja y comodidad, sino que es un centro de la máxima categoría, de donde se derivan mil fuerzas importantísimas para la vida de los hombres. Todo un mundo social, espiritual y artístico se funda y se funde en la casa [...]. La casa es la expresión más pura de la raza[22].

---

20 DE LA MAZA, Josefina, 1945, s. p.
21 DE LA MAZA, Josefina, 1945, s. p.
22 DE LA MAZA, Josefina, 1945, s. p.

De esta forma, el giro en su discurso comienza a entroncar con las ideas defendidas en ese mismo contexto por la Sección Femenina y la concepción de la feminidad propia del nacional-catolicismo: el deber de la mujer de permanecer en el hogar y mantenerlo en orden para que así los hombres pudieran desarrollar sus actividades públicas, la valoración del hogar y la familia como unidad mínima de representación de la jerarquía social del régimen, etc. La conjugación de todos estos aspectos termina por redundar en uno de los tópicos más extendidos en la crítica de arte patriarcal de este período: "Por eso, para las mujeres, la casa es una obra de arte. [...] Sí, el arte de las mujeres es la vida. A la criatura formada en nuestra entraña no hay escultura que se le parezca"[23].

El paralelismo entre la maternidad y las labores de crianza y la creación artística de las mujeres venía siendo una constante que se mantuvo con especial fuerza durante la dictadura. Así lo muestra también una crítica anónima sobre la artista Sofía Morales (1917-2005) y sus retratos de niños, que "son, sin duda, los que mejor riman con su psique de mujer, con su sensibilidad finísima, con la maternidad espiritual que toda artista guarda en su ser íntimo y recóndito"[24]. De la Maza, así, se adhirió al discurso hegemónico que situaba la maternidad como obra máxima de la creación femenina, algo que hizo en varias ocasiones. Tras plantearse si las mujeres tienen o no capacidad para realizar obras de arte,

> decidí que sí. [...] Nosotras, que para acallar el llanto del hijo diminuto debemos cantarle con el son más dulce de la tierra [...], que hemos de pintar en sus mejillas un tono entre moreno y rosado, un tono exacto que la ciencia médica nos ordena; nosotras, pendientes de esta escultura viva en la que deben resaltar los músculos, con la suavidad de la cera y la fortaleza dúctil del acero[25].

En los planteamientos de esta autora queda patente el complejo panorama en el que nos desenvolvemos al estudiar la crítica de arte desde la perspectiva de género durante este período. Josefina de la Maza representa bien un escenario en el que, si bien el pensamiento moderno del primer tercio del siglo luchaba por mantenerse vivo, su herencia inevitable convivía de manera cada vez menos ecuánime con la triunfante y retrógrada ideología oficial. A pesar de que resultan interesantes sus denuncias sobre la misoginia imperante al juzgar las obras asociadas a lo femenino, su vinculación con gran parte de los tópicos del pensamiento hegemónico sitúa sus textos en un cómodo territorio para el avance de la crítica patriarcal.

---

23 DE LA MAZA, Josefina, 1945, s. p.

24 "Nueva exposición de Sofía Morales". *La Verdad*, 9 de mayo de 1953, s. p. FAEM, CCHS-CSIC.

25 DE LA MAZA, Josefina. "El arte y las mujeres". *Levante*, 21 de julio de 1948, s. p. FAEM, CCHS-CSIC.

La crítica de arte como plataforma de sororidad: el caso de Celia Viñas

A continuación, nos gustaría abordar otra dimensión de la crítica de arte que no tiene solo que ver con la reflexión sobre la capacidad creativa de las mujeres, sino que se despliega también hacia la creación de redes de apoyo específicamente femeninas. En este sentido, fueron muchos los casos de artistas que se relacionaron en lo profesional y en lo personal con otras creadoras contemporáneas, escritoras o periodistas, que aprovecharon su proyección para impulsar las carreras de sus compañeras. Se trata de relaciones que fluctuaron entre el vínculo creativo y el personal, y que nos sitúan ante un tejido de redes de apoyo muy nutrido. Estos componentes, ya presentes en las obras de María Campo Alange donde se reivindicaba de manera manifiesta la necesidad de conocer la obra de distintas mujeres, adquirieron un cariz particular en vínculos tan estrechos como el de Celia Viñas (1915-1954) y Paquita Soriano (1930-2019). En su relación las fronteras entre crítica y artista se difuminan a través de sólidos lazos de apoyo y sororidad.

Paquita Soriano, nacida en Almería en 1930, adquirió una notable presencia pública desde su temprana juventud, a finales de los años 40 y principios de los 50. Su obra, al igual que sucedía con Pepi Sánchez, fue aclamada por aunar aspectos tradicionales del arte, como la dedicación al bodegón típica de la pintura almeriense de la época, con nuevas tendencias artísticas como el indalianismo. A la gran fortuna crítica de la que gozó la pintora contribuyeron, de manera especial, los escritos de Celia Viñas Olivella.

Escritora y profesora, heredera de los valores de la Institución Libre de Enseñanza y el pensamiento republicano, Viñas promocionó la obra de Paquita Soriano de muy diversas maneras. Fue una figura esencial en las inauguraciones de las exposiciones de la artista, encabezando estos actos con magníficas conferencias en las que profundizaba sobre la trayectoria de Soriano, con gran sensibilidad literaria y capacidad de análisis crítico. Tal fue el sincretismo entre ellas que muchas de las críticas y crónicas sobre las exposiciones de la pintora alabaron, a la par que las pinturas expuestas, las intervenciones de Celia Viñas, pues gracias a su prosa elevada eran percibidas como un perfecto complemento para comprender en profundidad los cuadros. Además de con la pronunciación de estos discursos, la escritora también se esforzó por transmitir el valor de las obras de su amiga mediante las numerosas críticas que escribió:

> Nada más ajeno al sabor agridulce de la novatada que la pintura de Paquita Soriano. Antes, con rubor de colegio de monjas, [...] paseos en silencio, [...] una niña comenzó a pintar flores y barcas. [...] ¡cuántas cosas en la tarde de la niña! Después, el mediodía le hace guiñar los ojos, sus ojos de rubia, y [las] estrellas de luz, azules, verdes, oro, coloraícas, van a salvarnos a Paquita de una posible y ya negada ñoñería de pintura femenina —¡ay la pintura femenina y ay la poesía femenina también!—[26].

---

26 VIÑAS, Celia. "Presentación de Paquita Soriano en su primera Exposición individual (Fragmentos)". *Yugo*, 26 de enero de 1949, s. p. FAEM, CCHS-CSIC.

Encontramos en este fragmento una posición ambivalente donde la autora, por un lado, desdeñaba la pintura tradicionalmente considerada femenina, en una línea diferente a las ideas de Josefina de la Maza. Sin embargo, la intención con ello es valorar el hecho de que Paquita Soriano se hubiera atrevido a salir de los límites estéticos que les eran impuestos a las mujeres mediante los argumentos esencialistas de la crítica. Es también interesante la afirmación con la que comenzaba la cita, desechando cualquier idea sobre el carácter de "principiante" de la pintora. Esto es relevante en un contexto en que el tono de la crítica para hablar de las artistas era generalmente condescendiente, presentándolas como eternas principiantes, muchachas aficionadas al arte que habían encontrado en esta actividad un delicado hobby. Sobre Paquita Soriano tampoco faltaron los testimonios que aunaban esta infantilización con la descripción esencialista de sus pinturas. Ejemplo de ello es una crítica del destacado periodista almeriense Juan Martimar de noviembre de 1950. En ella hablaba de la gran calidad de la pintura de flores de la artista, ante la cual

> verdaderamente que el cronista no se sorprende [...]: de una parte, porque conocemos las magníficas cualidades pictóricas de Paquita Soriano; y de otra, porque consideramos una cosa perfectamente natural y casi obligada que una mujer prefiera este género a cualquiera otro de la pintura. El espíritu sensible y delicado de la mujer armoniza a las mil maravillas con la estampa, tierna y bella, de la flor[27].

Esta identificación de la pintura de flores como una lógica extensión de la identidad femenina era un mecanismo que la crítica patriarcal venía utilizando ya desde el siglo XIX. La conceptualización del género floral como un arte aparte, sin más valor estético que reflejar la feminidad de quien los producía, había servido desde entonces para justificar su exclusión de la idea hegemónica de "arte"[28]. En una línea similar, el crítico Marino Antequera introducía así una exposición de la artista: "Aires de juvenil y fragante feminidad invadieron anoche el saloncito de exposiciones del Centro Artístico con una de 23 cuadros de la pintora almeriense Paquita Soriano. Luz, color y sano optimismo son cualidades fundamentales en el arte de esta muchacha"[29].

Los premios y medallas que ya consolidaban la carrera de la pintora no impidieron la continuación de este tipo de narrativas sobre la muchacha graciosa de carácter y alegría cuasi pueriles. Leyendo estos textos, se entiende mejor el empeño de Celia Viñas por presentar a la artista como la profesional que era:

---

27 MARTIMAR, Juan. "Las flores, en la pintura de Paquita Soriano". *Yugo*, 12 de noviembre de 1950, s. p. FAEM, CCHS-CSIC.

28 PARKER, Rozsika y POLLOCK, Griselda, 2021, p. 79.

29 ANTEQUERA, Marino. "Notas de arte. Sano optimismo en la obra artística de Paquita Soriano". *Ideal*, 23 de mayo de 1950, s. p. FAEM, CCHS-CSIC.

> Ahora recuerdo mi entrañable fe en Paquita Soriano. Ahora que nos cumple una forma artística poéticamente y con contento. Con esfuerzo y con garbo, porque el derroche de fuerza justifica la gracia. ¡Qué sana la ambición de Paquita Soriano! Y, ¡qué noble, incansable y decidida...! Magnífica lección para muchachas de provincias y para pintores de provincias[30].

La terminología empleada ("fuerza", "ambición", "decisión") difiere notoriamente de la utilizada en los textos anteriores, y pone en valor cualidades de la pintora que chocaban con el ideal de feminidad imperante. Igualmente, es reseñable que se sitúe a Soriano como referente no solo para otras jóvenes que vinieran de entornos rurales, sino también para todos aquellos artistas que podían y debían aprender de su ejemplo y trayectoria.

El apoyo de Celia Viñas fue más allá de los discursos de inauguración o las críticas escritas sobre la pintora. Así, cuando le preguntaban a Paquita Soriano si pensaba exponer próximamente, ella lo negaba: "Es más, esta última exposición fue a impulsos de la señorita Celia Viñas que, al conocer mis trabajos, me obligó a llevarlos a los salones de la Biblioteca Francisco Villaespesa"[31]. Estas palabras cobran especial importancia si tenemos en cuenta que fue una de las exposiciones que más éxito le granjeó. Así lo evidenciaba una crítica posterior:

> Paquita Soriano, que expone por vez primera en Granada, acaba de obtener un ruidoso éxito de crítica en su reciente exposición en la Biblioteca Villaespesa de la vecina capital, por lo que el anuncio de su presentación en Granada ha despertado gran interés[32].

Estos testimonios evidencian la importancia que podía tener para una artista el apoyo de una compañera a nivel laboral y personal. Paquita Soriano encontró gracias a Celia Viñas la decisión, el arrojo y la valentía para lanzarse a exponer, aunque esto no entrase en sus planes iniciales. Esta relación muestra cómo las críticas de arte podían constituir un apoyo esencial para las artistas, infundiéndoles la autoestima necesaria para emprender nuevos proyectos que consolidaran su carrera profesional.

Estas muestras de apoyo forman parte de una red más amplia en la que no solo participaron las críticas, sino también otras creadoras de diversas disciplinas, las propias espectadoras de las obras o las amigas personales de las pintoras. Así, la ilustradora Felisa Baudot (1924-) explicaba que comenzó a vender sus obras, a otorgar valor económico a su trabajo, por los ánimos de una amiga que le instó

---

30 VIÑAS, Celia. "Las frutas de Paquita Soriano". *Yugo*, 30 de abril de 1950, s. p. FAEM, CCHS-CSIC.

31 ROMÁN, M. "Paquita Soriano, la gentil pintora almeriense". *Yugo*, 22 de enero de 1949, s. p. FAEM. CCHS-CSIC.

32 "Paquita Soriano, joven pintora almeriense, expondría mañana en el Centro Artístico". *Patria*, 21 de mayo de 1950, s. p. FAEM, CCHS-CSIC.

33 ALCIRA, Emilio. "Felisa Baudot, creadora". *El correo gallego*, 5 de octubre de 1950, s. p. FAEM, CCHS-CSIC.

a ello, teniendo posteriormente tal éxito que la cantidad de falsificaciones que proliferaban de su obra llegó a ser un problema[33]. De igual manera, afirmó que había empezado en el arte por sus amistades: "Pintaba para ellas"[34]. En 1948, comentando una exposición de María Luisa Axpe (fl. 1950), se nos dice:

> Nuestras damitas visitan casi a diario nuestras exposiciones y comentan a los artistas. Y estas damitas, que para verano acuden al Norte para pasar sus vacaciones, conocieron e intimaron con María Luisa Axpe, le hablaron del movimiento artístico de nuestra Zaragoza [...] y le aconsejaron que nos visitara. Esta fama de Zaragoza [...] es lo que ha hecho que la joven damita vasca aceptase la invitación de sus distinguidas amiguitas zaragozanas, y se haya presentado por primera vez en una exposición personal en nuestra ciudad[35].

Estos testimonios sintetizan bien la diversidad de las muestras de apoyo entre mujeres en el mundo de la cultura. Muchas creadoras de éxito se animaron a comenzar en el mundo del arte gracias a las compañeras que las alentaron, así como a viajar para exponer, darse a conocer en otras ciudades e incluso a profesionalizar y monetizar su trabajo. Dentro de este universo sororo adquirió un papel esencial la crítica de arte, encargada de reconceptualizar, revalorizar y difundir la obra producida por mujeres. Sirvan estas palabras de Celia Viñas para resumir esta creación de redes durante el primer franquismo:

> Para los años de lucha aquí tienes una mano amiga y un corazón –de isla anclado en tierra firme–. Que el triunfo te llegue tarde y sin trampa, nada de flores de almendro. Esto es lo que te desea tu amiga, que lo es, CELIA VIÑAS OLIVELLA[36].

Bibliografía

ALCALÁ, María Inmaculada. *La voz oculta de María Campo Alange. La escritora en la espera* [tesis doctoral]. Castellón: Universitat Jaume I, 2017.

BARREIRO LÓPEZ, Paula. *Vanguardia y crítica de arte en la España de Franco*. Madrid: Antonio Machado Libros, 2021.

BARRERA, Begoña. *María Laffite. Una biografía intelectual*. Sevilla: Universidad de Sevilla, 2015.

CAMPO ALANGE, María. *María Blanchard*. Madrid: Hauser y Menet, 1944.

CAMPO ALANGE, María. *Pepi Sánchez*. Madrid: Editora Nacional, 1958.

LLORENTE HERNÁNDEZ, Ángel. *Arte e ideología en el franquismo (1936-1951)*. Madrid: Antonio Machado Libros, 1995.

MARZO, Jorge Luis. *¿Puedo hablarle con libertad, excelencia? Arte y poder en España desde 1950*. Murcia: Cendeac, 2010.

MAYAYO, Patricia. "Pensar fuera del marco: María Campo Alange, crítica de arte protofeminista". *Archivo español de arte*, 2021, vol. 94, nº 374, p. 133-142.

PARKER, Rozsika y POLLOCK, Griselda. *Maestras antiguas. Mujeres, arte e ideología*. Madrid: Akal, 2021.

---

34 GONZÁLEZ LUENGO, Juan Manuel. "Felisa Baudot y sus dibujos". *El pueblo gallego*, 4 de noviembre de 1950, s. p. FAEM, CCHS-CSIC.

35 OSTILIO. "Exposición María Luisa Axpe". *Amanecer*, 5 de enero de 1948, s. p. FAEM, CCHS-CSIC.

36 VIÑAS, Celia, 1949, s. p. FAEM, CCHS-CSIC.

LA APORTACIÓN DE LAS VALENCIANAS A LA CRÍTICA DE ARTE DESDE LA SEGUNDA REPÚBLICA AL TARDOFRANQUISMO

Clara Solbes Borja[1]

Universitat d'Alacant

A lo largo de este capítulo realizaremos una panorámica general que esboce la aportación de las mujeres a la crítica de arte en València desde la efervescente Segunda República hasta el final de la dictadura franquista. Iniciaremos nuestro recorrido con Manuela Ballester, conocida sobre todo como artista de la generación valenciana de los treinta, aunque fue mucho más que solo una artista, ya que, entre otras cuestiones, también dedicó parte de su tiempo a escribir sobre arte y a reflexionar sobre la función del mismo. Continuaremos, tras la victoria del bando sublevado y la instauración del régimen dictatorial de Francisco Franco, con algunas periodistas como María Ángeles Arazo que, desde posicionamientos que hoy podríamos denominar protofeministas, estuvieron muy activas en el ámbito de la prensa diaria con artículos dedicados a artistas y, específicamente, a mujeres artistas. También aparecerán en este relato algunas mujeres que formaron parte del jurado de exposiciones organizadas en la ciudad, como son Isolda Alfaro o la crítica de arte falangista Isabel Cajide. Finalizaremos en los últimos años de la dictadura con las aportaciones de críticas abiertamente feministas y activistas como la historiadora del arte Trini Simó.

Manuela Ballester: voz de la vanguardia valenciana

Empecemos, no obstante, por el principio. Los años treinta supusieron en València, y en otros focos artísticos del país, la llegada de los debates propios de la modernidad al campo del arte. La ruptura con la tradición clásica, los preceptos artísticos alejados de la mimesis o los debates en torno a la función del arte y la imbricación del arte con la vida formaron parte de la cotidianidad artística e intelectual del momento. La plástica valenciana continuaba eclipsada por la omnipresente figura de Joaquín Sorolla, que había fallecido solo diez años antes, en 1923, pero también pisaba con fuerza una nueva generación de artistas dispuestos a incorporar los nuevos presupuestos del arte moderno. El expresionismo alemán, el futurismo o la pintura metafísica, que algunos artistas valencianos pudieron conocer de primera mano gracias a las pensiones de la Diputación de Valencia[2], iban calando poco a poco en los discursos artísticos. De

---

1 ORCID: https://orcid.org/0000-0001-7119-8294.
2 Véase FERRER ÁLVAREZ, Mireia, 2020, p. 183-198.

hecho, el propio Josep Renau, líder de la vanguardia valenciana, relataba en una entrevista cómo cayó en sus manos el Manifiesto Futurista y cómo lo leyeron en grupo, "temblando de impaciencia" y a la luz de la luna, como recomendaba Filippo Tomaso Marinetti. "Nos produjo una especie de estupor rayano en el traumatismo"[3], afirmaba Renau.

Los y las artistas implicados también intentaron cambiar las propias instituciones y el sistema artístico, algo que se iría materializando con algunos eventos importantes como la fundación de la Sala Blava, en 1929, bajo la dirección de Fernando Gascón Sirera, un hombre por lo visto bajito y de origen madrileño a quien, según relata Francisco Agramunt, conocían como "Nano"[4]. Dicha sala se concibió no solo como un espacio expositivo, sino como un foco de difusión y de pensamiento artístico a través del cual introducir las tendencias vanguardistas en la ciudad de València. Gascón Sirera quiso crear una suerte de "Els Quatre Gats" que funcionara como alternativa estética a los principios conservadores del Círculo de Bellas Artes. Y para ello eligió un antiguo palacete de estilo gótico situado en la calle Redención, muy cerca de la Universidad, en pleno centro de la ciudad.

La Sala, además, dio cobijo al colectivo Acció d'Art, que reunió a artistas como Josep Renau, Antonio Ballester o Rafael Pérez Contel. Más tarde, se unió Juan Renau junto con las dos únicas mujeres que hemos encontrado referenciadas dentro del colectivo: Manuela Ballester y María Luisa Palop[5]. No obstante, Agramunt deja en un misterioso etcétera la lista de nombres que participaron en la actividad de la sala, lo cual nos puede llevar a pensar que quizá participaron otras mujeres activas en aquel momento, como Elisa Piqueras o Amparo Muñoz Montoro.

Aparte de artistas, nos interesa especialmente aquí indagar en los críticos de arte que Agramunt referencia como vinculados a la Sala Blava, y que configurarían por lo tanto la voz teórica de esa efervescente vanguardia valenciana. La crítica artística conservadora en València estaba dominada por personajes muy reconocidos en el campo cultural, como Manuel González Martí, historiador que fundaría, en la década de los cincuenta, el Museo Nacional de Cerámica y Artes Suntuarias González Martí. O también los periodistas Vicente Calvo-Acacio y Eduardo López-Chávarri (firmaba como E. L. Chávarri). Este último fue un inte-

---

3 Sobre las actividades del grupo de artistas y escritores próximos a Josep Renau y Manuela Ballester véase: RENAU, Josep. "Notas al margen de Nueva Cultura", en *Nueva Cultura*, Vaduz, Liechtenstein, 1977, p. XIII. Citado en GARCÍA, Manuel, 1991, p. 87.

4 AGRAMUNT LACRUZ, Francisco, 1983, p. 19.

5 Sobre María Luisa Palop, sabemos relativamente poco. Aunque parece ser que participó en 1932 y en 1934 en la Exposición Nacional de Bellas Artes, y que permaneció en València tras la guerra civil, donde participo en varias exposiciones durante la década de 1940 y se dedicó ampliamente a la pintura de paisaje, el bodegón y el retrato. Tal y como hemos apuntado en otras publicaciones, participó en la exposición *Pintoras Valencianas*, que tuvo lugar en las salas de Lo Rat Penat en mayo de 1945; y también expuso en la Sala Mateu, en una colectiva y en una individual, ese mismo año 1945. Véase SOLBES BORJA, Clara, 2023, p. 177; 212; 229; 272.

lectual polifacético que dominaría las secciones artísticas del diario *Las Provincias* en las décadas posteriores, durante la dictadura franquista. Estos críticos se reunían en el Círculo de Bellas Artes o en el Ateneo Mercantil, instituciones que, aunque con una clara vocación artística, estaban ligadas a corrientes artísticas más academicistas o, en el mejor de los casos, sorollistas.

En la Sala Blava, no obstante, se reunían otras personalidades que tendrían una voluntad más renovadora. Los críticos que encontramos alrededor de esta sala eran, según apunta Agramunt, poco numerosos: "menos numerosos aún que los coleccionistas"[6] y, además, "rara vez disponían de una tribuna importante"[7]. Algunos de estos críticos, que para Agramunt eran "excepciones", eran el poeta Manuel Abril, el reconocido crítico catalán Sebastián Gasch, el poeta, traductor y crítico literario Enrique Díaz Canedo, el arquitecto Enrique Segarra y Alfredo Batlin. La participación de los críticos de arte parece que fue menos decisiva que la de escritores y poetas, quienes, y de nuevo citando a Agramunt, "con su entusiasmo juvenil"[8], contribuyeron al éxito de la plástica renovadora en València. Max Aub, por ejemplo, descubrió a Pedro Sánchez y Genaro Lahuerta y les compró obra.

El panorama que describe Agramunt con respecto a la crítica de arte valenciana resulta, es evidente, completamente masculino, pero nos gustaría señalar también el papel que artistas mujeres, y específicamente Manuela Ballester, tuvieron en la teorización de la vanguardia. En el contexto español son conocidas, al menos parcialmente y gracias a investigaciones recientes[9], críticas activas durante las primeras décadas del siglo XX, como Margarita Nelken o Carmen de Burgos. En València, Manuela Ballester fue, sin duda, uno de los principales agentes activos y críticos en el mundo del arte. En esta época Ballester escribió el artículo "Mujeres intelectuales", publicado en el 5º número de la revista dirigida por Renau *Nueva Cultura*[10], en el que realiza una crítica de una exposición que había tenido lugar en la Librería Internacional de Zaragoza. En la muestra

---

6 AGRAMUNT LACRUZ, Francisco, 1983, p. 24.
7 AGRAMUNT LACRUZ, Francisco, 1983, p. 24.
8 AGRAMUNT LACRUZ, Francisco, 1983, p. 24.
9 Prueba de estos primeros esfuerzos por recuperar a las primeras críticas de arte son las investigaciones de África Cabanillas, cuya tesis doctoral estudió esta cuestión (CABANILLAS, África. *Las pioneras de la crítica de arte feminista en España: (1875-1936),* Tesis Doctoral dirigida por Amparo Serrano de Haro Soriano en la UNED. Universidad Nacional de Educación a Distancia, 2013), y sus publicaciones, véase: CABANILLAS, África, 2005-2006, p. 385-406; CABANILLAS, África, 2007-2008, p. 363-389; CABANILLAS, África, 2019, p. 859-876; CABANILLAS, África, 2020, p. 355-368. También resulta sintomático de esta reciente recuperación el ciclo de conferencias que dirigió Concha Lomba en el Museo del Prado: Ciclo de conferencias *Las mujeres en la crítica y la teoría de arte: España 1850-1918* (Museo del Prado, 13, 16, 20 y 23 de marzo de 2024), en el que participaron investigadoras como la propia Concha Lomba, Magdalena Illán, Luis Sazatornil e Isabel Rodrigo Villena. Las conferencias se pueden consultar online en la web del Museo del Prado: https://www.museodelprado.es/recurso/las-mujeres-en-la-critica-y-la-teoria-de-arte/27e 03fa8-9cb8-4ff6-9018-86d1e9e5a935 (Fecha de consulta: 5-09-2024).
10 BALLESTER, Manuela, junio-julio 1935, p. 15.

expusieron distintas artistas de la vanguardia del momento, como Maruja Mallo, Ángeles Santos, Menchu Gal, Norah Borges o Rosario de Velasco. También se exhibieron libros de escritoras ligadas a la Generación del 27 como Carmen Conde. La muestra partía de la premisa de exponer obra de mujeres por el hecho de ser mujeres[11], heroizando y homogeneizando sus aportaciones, pero sin un aparato crítico detrás. Sobre esta exposición Manuela Ballester apuntaba que una joven vanguardia española empezaba a "cuajar en los cerebros" de la juventud intelectual y plástica, deudora de la vanguardia francesa, la cual, considera Ballester, se encontraba en aquel momento "casi en descomposición".

En este interesante y apenas conocido artículo, Ballester cuestiona a sus coetáneas por repetir los ya manidos temas y esquemas de sus homónimos varones, en lugar de hacer valer su especificidad "femenina". De hecho, al reivindicar en la creación plástica el "espíritu femenino", la artista especifica que quizá sería más apropiado denominarlo "espíritu de mujer", ya que considera que el adjetivo "femenino" ha sido denostado y "ha perdido para muchos su exacto significado", es decir, ha sido encubierto de connotaciones peyorativas, aunque, entendemos de las palabras de la autora, ella no comparte estas connotaciones. Ballester recrimina a sus compañeras que sus obras no estén posicionadas desde sus propias subjetividades, desde su posición como mujeres en el mundo, y las apela directamente con preguntas que, afirma, "cabe suponer no sabrán contestar". Les pregunta cómo repercuten en sus entrañas las cosas, cuál es su verdad, cuál es su deseo. Ese posicionamiento que Ballester exige a sus compañeras es el que, para ella, debería acompañar a cualquier manifestación artística. Lejos de ser simples "telas coloreadas", las obras de arte deben de ser agentes activos de transformación social. En la línea teórica de la vanguardia que tanto defendió su marido Josep Renau, Ballester apela a la vinculación necesaria entre el arte y la vida, apela a la necesaria función social del arte. En el caso de las mujeres artistas, para Ballester, el arte debe ser además "un grito maternal de protesta". Así lo exigía el feminismo de la época, en el que la lucha de las mujeres estaba indisociablemente ligada a su condición de madres. Era desde ahí desde donde las mujeres, comprometidas en general y artistas en particular, debían reivindicar su posición en el mundo y su capacidad de agencia.

Además, Manuela Ballester, junto con otras compañeras como su hermana Rosa Ballester o Elisa Piqueras, se implicaron en la Alianza de Intelectuales por la Defensa de la Cultura y pusieron en marcha, bajo la dirección de Ballester, la revista *Pasionaria,* un proyecto que, en plena guerra civil, tenía como fin movilizar a la población femenina a favor de la causa republicana. Era, por lo tanto, y como tantas otras revistas surgidas en esta década, un vehículo de comunicación política, pero también artística. Su paso por *Pasionaria*, lejos de ser un hecho ais-

---

11   Algo que, como señala Isabel Tejeda, sería muy habitual décadas después en fechas cercanas al 8 de marzo en el marco del feminismo institucional, que trataba de blanquear su imagen "visibilizando" obras de mujeres, pero sin un aparato crítico detrás que diera un contexto político a las muestras. Véase TEJEDA, Isabel, 2020, p. 29-46.

lado en su trayectoria, fue, en palabras de Michel Otayek, "un punto de encuentro para la multiplicidad de talentos de su vocación creativa"[12].

Como es sabido, tras el estallido de la guerra civil la mayor parte de la intelectualidad española se vio abocada a un largo y, en la mayoría de las ocasiones, definitivo exilio. Entre esa intelectualidad se encontraba también Manuela Ballester, que pasaría el resto de sus días, acompañada de su familia, entre México y Alemania. La obra plástica que desarrolló la artista ha sido puesta en valor recientemente en la exposición *Manuela Ballester. Pintar frente a todo* (Centre Cultural La Nau, 2024), comisariada por Carmen Gaitán Salinas, la mayor retrospectiva dedicada a la artista hasta la fecha. Como muestra bien la exposición, esa obra artística fue desarrollada por Ballester al tiempo que atendía los cuidados familiares y colaboraba activamente en los proyectos de su marido. Cabe señalar, en el marco de este capítulo, que también dedicó su tiempo, el que pudo, a la escritura. A la escritura en general, pero también a la crítica sobre cuestiones artísticas. En el tono sarcástico que caracteriza a algunas de las entradas de sus diarios, el 18 de abril de 1950 anotó, a colación de una exposición del artista Netter Worthington: "Si tengo que publicar la crítica en algún diario yo diría '¡Mierda!', firmado Manuela Ballester"[13]. Era, como vemos, una crítica de arte clara y concisa.

Más allá de esta anécdota, que me he permitido introducir casi en clave de humor, Ballester publicó diversos textos críticos sobre artistas de su tiempo o sobre artistas que habían sido referentes para ella en la revista *Mujeres Españolas*, con la que colaboró asiduamente. Tal y como señala Gaitán Salinas en la introducción biográfica que se incluye en la edición de los diarios de Ballester[14], escribió el artículo titulado "La escultora Luisa Roldán"[15]; uno sobre la pintora Elvira Gascón titulado "Cuatro estrofas de un canto"[16] y un tercero sobre Mary Martín, a quien dedicó una página bajo el título "Mari Martín"[17]. En estas dos últimas críticas Ballester muestra la admiración que profesa hacia sus dos colegas. En el caso de Elvira Gascón habla de una pintura capaz de sembrar paz, amor, bondad y amistad en los corazones de quienes la contemplan, de una personalidad desbordante de humanidad, de una sensibilidad "asequible a todo lo puro y sencillo"[18]. En el caso de Mary Martín, considera que todos sus dibujos son fuertes, correctos y expresivos.

---

12 OTAYEK, Michel, 2024, p. 78.
13 BALLESTER, Manuela, 2021, p. 637.
14 GAITÁN SALINAS, Carmen, 2021, p. 59.
15 BALLESTER, Manuela. "La escultora Luisa Roldán". *Mujeres Españolas,* octubre de 1954, nº 22, p. 11. Reproducido en GARCÍA, Manuel, 1991.
16 BALLESTER, Manuela. "Cuatro estrofas de un canto". *Mujeres Españolas,* marzo de 1954, nº 20, s. p. Reproducido en GAITÁN SALINAS, Carmen, 2021, p. 28-75.
17 BALLESTER, Manuela. "Mari Martín". *Mujeres Españolas,* junio de 1954, nº 21, p. l. Reproducido en GAITÁN SALINAS, Carmen, 2021, p. 28-75.
18 BALLESTER, Manuela. "Cuatro estrofas de un canto". *Mujeres Españolas,* marzo de 1954, nº 20, s. p. Reproducido en GAITÁN SALINAS, Carmen, 2021, p. 28-75.

En el texto sobre María Luisa Roldán, escultora que vivió a caballo entre los siglos XVII y XVIII, Ballester va más allá de la crítica de arte para casi intentar ponerse en la piel de una historiadora y, tal y como empezaría a hacer la primera historiografía del arte feminista a partir de los años setenta, intentar rescatar, visibilizar y poner en valor el trabajo de mujeres artistas obviadas por los relatos canónicos del arte. Pero Ballester no es historiadora, es una artista que escribe en clave autobiográfica sobre otra artista que había sido para ella una suerte de referente femenino durante sus primeros años de formación artística. Ballester hace un repaso por esos primeros años de formación, y describe las dificultades que encontraban las mujeres en esta primera etapa y la frustración que sentía al percibir la desconfianza de sus maestros o la indiferencia de sus compañeros:

> La muchacha estudiante era mal mirada en general, pero particularmente lo era la estudiante de las escuelas de bellas artes, pues estas escuelas eran terreno vedado a las mujeres. Recuerdo las burlas groseras de los bedeles, las puyas hirientes con que los mismos maestros trataban de desanimarnos y en el mejor de los casos, la indiferencia de los compañeros [...] a veces llegaba a casa llena de congoja y, a escondidas, en mi cuarto, soltaba la espita de mis lágrimas de despecho y coraje[19].

Ballester cuenta como su padre, en esos momentos de desmotivación, le hablaba de Luisa Roldán como una heroína: "si estos tiempos están en contra de vosotras, decía mi padre, piensa qué sería entonces, cuando el pensar era pecado en la mujer. Resiste y lucha como ella debió resistir y luchar, me aconsejaba, hasta imponer su derecho"[20]. Manuela Ballester era plenamente consciente, también su padre por lo que revelan sus palabras, de una de las necesidades que ha señalado la historiografía del arte feminista: la necesidad de referentes y también de la ausencia de ellos.

Periodistas protofeministas: el apoyo en prensa a las artistas durante la dictadura

Lejos de aquel exilio y de vuelta a la València que quedó tras la guerra civil, esta supuso un punto de inflexión del que sería complejo y paulatino recuperarse en el ámbito artístico. Las contradicciones de un arte que trataba de conjugar modernidad y afinidad a la ideología del régimen franquista se verán reflejadas también en el campo de la crítica artística.

---

19 BALLESTER, Manuela. "La escultora Luisa Roldán". *Mujeres Españolas,* octubre de 1954, nº 22, p. 11. Reproducido en GARCÍA, Manuel, 1991. Unos recuerdos similares expresaban las artistas de generaciones posteriores, formadas en esa misma escuela de bellas artes durante la dictadura franquista. Véase SOLBES BORJA, Clara, 2023.

20 BALLESTER, Manuela. "La escultora Luisa Roldán". *Mujeres Españolas,* octubre de 1954, nº 22, p. 11. Reproducido en GARCÍA, Manuel, 1991.

En el volumen editado por Julián Díaz Sánchez y Ángel Llorente Hernández, que recoge diversos textos sobre crítica de arte en España entre 1939 y 1976[21], solamente aparece una mujer referenciada como crítica, Isabel Cajide. No obstante, sabemos que hubo más críticas de arte en el contexto español como, por ejemplo, María Campo Alange[22] o María Luisa Caturla[23], entre otras.

No conocemos un gran número de mujeres activas como críticas de arte en València. La ideología de género del régimen franquista, que retomó y adaptó a sus necesidades el modelo de feminidad decimonónico del ángel del hogar, dejó poco espacio a las mujeres para profesionalizarse en el campo artístico. No obstante, en otras publicaciones hemos mostrado cómo, a pesar de esta coyuntura desfavorable, el régimen tuvo fisuras, también en el terreno del género, que permitieron a algunas, más de las que podíamos imaginar inicialmente, profesionalizarse o, como mínimo, tener cierta agencia, ya fuera como galeristas, profesoras de Bellas Artes o artistas que participaban activamente en exposiciones y que llegaron incluso a configurar (efímeros) colectivos artísticos[24].

Ha resultado más difícil hasta la fecha, sin embargo, recuperar a críticas de arte en el contexto valenciano durante la dictadura, aunque conocemos algunos nombres que sí que destacaron en la prensa diaria. Es el caso de María Ángeles Arazo (València, 1930), quien estuvo muy presente como crítica de arte habitual en las secciones de arte de *Levante* y *Las Provincias*. Arazo estudió magisterio y Ciencias de la Información en la Universidad Complutense de Madrid, y desde entonces tuvo una prolífica carrera en el ámbito periodístico valenciano, en el que permanece activa hasta el momento en el que se escribe este texto. No se dedicó, por lo tanto, exclusivamente a la crítica de arte ni participó de los debates de la vanguardia en los que se encontraban inmersos en aquellos años teóricos como Vicente Aguilera Cerní o Tomás Llorens, pero tuvo un papel fundamental en la difusión de artistas valencianos y, especialmente, de mujeres artistas.

Arazo comenzó a publicar sus primeros artículos y reportajes en los modestos "Aleluya" de la parroquia valenciana de San Juan y San Vicente. Su andadura propiamente periodística empezaría ya a finales de los años cincuenta en el diario *Levante*, aunque no llegó a ser redactora de plantilla. En una entrevista afirmaba que, por esta razón, en 1968 dio el salto al que era entonces el otro gran periódico generalista, *Las Provincias*[25], ya que en *Levante* solo solían entrar en

---

21 DÍAZ SÁNCHEZ, Julián; LLORENTE HERNÁNDEZ, Ángel, 2004.

22 Véase MAYAYO, Patricia, 2021, p. 133-142.

23 Historiadora del arte que, está empezando a suscitar interés en los últimos años, como muestra que se realizara la exposición *Arte de épocas inciertas. María Luisa Caturla* (Museo de Escultura de Valladolid, 2021), comisariada por María Bolaños. A pesar de estos primeros indicios de interés, no obstante, consideramos que necesita todavía hoy ser rescatada en mayor profundidad, por ser, tal y como afirmó Estrella de Diego, "única en su generación" (DE DIEGO, Estrella, 2009, p. 17).

24 SOLBES BORJA, Clara, 2023.

25 LLADRÓ, Vicente. "Siete décadas de periodismo ejemplar". *Las Provincias,* 27-02-2021 (en línea). En: https://www.lasprovincias.es/comunitat/siete-decadas-periodismo-20210228235 535-ntvo.html (Fecha de consulta: 5-09-2024).

plantilla personas vinculadas a Falange Española y ella no militaba en dicho partido[26]. Eran muy pocas mujeres en la redacción en aquel momento, por lo que no debió de ser fácil hacerse valer en un mundo altamente masculinizado.

Sin pretensión de detenernos aquí en su amplísima producción periodística, sí destacaremos que en el ámbito artístico destacó por los artículos dedicados a mujeres artistas y a colectivos femeninos. En el periódico *Levante,* de hecho, tenía una sección titulada "Relieves femeninos de los últimos días" en la que a menudo entrevistaba a artistas, como Milagros Lambert[27] o a galeristas como Carmen Labajos[28]. También se anunciaba en este periódico la publicación del primer libro de la periodista, cuyo título era *Gente de Rincón*[29]. Sería el primero de más de cincuenta libros. En *Las Provincias*, donde las secciones de arte estaban considerablemente monopolizadas por Eduardo López-Chávarri, también escribió artículos dedicados a pintoras como Aurora Valero, sobre quien publicaba una entrevista con título "Media hora con Aurora Valero hablando de su pintura"[30]. Valero exponía en la Galería Nike sus primeros trabajos sobre la abstracción geométrica, un trabajo que Arazo definía en el artículo como "personalísimo"[31]. Este interés por escribir sobre otras mujeres denota su posicionamiento feminista, un feminismo que ella misma considera que ejercía "en el trabajo y en la vida"[32].

Además de los artículos en prensa firmados por María Ángeles Arazo, encontramos también algunos firmados por otra persona que podría ser una mujer, ya que firmaba con el nombre "Eva", sin especificar apellidos. Aunque es solo una hipótesis, dado que podría ser un pseudónimo utilizado por un autor varón, parece probable que fuera una mujer porque, entre otras exposiciones, escribió sobre una en particular con una clara vocación protofeminista. Se trata de la exposición realizada en el Ateneo Mercantil de València en 1961 por el grupo "Pintura", un colectivo artístico femenino que, aunque efímero, consideramos altamente interesante por su clara voluntad de posicionarse como mujeres en un campo artístico que les era hostil. El colectivo estaba conformado por Jacinta Gil, Antonia Mir, Adela Balanzá, Ana Peters, Julia Mir y Lola Bosshard, quienes unieron sus obras (y sus fuerzas) para defender su posición como artistas. "Eva" firmó la noticia que informó de la exposición en el diario *Levante*, y recalcaba en el titular que "seis pintoras exponen en el Ateneo"[33]. La entrevista coral del

26 VIÑAS, Eugenio. "María Ángeles Arazo: "La cultura no está en las aulas y ese es su gran problema". *Valencia Plaza*, 18-07-2019 (en línea). En: https://valenciaplaza.com/maria-angeles-arazo-la-cultura-no-esta-en-las-aulas-y-ese-es-su-gran-problema (Fecha de consulta: 5-09-2024).

27 ARAZO, María Ángeles, 4-03-1956, p. 6.

28 ARAZO, María Ángeles, 16-05-1957, p. 3.

29 CHANZÁ, 29-12-1966, p. 9.

30 ARAZO, María Ángeles, 26-01-1972, p. 14.

31 ARAZO, María Ángeles, 26-01-1972, p. 14.

32 VIÑAS, Eugenio. "María Ángeles Arazo: "La cultura no está en las aulas y ese es su gran problema". *Valencia Plaza,* 18-07-2019 (en línea). En: https://valenciaplaza.com/maria-angeles-arazo-la-cultura-no-esta-en-las-aulas-y-ese-es-su-gran-problema (Fecha de consulta: 5-09-2024).

33 EVA, 16-03-1961.

artículo evidencia, asimismo, que el origen de la muestra no es otro que la amistad entre las pintoras y que su concepción no responde a una idea individual sino colectiva, que "el grupo" queda abierto a recibir a otras "pintoras", en femenino, y que sirve como red de apoyo para impulsarlas profesionalmente, ya que cuentan con proyectos futuros a corto plazo como exposiciones en Bilbao, Madrid y Almería. Es especialmente interesante que la periodista, al preguntarles "¿qué se entiende equivocadamente por pintura femenina?", afirma:

> En el grupo se arma una pequeña revolución de protestas, de frases burlonas. Todas están de acuerdo en opinar que la pintura no es ni femenina ni masculina. Si es buena, no debe tener ningún elemento subjetivizado de diferenciación sexual. Si es mala, no cuenta ni como pintura ni como nada porque los valores que ordinariamente se consideran femeninos en el arte son negativos[34].

La periodista realiza una pregunta que sin duda estaba en el debate público en el momento, y que sería vertebral también para el feminismo de la época. Las pintoras del grupo se declaran en contra, aunque no explícitamente, del feminismo de la diferencia o de que exista cierta esencialidad genérica en la pintura. "Para todas, amigas, mucho éxito"[35], se despedía la periodista, y parece ser que el "éxito", al menos a corto plazo, las acompañó. De hecho, además de "Eva", las artistas también fueron apoyadas en prensa por María Ángeles Arazo[36].

Como aventuraban en el artículo, realizaron otra exposición en la Sala Abril de Madrid —aunque esta vez sin la participación de Jacinta Gil ni de Lola Bosshard— en la que expusieron catorce obras en total. También publicaron un catálogo de la muestra en València, en el que eligieron a Carola Reig, Catedrática de Lengua del Instituto Nacional de Enseñanza Media Luis Vives, como autora que reflexionara sobre las obras de las artistas que configuraban el colectivo. Es reseñable que, en lugar de escoger a uno de los críticos habituales en la prensa valenciana, las artistas eligieran a una intelectual mujer ajena al mundo del arte. Ello enfatiza su voluntad de posicionarse como mujeres en el mundo artístico, teniendo en cuenta que contaban con críticos de arte reconocidos en el momento y próximos a las artistas, como es el caso de Tomàs Llorens (marido de Ana Peters, una de las integrantes del colectivo).

Mujeres en el jurado del Salón de Marzo

Por otro lado, cabe destacar la presencia de al menos dos mujeres como parte del jurado del Salón de Marzo, uno de los diversos certámenes que acogió la

---

34 EVA, 16-03-1961.
35 EVA, 16-03-1961.
36 Así lo especificaba Adela Balanzá en el documento que ha sido clave para analizar este colectivo artístico: BALANZÁ, Adela. *La mujer en la práctica de la pintura valenciana (1950-1980)*. Borrador de tesis doctoral inédita.

ciudad de València durante la dictadura franquista bajo la denominación de "salón", a imitación de los salones franceses que, como reacción a los salones académicos, habían ido dando cobijo y difundiendo las primeras vanguardias. En el contexto valenciano, se adaptó el modelo francés a las necesidades y realidades de la ciudad y sirvieron como "caldo de cultivo de la vanguardia valenciana y en muchas ocasiones avanzadilla en el terreno artístico"[37]. Durante la dictadura franquista, proliferaron numerosos salones, aunque aquí nos centraremos específicamente en uno de ellos, el Salón de Marzo, que fue, junto con el Salón de Otoño (más conservador), el que gozó de mayor repercusión y estabilidad.

El Salón de Marzo surgió en el seno de la asociación Arte Actual, la cual se constituyó oficialmente en 1959 "como una Asamblea Permanente de Artistas del Mediterráneo recogiendo en gran parte la herencia del Movimiento Artístico del Mediterráneo"[38]. Las primeras cuatro ediciones (1960-1964) se realizaron en el Palacio de la Generalitat y estuvieron dominadas por el arte abstracto, mientras que a partir de la V edición se celebró en las salas del Museo Histórico Municipal de València debido a que, a partir de ese momento, el ayuntamiento de la ciudad comenzaría a respaldar el certamen económicamente. Los salones se realizarían anualmente, a excepción del año 1972, hasta 1973, cuando se paralizan sus ediciones durante tres años por motivos económicos. Serían reanudados en 1977 y continuarían tres ediciones más hasta 1979, cuando se produjo su desaparición definitiva.

De la primera etapa del Salón de Marzo, que abarcaría las cuatro primeras ediciones en el Palacio de la Generalitat, podemos destacar la presencia de un texto en el catálogo de su primera edición (1960) de una crítica de arte, Isolda Alfaro[39], hija del alcalde republicano de València Vicente Alfaro, fundador del partido Esquerra Valenciana.

En 1964, se inició una nueva etapa en la que el certamen se consolidó y amplió su carácter internacional, ya que, tal y como informaba el periódico *Levante*, al V Salón en 1964 concurrieron doce países con un total de 104 obras, aunque la mayoría de expositores continuaban siendo valencianos[40]. A nivel plástico, el cambio se hizo notar también en un lenguaje cada vez más pop o dentro del realismo crítico, dejando atrás el informalismo predominante hasta el momento.

En esta segunda etapa del salón encontramos, de nuevo, a una mujer como jurado, la crítica de arte falangista y miembro de la Sección Femenina Isabel Cajide, quien repetiría en dos ocasiones, en el VIII Salón (1967) y en el IX Salón (1968). A diferencia de Isolda Alfaro, Isabel Cajide tuvo más presencia pública y por lo tanto podemos aportar algo más de luz respecto a su trayectoria. Cajide tuvo un importante papel como promotora del arte moderno en la España de la dictadura, y también como

---

37 PATUEL, Pascual, 1999, p. 9.
38 PATUEL, Pascual, 1999, p. 61.
39 PATUEL, Pascual, 1999, p. 64.
40 *Levante*, 11-03-1964.

defensora de la crítica de arte como disciplina específica. Fue, de hecho, co-fundadora de la revista *Artes,* junto con la abogada Belén Landáburu. Además, Cajide fue la comisaria de la muestra *La mujer en la cultura actual,* realizada en el marco de las conmemoraciones por el Año Internacional de la Mujer en 1975, en el Palacio de Fuensalida de Toledo[41]. Entre las artistas que participaron en la exposición, se encontraban las valencianas Lola Bosshard, Aurora Valero y Soledad Sevilla, así como la alicantina Juana Francés, entre otras artistas del contexto español.

Escritos feministas en el Tardofranquismo

Más allá de estas periodistas o críticas que encontramos vinculadas a València como jurado de los salones de marzo, en esa misma década de 1970, podemos destacar en el mundo de la crítica valenciana algunas figuras que, en un plano ideológico abiertamente de izquierdas, apostaron por una crítica de arte explícitamente feminista. En este sentido, es destacable la historiadora del arte Trinidad Simó (València, 1933-2020). Más conocida como Trini Simó, fue profesora primero de la Universitat de València y, posteriormente y hasta su jubilación, de la Universitat Politècnica de València. Aunque sus investigaciones estuvieron ligadas fundamentalmente a la Historia de la arquitectura, es conocida especialmente por su comprometido activismo feminista en la Subcomisión de la Mujer del Ateneo en primer lugar y, desde 1976, como presidenta y fundadora de la Asociación de Mujeres Universitarias junto a Olga Quiñones.

Aparte de estas facetas más conocidas suyas, Trini Simó también dedicó parte de su producción escrita a la crítica de arte y siempre con un cariz explícitamente feminista. Por ejemplo, escribió el texto de la exposición que organizó la Galería Val i 30 sobre la artista Eva Mus en 1976. Aunque la exposición abrió sus puertas después de la muerte del dictador e iniciada la Transición, la incluimos aquí como ejemplo representativo de la crítica de Trini Simó por el interés que, a nuestro parecer, tiene la aportación de la historiadora a la obra de Eva Mus. La obra que se expuso y que se comenta en la entrevista de Simó, además, fue realizada durante la dictadura franquista. En la entrevista que se refleja en el catálogo, Simó pregunta a Mus sobre su serie de obras dedicadas a Santa Teresita[42] **[Fig. 1]**, en la que se evoca una cotidianidad enigmática en la que predominan infancias vacías y expectativas vitales truncadas. Según relata la artista en la entrevista de Trini Simó:

---

41 CAJIDE, Isabel, 1975.

42 Eva Mus evoca una cotidianidad más enigmática en su óleo sobre tabla *Juguetes intactos* (1974). En un paisaje frío, casi mágico, una niña vestida de época sujeta una comba con la que no juega. En el suelo, una cuna de juguete vacía y una muñeca vestida de novia parece esperar el juego. La niña mira al espectador y lo hace partícipe de ese juego que, por el título de la obra, deducimos que no ha tenido lugar (y que tal vez nunca lo tenga). La obra, que también está inserta en la serie que realiza la artista sobre Santa Teresita del niño Jesús, nace de su curiosidad por este personaje.

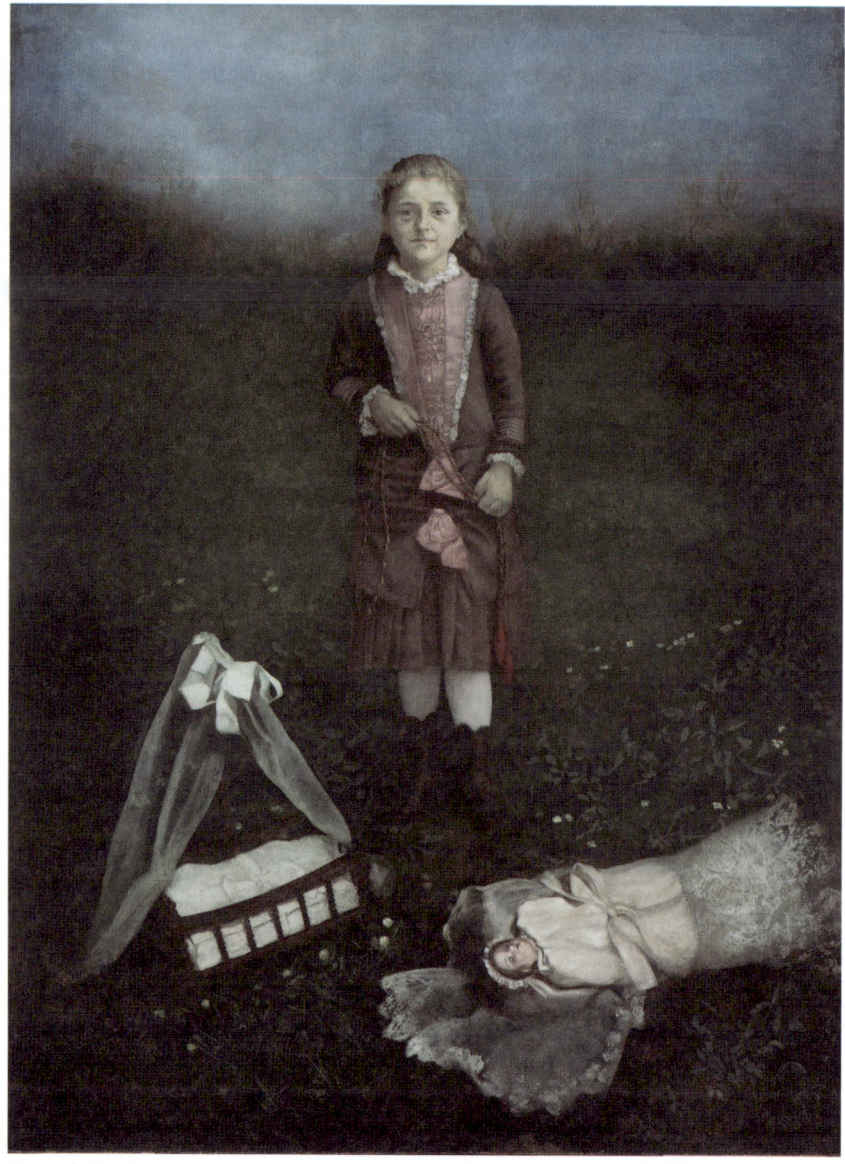

Figura 1. Eva Mus, *Juguetes intactos*, 1974. Colección Museo Pedralba, Valencia.

> A través de unos documentos gráficos que se publicaron sobre ella, descubrí la persona y la niña que había sido. Me pareció que la imagen real de esta niña era mucho más interesante que la tan estereotipada, perfecta e inhumana que se nos presenta, y entonces pensé que me gustaría poder hacer comprender el proceso de manipulación al que la sometieron[43].

En la entrevista, la historiadora del arte insiste a Eva Mus sobre la idea de "manipulación" a la que fue sometida Santa Teresita, recalcando que dicha manipulación se podría extrapolar a la cotidianidad del contexto en el que la artista realiza la serie. Sobre ello, Eva Mus añade que "quizás sea en el caso de mi generación la que veo más radicalmente condicionada. Creo que una especie de educación generacional nos ha inhibido y que nuestras verdaderas posibilidades han sido limitadas por ella"[44]. Trini Simó sigue tirando del hilo en la entrevista, insistiendo en que las protagonistas de las obras de Mus casi siempre son mujeres o niñas sometidas de algún modo a una "especie de destino". A colación de esta reflexión le pregunta a Mus si considera que "la mujer está más condicionada que el hombre", a lo que Mus responde:

> Sí, lo creo, pero además es la realidad que más conozco porque es la que tengo más próxima. ¡No puedo imaginar una mujer liberada! ¡Está tan lejos! La mujer tiene que sufrir un proceso de adaptación a un patrón impuesto por la sociedad para lograr ser aceptada por esta, y en el caso de que no quiera someterse tiene que arriesgarse a la marginación. Este proceso de adaptación es muy sutil y en general insensible. Yo quisiera evidenciar con mi pintura esto[45].

A través de la imagen de Santa Teresita, por lo tanto, Eva Mus estaba plasmando el moldeamiento –o lo que ella denomina "manipulación"– al que las mujeres eran sometidas desde la infancia. Es destacable que el carácter introvertido y cauto de Eva Mus no la llevó a posicionarse políticamente en su obra, pero es gracias a la inteligente –y abiertamente feminista– entrevista de Trini Simó, que su obra llegó a tener en su contexto un innegable cariz en el que las cuestiones de género estaban muy presentes.

Bibliografía

AGRAMUNT LACRUZ, Francisco. "La 'Sala Blava', núcleo de la vanguardia artística valenciana de los años 30". *Cimal*, 1983, nº 19-20, p. 19-24.

ARAZO, María Ángeles. "Media hora con Aurora Valero hablando de su pintura". *Las Provincias*, 26-01-1972, p. 14.

ARAZO, María Ángeles. "Relieves femeninos de los últimos días". *Levante*, 4-03-1956, p. 6.

ARAZO, María Ángeles. "Relieves femeninos en los últimos días: en Valencia". *Levante*, 16-05-1957, p. 3.

BALLESTER, Manuela. "Mujeres intelectuales". *Nueva Cultura*, junio-julio 1935, Año I, nº 5, p. 15.

---

43 Entrevista de Trinidad Simó a Eva Mus, en: SIMÓ, Trinidad, 1976.

44 En: SIMÓ, Trinidad, 1976.

45 En: SIMÓ, Trinidad, 1976.

BALLESTER, Manuela. *Mis días en México. Diarios (1939-1953)* (edición crítica, introducción y notas de Carmen Gaitán Salinas). Sevilla: Renacimiento, 2021.

CABANILLAS, África. "Carmen de Burgos 'Colombine', crítica feminista de arte". *Espacio, tiempo y forma. Serie VII, Historia del arte*, 2005-2006, nº 18-19, p. 385-406.

CABANILLAS, África. "La imagen de la mujer artista en los ensayos de Concepción Gimeno de Flaquer". En: MORENO SECO, Mónica, FERNÁNDEZ SIRVENT, Rafael, GUTIÉRREZ LLORET, Rosa Ana (coords.). *Del siglo XIX al XXI: tendencias y debates*, Alicante: Biblioteca Virtual Miguel de Cervantes, 2019, p. 859-876.

CABANILLAS, África. "Las mujeres y la crítica de arte en España (1875-1936)". *Espacio, tiempo y forma. Serie VII, Historia del arte*, 2007-2008, nº 20-21, p. 363-389.

CABANILLAS, África. "Margarita Nelken, crítica de arte y feminista: sus artículos sobre mujeres pintoras en Blanco y Negro (1926-1931)". En: LOMBA, Concha; MORTE, M. Carmen; VÁZQUEZ, Mónica (coords.). *Las mujeres y el universo de las artes*. Zaragoza: Diputación Provincial de Zaragoza, Institución "Fernando el Católico", 2020, p. 355-368.

CAJIDE, Isabel. *La mujer en la cultura actual*. Madrid: Ministerio de Educación y Ciencia; Dirección General del Patrimonio Artístico y Cultural, 1975.

CHANZÁ. "Glosario de la ciudad: M.A.A". *Levante*, 29-12-1966, p. 9.

DE DIEGO, Estrella. *La mujer y la pintura del XIX español. (Cuatrocientas olvidadas y algunas más)*. Madrid: Cátedra, 2009.

DÍAZ SÁNCHEZ, Julián; LLORENTE HERNÁNDEZ, Ángel. *La crítica de arte en España (1939-1976)*. Madrid: Istmo, 2004.

EVA. "Seis pintoras exponen en el Ateneo". *Levante*, 16-03-1961.

FERRER ÁLVAREZ, Mireia. "Pintura, artes gráficas y escultura en la Valencia de la Segunda República y la guerra civil". En: BALDÓ, Marc, BOTELLA NICOLÁS, Ana María (coords.). *El desafío de la cultura moderna: música, educación y escena en la Valencia republicana 1931-1939*. València: Publicacions de la Universitat de València, 2020, p. 183-198.

GAITÁN SALINAS, Carmen. "Manuela Ballester, artista luchadora y tenaz". En: BALLESTER, Manuela. *Mis días en México. Diarios (1939-1953)* (edición crítica, introducción y notas de Carmen Gaitán Salinas). Sevilla: Renacimiento, 2021, p. 25-78.

GARCÍA, Manuel. *Homenaje a Manuela Ballester*. València: Institut Valencià de la Dona, 1991, p. 87.

LLADRÓ, Vicente. "Siete décadas de periodisme ejemplar". *Las Provincias,* 27-02-2021 (en línea). En: https://www.lasprovincias.es/comunitat/siete-decadas-periodismo-20210228235535-ntvo.html (Fecha de consulta: 5-09-2024).

MAYAYO, Patricia. "Pensar fuera del marco: María Campo Alange, crítica de arte protofeminista". *Archivo Español de Arte*, abril-junio 2021, XCIV, nº 374, p. 133-142.

OTAYEK, Michel. "Oficios de la página impresa: Manuela Ballester y la revista Pasionaria". En: GAITÁN SALINAS, Carmen. *Manuela Ballester. Pintar frente a todo*. València: Universitat de València, 2024, p. 76-85.

PATUEL, Pascual. *Salones Valencianos de Arte (1955-1990)*. València: Alfons el Magnànim, 1999.

SIMÓ, Trinidad. *Eva Mus. En torno a la formación de una imagen ejemplar*. València: Galería Val i 30, 1976.

SOLBES BORJA, Clara. *El campo artístico valenciano durante el franquismo: una intervención feminista*. València: Tirant lo Blanch, 2023.

TEJEDA, Isabel. "Exposiciones de mujeres y exposiciones feministas en España. Un recorrido por algunos proyectos realizados desde la II República hasta hoy, con acentos puestos en lo autobiográfico". *Espacio, tiempo y forma. Serie VII, Historia del arte*, 2020, nº 8, p. 29-46.

VIÑAS, Eugenio. "María Ángeles Arazo: "La cultura no está en las aulas y ese es su gran problema". *Valencia Plaza,* 18-07-2019 (en línea). En: https://valenciaplaza.com/maria-angeles-arazo-la-cultura-no-esta-en-las-aulas-y-ese-es-su-gran-problema (Fecha de consulta: 5-09-2024).

DE LAS "EXPOSICIONES DE MUJERES" AL COMISARIADO FEMINISTA EN ESPAÑA (1975-1995)

Isabel Tejeda Martín[1]

CU Universidad de Murcia

La historiadora Assumpta Bassas analizaba en un artículo de *Genealogías feministas en España* que, si bien algunas artistas e historiadoras catalanas vivieron durante los años 70 en Estados Unidos,

> a diferencia de lo que ocurre en la arena política, la relación entre el arte del pensamiento feminista norteamericano y la escena artística de nuestro país se queda sin desarrollo explícito a la vuelta de aquellas artistas. De hecho, la relación no fructificará hasta mi generación, cuando en la década de los 90 críticas y artistas jóvenes accedemos a la educación superior (másteres y posgrados) en Estados Unidos o en otros países anglosajones y volvemos a Catalunya con ganas de comunicarlo y trabajar en la universidad en la organización de exposiciones o en prácticas feministas[2].

Aunque la conexión que Bassas realizaba entre los discursos feministas en el arte español de los 90 y la formación académica en Estados Unidos no se produjo en todos los casos, hay consenso en el hecho de que fue en esa década cuando se produjo la eclosión de los proyectos curatoriales de discurso feminista en España. Bassas se refería explícitamente a las comisarias catalanas nacidas a finales de la década de 1960; no obstante, en el contexto español es preciso echar la vista atrás una generación más hasta Mar Villaespesa (Almería, 1953); en 1993, la comisaria andaluza presentó junto a Luisa López Moreno (Fuensalida, Toledo, 1947) la exposición seminal feminista española que tendría lugar en el Museo de Arte Contemporáneo de Sevilla, *100%* –título que era en sí una declaración de intenciones[3]. En manifestaciones a la prensa Luisa López era taxativa: "No se trataba de hacer la típica exposición-muestrario en la que se incluya a cualquiera por el sólo hecho de ser mujer, sino que buscamos un hilo conductor y el único justificante resultó ser el feminismo"[4].

A diferencia de las recién egresadas de mi generación, cuando Villaespesa comisaría *100%* contaba con 40 años; era una profesional respetada con una sobrada madurez intelectual que había llevado a cabo proyectos relevantes de tesis como *El sueño imperativo* (1991) o *Plus Ultra* (1992), exposiciones que coin-

---

2 BASSAS, Assumpta, 2013, p. 251.
3 La exposición, inaugurada el 23 de septiembre, itineraría a las Salas del Palacio Episcopal de Málaga clausurándose el 31 de diciembre de 1993. En 2015, Villaespesa retomaba bajo el título *Múltiplo de 100* el discurso con tres de las artistas presentes en *100%*.
4 MOLINA, Margot, 1993.

ciden con la llegada del "giro curatorial" a España y la localización de la figura de la comisaria en un lugar central del debate y del discurso[5]. Además de ser la exposición pionera, más que la selección de artistas y las obras presentadas, lo que marcó la diferencia de esta muestra respecto a proyectos similares que tuvieron lugar en los años siguientes fue la espléndida publicación y los ensayos de la misma, incluido el suyo, comprometido al tiempo que erudito[6]. El catálogo de *100%* debe entenderse desde una perspectiva política, ya que era preciso inundar el pensamiento artístico español con traducciones de aquellos textos cardinales, originalmente en inglés, que estaban marcando el arte feminista de principios de los 90[7]: "divulgar aspectos fundamentales de las investigaciones feministas de las últimas dos décadas", subrayaba Teresa Gómez Reus, una de las compiladoras de los ensayos[8].

Villaespesa, como Bassas, había disfrutado de una especialización académica en Estados Unidos[9]. No así muchas de las artistas y críticas de los 90. La comisaria andaluza afirmaba que la mayoría de las artistas que participaban en *100%* carecía de formación teórica –salvo María José Belbel, que de hecho no era licenciada en BBAA sino en Filología, ninguna de ellas contaba con estudios de género[10]. En aquellos años, las facultades de BBAA, como las de historia del arte, empezaban a tener entre su joven profesorado a docentes implicados en feminismos y en estudios *queer*, pero seguían siendo casos extraordinarios – pienso en profesores geográficamente cercanos como Ana Navarrete en Cuenca, y Carmen Navarrete, Natividad Navalón, Pepe Miralles o Juan Vicente

---

5 FERNÁNDEZ, Olga, 2012, p. 109-110.

6 A mi entender sobresalía en aquella muestra por su discurso *queer* la pieza *Mujeres* de Pilar Albarracín.

7 Una buena parte de la población española que cursó estudios superiores en la segunda mitad de los años 80 tuvo el francés como única lengua extranjera tanto en la EGB como el bachillerato —era la opción primera de la educación pública española—, por lo que las traducciones resultaban por entonces fundamentales.

8 GÓMEZ REUS, Teresa, 1993, p. 39. En su ensayo introductorio de *Aracnologías. Reflexiones sobre el espacio estético femenino*, la compilación de textos del catálogo, Gómez Reus hacía referencia a que se dejaba de lado la literatura francófona, tan influyente en aquel momento, de Luce Irigaray o Helène Cixous. Todos los ensayos traducidos eran del inglés. Con los debates entre esencialistas y constructivistas de los años 80 muy próximos, dos filólogas inglesas de la Universidad de Alicante hicieron la selección de ensayos, la citada Gómez Reus y Carmen África Vidal.

9 En 1981 Villaespesa había asistido al curso Art Criticism en la Universidad de Nueva York y al año siguiente había recibido formación especializada en The Art School of The Art Institute of Chicago. Bassas había cursado en 1994 el Museum Studies Program, de la School of Arts and Science, en la Universidad de Nueva York.

10 María José Belbel había estudiado Filología Inglesa, especializándose en la Universidad de Berkeley y en el Queen Mary and Westfield College de Londres, donde realizó estudios sobre feminismo en la obra de escritoras y músicas. La publicación contaba con una ficha de cada artista en la que se analizaba la pieza que llevaban a la muestra, pero no analizaba su producción anterior. Mercedes Carbonell también había residido en Londres y Pepa Rubio se había formado en la Universidad de Columbus (Ohio).

Aliaga en el importante foco que fue la Universitat Politècnica de València[11]. Es obvio que no todo el estudiantado español tuvo la fortuna de recibir esta formación académica, ya que nuestra universidad se había mantenido por lo general ajena a estos discursos durante los años 80 –yo misma no la tuve, llegando al extremo de no haber estudiado en la Universidad de Murcia un solo caso de una artista mujer, o prácticamente arte moderno y contemporáneo durante la especialidad de historia del arte.

Así, volviendo al análisis de Villaespesa, las artistas andaluzas de los años 90 generaban su obra fundamentalmente desde el campo de la intuición y la experiencia personal. Aunque reconocía la presencia de voces feministas desde los años 60, así como la existencia de un arte hecho por mujeres realizado desde "la conciencia de su condición", afirmaba que las limitaciones del contexto español habían dificultado "propiciar la articulación de un corpus teórico que fuera el fundamento de un discurso feminista que impregnara el espacio de las artes plásticas" lo que proyectaba hacia atrás, hacia el arte de las décadas de los años 60 a los 80[12]. Esta reflexión fue aprovechada como excusa para criticar la muestra desde la revista *Lápiz*; según Ángel Luis Pérez Villén, "esta carencia amortigua el argumento de la exposición, que sólo encuentra sentido en la reivindicación genérica de lo femenino como atributo creativo indiscriminado", considerando que en este sentido las obras de la muestra recurrían a "lugares comunes que se sitúan junto a la reflexión sobre el cuerpo –armas de mujer– [*sic*] y su redefinición como mapa exploratorio de identidades [...], la denuncia del lenguaje dominante [...] y la reinvención de las labores asociadas al ámbito femenino doméstico." El crítico opinaba que la "calidad" de la muestra era discutible, algo que compartió con Pedro Alfageme, de *El Correo de Andalucía*, que la tildaba de "mediocre" y con Ignacio Camacho que para *Diario 16* utilizaba el adjetivo "deleznable" – grueso calificativo que llamó tanto la atención entonces como ahora[13]. Aunque la crítica no fue consciente de que esta exposición suponía una necesaria y nueva mirada sobre el arte contemporáneo español, dejó un poso importante entre las artistas y críticas de mi generación suponiendo un acicate[14].

---

11 El cambio de planes de estudios, con la aparición de la optatividad a principios de los años 90, facilitó las asignaturas trasversales y de concepto que empezaron a convivir con las tradicionales materias centradas en las técnicas de taller.

12 VILLAESPESA, Mar, 1993, p. 19.

13 PÉREZ VILLÉN, Ángel Luis, 1993, p. 40. ALFAGEME, Pedro, 1993, p. 40. CAMACHO, Ignacio, 1993.

14 En verano de 1993, a dos meses de inaugurar la muestra, Mar Villaespesa acudió como invitada a unas conferencias en la QUAM —Quincena de arte de Montesquieu— y habló del proyecto en el seno de un taller que impartía José Lebrero al que asistí junto a otras artistas y críticas de mi generación como Ana Carceller, Montse Romaní, Neus Miró y Óscar Abril. Había conocido un poco antes a Villaespesa, concretamente en primavera, en un ciclo de conferencias organizado por Kevin Power en Alicante para el Centro Eusebio Sempere de Arte y Comunicación Visual, del que yo era por entonces sub-directora. En noviembre ya tenía en mi biblioteca el catálogo de la muestra, así como un dossier de prensa que la propia Villaespesa me envió desde Andalucía.

En los últimos años investigaciones realizadas por historiadoras españolas junto con algunos comisariados de tesis, han planteado relatos alternativos para el arte español que adelantaban los discursos feministas de los 90 a los años 60 y 70. Me refiero a académicas como la propia Bassas, María José González Madrid, María Lluïsa Faxedas, Maite Garbayo, Clara Solbes, Patricia Mayayo, Juan Vicente Aliaga, Rocío de la Villa, o yo misma, entre otras; desde los museos podemos citar a María Jesús Folch y Teresa Grandas[15]. Las artistas del tardofranquismo contaban con lecturas más allá de un conocimiento nacido intuitivamente, un posicionamiento crítico que generaba autoconciencia superando la fase del "malestar sin nombre", que diría Betty Friedan. Y es que a esa experiencia de la otredad, de marginación y a la carencia de derechos reales, se sumaban las lecturas de Simone de Beauvoir o de Friedan[16]. Dicho "malestar", compartido a uno y otro lado del Atlántico, que en los 70 se teorizaba y nombraba, convirtió el feminismo, como señala la historiadora argentina María Laura Rosa, en una lengua franca. De lo que sí carecían absolutamente estas creadoras, y quizás a diferencia de sus colegas anglosajonas, era de referentes: desconocían por lo general la existencia de artistas mujeres en la historia del arte e incluso en ocasiones trabajaban de forma aislada sin compartir experiencias ni preocupaciones estéticas y lingüísticas con las colegas de su propia ciudad[17].

Y es que hace 30 años, cuando se produjo la citada eclosión en la década de los 90, ya le habíamos perdido la pista a la obra feminista pionera de la España tardo franquista y de la transición, una desmemoria que se había producido sorprendentemente en una sola generación y de la que el Régimen sólo fue el responsable en parte. Querría hacer una reflexión rápida de por qué se había extraviado su rastro. Primero la crítica, y después la historia del arte español, habían condenado a las artistas —no sólo a las feministas— a la marginalidad, cuando no había imperado un mutismo intencionado. Lo que salía de manos de las artistas o no parecía interesante o se calificaba de forma negativa utilizando adjetivos como "balbuciente", poco maduro. Además, las obras críticas se presentaban veladas bajo discursos que excluían una perspectiva feminista catalogando su trabajo dentro del arte social —algo conveniente como estrategia para saltarse la censura, aún viva en los estertores del Régimen. Por otra parte, los ejemplos anglosajones de los años 60 y 70 que importaron las historiadoras y artistas de

---

15 Teresa Grandas ha comisariado la reciente exposición de Mari Chordà en el MACBA y Folch hizo lo propio con la de Ana Peters en el IVAM en 2015.

16 Aunque muchas españolas leían francés, el libro de Beauvoir había sido traducido al español en 1954 en Buenos Aires si bien al estar en el Índex de la Iglesia Católica se movió clandestinamente por la España franquista. Además, la edición estaba recortada y mal traducida respecto al original. *Vid*. GANÓN GARAYALDE, Elena, 2019. Respecto a Friedan, que publica su *The Feminine Mystique* en inglés en 1963, tendríamos una traducción española sólo dos años después, prologada por Lilí Álvarez, de la editorial catalana Sagitario.

17 Gracias a una beca de investigación del MNCARS, en 2012 pude entrevistar a numerosas artistas españolas nacidas entre los años 30 a los 50; la mayoría coincidía en su aislamiento y también en las mismas lecturas: Beauvoir y Friedan. Si citaban a otros artistas de su generación, mayoritariamente era a varones. Estas entrevistas, inéditas, están en los archivos del MNCARS.

mi generación se utilizaron como modelos genealógicos universales; esto velaba la investigación y escritura de una historia alternativa del arte feminista en España, un país con una geografía política y una tradición cultural muy diferente. La adopción de un modelo foráneo dejaba de nuevo en los márgenes, en esta ocasión velado, el arte feminista fundacional español de los años 60 y 70. Aún jóvenes y activas, estas artistas abandonaron en su mayoría el discurso político que tan pocas alegrías profesionales les habían dado –algunas centraron sus esfuerzos en labores docentes en educación superior; otras se sumaron al *mainstream* de los 80 sin renunciar a la práctica artística. Así, cuando llegamos las comisarias de los años 90 ya había que hacer arqueología del presente, como Isabel Oliver supo ver en una de sus series de estos años. Cuando en 2010 conocí a Paz Muro y me preguntó por qué nunca la había tenido en cuenta, solo le pude contestar que "por ignorancia".

Lo que parece probado es que el discurso feminista artístico de hace medio siglo no tuvo paralelo en la escena curatorial, al menos en la de carácter institucional. Resulta en este sentido interesante analizar dos antecedentes que tuvieron lugar respectivamente en los años 70 y 80, para comprender el salto político, pero también de concepto, de la década de los 90[18].

Desde finales del siglo XIX venían produciéndose en España las llamadas "exposiciones de mujeres", el tipo de proyectos del que Luisa López renegaba. En su momento tuvieron su razón de ser: por un lado, era fundamental visibilizar y subrayar la obra de artistas mujeres que quedaba eclipsada o convertida en excepción en los salones y exposiciones nacionales; al mismo tiempo, presentar un alto número de participantes y de obras ponía en evidencia que no eran excepción ni rareza. Por otra parte, a partir de estas exposiciones, de estos encuentros, se tejían redes entre las artistas; unos inevitables intercambios de impresiones que ayudaban a comprender las experiencias profesionales y personales, las frustraciones y los éxitos ganados a pulso y que acababan desembocando en una mayor autoconciencia del problema: entender que era sistémico y no exclusivamente personal –recordemos que las artistas plásticas trabajaban aisladas en el ámbito privado del taller o de la casa, a diferencia de la vida pública y de tardeo de las músicas o actrices[19].

Aunque la dictadura dio al traste en 1939 con los pasos decididos de estas españolas de las tres primeras décadas del siglo que contribuyeron a la modernización del país, la Sección Femenina de Falange intentó dar un giro de timón justo cuando el régimen franquista fenecía[20]. Isabel Cajide (Monforte de Lemos, Lugo, 1921-Madrid ¿?), miembro de la Sección Femenina (SF), comisarió la ex-

---

18 No descarto que el trabajo en hemeroteca nos permita con el tiempo conocer discursos críticos locales que hasta ahora han podido pasar desapercibidos.

19 Sobre las relaciones entre modernidad e incorporación de las españolas a la vida pública, *vid*. KIRPATRICK, Susan, 2003.

20 Sobre las razones y procesos del cambio ideológico de la Sección Femenina, *vid*. BARRERA, Begoña, 2019, p. 430-475.

posición colectiva *La mujer en la cultura actual* (1975) en el palacio de Fuensalida de Toledo escribiendo un texto de presentación que evidencia cuál era la versión oficial de la rama femenina del Movimiento sobre el papel de las españolas en el arte en esos momentos[21]. Analizaremos también una exposición realizada durante la democracia, la del Centro Conde Duque de Madrid siendo alcalde Enrique Tierno Galván, *Mujeres en el arte español (1900-1984)* que partía intelectual e ideológicamente de una lectura trasnochada del arte y de las artistas mujeres.

Tras la Guerra Civil, Isabel Cajide había estudiado Filosofía y Letras en la Universidad de Valladolid iniciando en 1950 la carrera de periodismo en Madrid lo que, junto a su militancia falangista, le abrió las puertas de la esfera pública. Muchas de "los mandos" –así, en masculino, se autodenominaban– no llegaban a casarse consagrando su vida como un sacerdocio a la Falange Española y de las JONS –desconozco si en este caso estaba Cajide–. La gallega se iniciaría como crítica escribiendo en el suplemento de arte del periódico del Movimiento *Arriba* y "hacía el trabajo de campo", según ella misma declaró, a Enrique Lafuente Ferrari, al que consideraba su mentor[22]. En este sentido, lo que parecen traslucir esas palabras era que Cajide visitaba las exposiciones y seleccionaba aquellas sobre las que Lafuente Ferrari escribiría a continuación. Según Víctor Nieto Alcaide, más que crítica, era "promotora" de arte contemporáneo, es decir, organizadora de actos culturales, comisaria de exposiciones o directora de publicaciones especializadas[23]. Dirigió la revista mensual *Artes* junto a la abogada Belén Landaburu (procuradora en Cortes por el Tercio familiar) entre 1961 y 1971[24]. Como funcionaria del Estado, sería desde 1974 a 1988 –año de su jubilación– Jefa de Servicio de la Subdirección General de Exposiciones, y por tanto la responsable de la programación de exposiciones del ministerio. Una entrevista de Rosa López Moraleda la sitúa en 2013 jubilada, en Madrid, viviendo cerca de sus sobrinos y dedicándose a su afición favorita: pintora aficionada.

Cajide escribió el pequeño texto en un escenario político complejo e inestable para la SF. Con el dictador ya terminal –llevaba enfermo desde el verano de 1974 y padecía un visible párkinson–, el régimen franquista se había sumado a la declaración de 1975 por parte de la ONU como Año Internacional de la Mujer a través del Ministerio de Educación y Ciencia. La comisión organizadora de los fastos estaba presidida por Pilar Primo de Rivera y copada por la Sección Femenina, por lo que tanto el texto como la exposición *La mujer en la cultura actual* debieron contar con su beneplácito. Según la historiadora Elena Díaz Silva, que

---

21 Un primer análisis sobre la exposición de Cajide puede encontrarse en TEJEDA MARTÍN, Isabel, 2020, p. 34-35.

22 LÓPEZ MORALEDA, Rosa, 2013, p. 51.

23 NIETO ALCAIDE, Víctor, 2023. Aunque en la conferencia el profesor Nieto Alcaide habla más del contexto que de Cajide, la semblanza que hace de ella, al haberse conocido, resulta relevante.

24 La revista era mensual, y aunque de sólo 24 páginas y tapa blanda, tenía bastante presencia en el medio artístico ya que cuando las críticas salían las exposiciones todavía podían verse.

ha estudiado en profundidad las efemérides del Año Internacional de la Mujer en España, esta fue la última ocasión que tuvo la SF de presentarse "como una institución renovada" y sobrevivir a Franco, por lo que ese año sus circulares dejaban atrás la sentencia de 1938 en la que Pilar Primo de Rivera consideraba a las mujeres "verdaderos complementos del hombre" para alentar la integración de las españolas en la vida pública y profesional[25].

En la muestra participaron mayoritariamente artistas plásticas, además de algunas escritoras como Carmen Conde, María Campo Alange o músicas como Victoria de los Ángeles, en este caso en formato concierto. Con la obra de Lola Bosshard, Juana Francés, Elena Asins, Soledad Sevilla, Gloria Alcahud, Amalia Avia, Isabel Baquedano, Menchu Gal, María Droc, Elvira Alfageme o Aurora Valero, entre otras. Cajide proponía un equilibrio entre la pintura en clave velazqueña de Sofía Morales, también falangista y con la que había colaborado en la revista infantil *Bazar,* las innumerables artistas abstractas como Sevilla, Alfageme o Asins, y los destellos conceptuales de Paz Muro. De entre las piezas de la muestra hubo una de lectura feminista, *Influencia cultural, y nada más que cultural, de la mujer en las artes arquitectónicas, visuales y otras,* precisamente de Muro, una propuesta crítica que se salía de los discursos formalistas y con afinidad con distintos conceptualismos contemporáneos. Muro fotografió las representaciones femeninas de la escultura monumental de los parques y edificios madrileños poniendo en evidencia que eran sólo figuras alegóricas, que ninguna de ellas representaba a una mujer real; es decir, las españolas no existían en el espacio público salvo como cuerpos desnudos... irónicamente, una influencia "nada más que cultural"[26]. No resulta sin embargo extraña la inclusión de esta pieza en la muestra ya que feministas y Sección Femenina coincidían en los años 70, si bien por distintas razones y con argumentos dispares, en censurar la cosificación del cuerpo femenino desnudo del llamado "destape" que había tenido sus primeros ejemplos en 1974, como ha analizado Begoña Barrera.

Con esta apuesta, y en su texto, la comisaria daba por superado el papel subalterno de hembra curadora de la especie propiciado desde los años 30 por Pilar Primo de Rivera[27]. De hecho, Cajide construía un relato paralelo al equilibrismo que se aprecia en los discursos de los años 70 de su Delegada Nacional: según Barrera, se mantenían posiciones conservadoras que identificaban a las mujeres con la figura decimonónica del "ángel del hogar", al tiempo que se las animaba a profesionalizarse, sin dejar de culpabilizarlas por no haber conseguido todavía la igualdad real.

---

25 DIAZ SILVA, Elena, 2009, p. 319-339.

26 Incluso las esculturas de Isabel la Católica, que fue principal modelo para la Sección Femenina, pueden pasar algo desapercibidas en Madrid. En el Paseo de la Castellana, frente al Museo de las Ciencias, hay un conjunto monumental erigido en época de Alfonso XII; otra estatua, entre un centenar de monarcas, se sitúa frente al Palacio Real desde el siglo XVIII. Sólo hay que compararlas con los lugares centrales que ocupan las de Colón o Felipe IV.

27 Subrayemos que el primer asociacionismo femenino en España vino de la mano de mujeres pertenecientes a las élites y tenía un signo marcadamente conservador. *Vid.* GONZÁLEZ CALBET, María Teresa, 1988, p. 54.

Así, Isabel Cajide se lamenta en su opúsculo de la escasa entidad y valoración del trabajo artístico de las mujeres tanto en el pasado como en el momento en el que escribe, analizando su escasa presencia en la esfera pública debido a la paralización de su formación durante siglos:

> El talento necesita comprobar hallazgos, integrarse en el ambiente que le sirve de estímulo y levadura. No es justo afirmar que la mujer está incapacitada para toda función creadora. Más bien sería sensato pensar que sin estas oportuni- dades, incapacitada para prosperar fuera de las funciones que se le habían asig- nado, haya conseguido —¡y a qué velocidad!— recobrarse de una paralización de siglos; que su talento, los dones naturales que Dios otorgó al género hu- mano, no se abotargase y adquiriese irremediablemente hábitos impropios de su función "hombre" con su noble destino de ser portador de valores eternos.
>
> En la actualidad [...] [se libra] la batalla de la igualdad de derechos sin que se con- muevan los fundamentos de la sociedad ni se burlen los principios de la Natura- leza.
>
> Porque a finales del siglo XX, cuando se ha llegado a la Luna, en los organismos in- ternacionales se da el mismo valor a los papúes y a los ciudadanos franceses y se plantea en serio la todavía utopía del ocio, la mujer sigue encontrando dificultades, como lo demuestra la proclamación de este Año Internacional de la Mujer[28].

Hace acrobacias, Cajide, en su discurso al introducir referencias nacional católi- cas muy visibles difícilmente compatibles con la igualdad que asimismo predica. Mantiene la defensa del papel tradicional de las mujeres como amas de casa y madres cuando avisa de no tocar los fundamentos de la sociedad —la familia nu- clear— ni burlar "los principios de la Naturaleza", al tiempo que siguen vivas las consignas sobre los "valores eternos" que había marcado José Antonio Primo de Rivera. La idea de que las mujeres tienen los mismos "dones" como seres hu- manos que los hombres y que habían sido privadas de formación asignándoles funciones que las apartaban de desarrollarse creativa e intelectualmente, o que la creación, que considera igual para ambos géneros, tiene un potencial eman- cipador, pone en evidencia el cambio de tercio de la Sección Femenina[29]. El ale- gato de Cajide recuperaba el de autoras de generaciones anteriores que habían participado en la modernización española de los años 10 a los años 30. Redimía así una línea de discursos de hacía 40 años. Por ejemplo, Carmen Baroja (Pam- plona 1883-Madrid 1950) en *Recuerdos de una mujer de la generación del 98*, memorias escritas entre 1943 y 1946, lamentaba que no se alentara su forma- ción desde el ámbito familiar, afirmando que si las mujeres parecen inferiores a los hombres es "por nuestra falta de preparación, por nuestra falta de conoci- miento"[30].

---

28 CAJIDE, Isabel, 1975, prólogo.

29 "Hay que hacer algunos reajustes de organización y prescindir de algunas posturas, porque cua- renta años no pasan en balde en la historia de los pueblos [...]". Circular de Pilar Primo de Rivera (29/09/75) cit. en FERNÁNDEZ, Luis, 1993, p. 485.

30 BAROJA, Carmen, 1998, p. 68.

La casi absoluta carencia de información biográfica sobre Cajide provoca que, lamentablemente, el análisis de un sólo texto no ofrezca datos concluyentes respecto a su ideario político dentro de Falange; esperemos que en un futuro próximo estas lagunas puedan solventarse.

La exposición de Toledo funciona como un paradigma a seguir por la larga lista de muestras que arrancan de la transición democrática. Con la democracia se produjo un proceso de institucionalización del feminismo del que resultaría la creación del Instituto de la Mujer en 1983 –su dependencia orgánica del Ministerio de Cultura no es un dato baladí. La profesora Patricia Mayayo ha realizado una lectura crítica de sus políticas artísticas al considerar que contribuyeron a "diluir la influencia de los feminismos en el mundo artístico español" al distanciarse de los grupos feministas nacidos en la clandestinidad[31]. Una de sus políticas más visibles fue durante décadas la organización anual de las conocidas como "exposiciones de mujeres" del 8 de marzo que se repetían con similares fórmulas en muestras organizadas por los paralelos autonómicos y locales del Instituto de la Mujer; se reunía una vez al año a las artistas sólo por su sexo biológico, lo que daba como resultado proyectos por lo general de escaso calado que funcionaban como "coartada institucional".

El siguiente caso de estudio, la exposición de 1984 en el Centro Cultural del Conde Duque de Madrid, pone en evidencia la importancia del lugar de la enunciación. En 1984 este centro era el buque insignia de la cultura desde el Ayuntamiento del socialista Enrique Tierno Galván. Inaugurado el año anterior, uno de sus primeros proyectos pretendía colocar a las mujeres –no tanto como artistas sino más bien como mujeres– en el primer plano. El título *Mujeres en el arte español 1900-1984*, ya subraya el sexo biológico de las expositoras por delante de la carga profesional, de hecho, ese título resultaba ambiguo, pudiéndose tratar de una muestra de iconografía. Por otra parte, el paréntesis temporal resultaba engañoso ya que la obra más antigua de la muestra, una acuarela pintada por María Sorolla sin fechar debió ser realizada por fuerza en los años 20[32]. Se buscó un número redondo, el del arranque del siglo, más que una traslación real del contenido de la muestra. De hecho, aunque la exposición se pretendía histórica, más del 50 % de las piezas se fechaban entre finales de los años 70 y principios de los 80, es decir, eran contemporáneas. Participaron más de 70 artistas.

El responsable del proyecto fue el director del Conde Duque, el artista Luis Caruncho, pero la coordinación –entiendo que se puede entender como comisariado– fue del crítico de arte Raúl Chavarri y de Isabel Pérez Morgade que, con los años, llegaría a ser la directora de la feria *Estampa*[33]. Caruncho escribió un

31 MAYAYO, Patricia, 2008, p. 120-121.

32 María Sorolla nació en 1889, por lo que en 1900 tenía tan sólo 11 años. Pinta lo más relevante de su escasa producción en los años 20.

33 He encontrado Chavarri, con y sin tilde. Al ser un apellido vasco no se acentúa, sin embargo, en el caso que nos ocupa aparece en ocasiones con ella. Me he guiado por la portada del libro de 1975, al ser una monografía, por lo que en este artículo estará sin tilde.

texto corto, casi a modo de "saluda"; dejaba la literatura crítica de la publicación en manos de tres colegas, Rosa Martínez de la Hidalga, Consuelo de la Gándara, y el citado Chavarri (Pérez Morgade carece de aportación escrita).

Mujeres en el arte español 1900-1984 fue un proyecto estratégico y, como mucho, bienintencionado, poco más. Una pantalla política y en absoluto una exposición de tesis, de la que en realidad carecía. Seguía el paradigma de las exposiciones de mujeres, cuya alternativa serían la década siguiente las exposiciones feministas; programar "una de mujeres" en marzo se adelantaba a la política de cuotas que el PSOE implantaría a finales de los 80 y que el partido inició en sus cargos políticos con un tímido 25 %[34]. En su presentación, el alcalde de Madrid, Tierno Galván, defendía la necesidad de una exposición de este cariz, la investigación que la había posibilitado y concluía, sin explicar por qué, que se trataba de un proyecto de gran utilidad[35]. Como se espera de estos textos de presentación el alcalde escribió –o le escribieron–, un discurso político y vacío, si bien quizás la ocasión hubiera merecido de mayor profundidad.

Caruncho afirmaba a continuación que, aunque la exposición no era exhaustiva, sí "altamente valiosa" al presentar a las figuras "más significativas de cuantas han hecho posible la aportación femenina al arte de nuestro tiempo". En contraste con estas declaraciones el Conde Duque dejó fuera algunas de las artistas más relevantes de esa generación que llevaban trabajando al menos desde los años 70 con gran visibilidad. Invitó a Elena Asins o a Soledad Sevilla, pero dejó fuera a Eva Lootz, Concha Jerez, Elena Blasco, Carmen Calvo, Susana Solano, Ángeles Marco, Marisa González, Paz Muro, Victoria Civera, Fina Miralles, Eulàlia Grau, Eugènia Balcells y por supuesto a parte de las exiliadas, como Manuela Ballester, junto a un larguísimo etcétera, ya no de las que hoy conocemos, sino de las que entonces mantenían una carrera profesional y exponían de forma regular, cuando no internacionalmente. Y aunque afirmaba que en los años 80 "la mujer" –se servía del uso tan extendido en esos momentos del singular– "cultiva todas las modalidades expresivas formales y materiales, todas las tendencias", excluía de la muestra a la práctica totalidad de nuevos lenguajes seleccionando sólo pintoras y alguna escultora. La fórmula era similar a la fórmula seguida casi un siglo antes en Barcelona en la Primera Exposición Femenina de 1896, en la Sala Parés[36]. Si bien a finales del XIX la decisión tenía sentido debido a la necesidad de visibilizar a las artistas y de construir redes de mujeres profesionales, a mediados de los años 80, bajo un gobierno democrático y de izquierdas, resulta una propuesta sorprendentemente conservadora tanto desde una perspectiva artística como política.

Raúl Chavarri (Madrid 1929-1984), de origen vasco, había estudiado Derecho, Económicas y Periodismo, dirigiendo desde 1952 los cursos de periodismo del

---

34 El PSOE aprobó en 1988 en su XXXI Congreso Federal una cuota de representación del 25 % de mujeres en sus órganos ejecutivos.

35 *Vid*. CHAVARRI, Raúl *et al*, 1984, s. p.

36 LA LUETA ROMERO, 2014.

Instituto de Cultura Hispánica. Escribió tanto literatura como crítica de arte, siendo autor de algunas monografías de creadores y compilaciones como *Artistas contemporáneas en España* de 1975[37]. Llama la atención que su larguísimo texto ocupe tres cuartas partes de la publicación –190 páginas–; también que, si bien el diseño del libro, obra de Caruncho, estaba muy cuidado, carecía de una mínima edición editorial plagado de errores orto tipográficos y faltas de ortografía, incluso en los nombres de las artistas citadas. Ni tan siquiera estaba paginado[38].

El texto de Raúl Chavarri "Sociedad y cultura en el marco de la creatividad femenina" se nutría de lugares comunes[39]. Un artículo generalista, muy parecido en estructura a la introducción de su libro de 1975, que pretendía desentrañar en sus páginas "qué es el arte", "qué la sociedad" y "qué la cultura" y que sólo en su última parte hablaba algo de historia de las mujeres y casi nada de la producción de las artistas mujeres. Mostrando gran desconocimiento del movimiento feminista, en su ensayo pretendía dar una pincelada de nuestra historia pasando de puntillas por el sufragismo, para centrarse en SCUM, que tildaba de contestatario y de un "folclorismo grotesco"[40].

El análisis que vertía sobre sus contemporáneas, las españolas de los años 80, tenía un barniz entre lo psicológico y lo sociológico que no cotejaba datos. Aseveraba que sólo "una minoría de mujeres rechaza las características generales [se refería a los estereotipos tradicionales de femineidad] que han definido el juego de esa supuesta imagen de la mujer, y han buscado por el camino de la educación y de la profesión, la consolidación, el fortalecimiento de unas actitudes nuevas, de corte renovador". Su afirmación contrasta con la realidad del país esos años; sirva como ejemplo el dato de la cantidad de universitarias españolas que poblaban las aulas de la educación superior, un 46,78 % en 1982[41]. Consideraba que la conquista del espacio público de las mujeres se estaba produciendo en paralelo a una rehabilitación del trabajo doméstico y al rol de ama de

---

37 CHAVARRI, Raúl, 1975. Chavarri escribió este libro coincidiendo con el Año Internacional de la Mujer y una exposición de mujeres que tuvo lugar en la galería madrileña Gavar —fundada en 1972. Entiendo que este libro, una larga enumeración de nombres que el crítico había obtenido del libro de Carmen G. Pérez Neu y del vaciado de revistas como *Gaceta del arte*, *Bellas Artes* o *Batik*, fue el que convenció a Caruncho a hacer el encargo. El libro de 1975 ofrecía una frase o dos de cada artista: plagado de errores, según he podido constatar, dejaba fuera a Ángela García Codoñer, Paz Muro, Fina Miralles, Esther Ferrer, Eva Lootz, Marisa González o Mari Chordà, entre otras. También la galería Anne Barchet organizó ese año una muestra similar en 1975, según Chavarri, p. 170.

38 *Vid*. EL PAÍS, 1984. Chavarri fallecería días después de la inauguración, por lo que es posible que este fuera uno de sus últimos trabajos.

39 CHAVARRI, Raúl, 1984, s. p.

40 De nuevo, repite referencias de su publicación de 1975 (p. 18-19), si bien, en esta monografía cita los estudios de Mary Nash, *Mujeres libres, España, 1936-1939* y de Lidia Falcón, *Mujer y sociedad*, p. 22-23.

41 INSTITUTO DE LAS MUJERES, 2023, p. 47.

casa, que identificaba con la figura femenina. Y concluía que la clave de la situación de las mujeres estaba en su enajenación, en su anulación (desconozco si su referente en este sentido era el psiquiatra Carlos Castilla del Pino, o Betty Friedan).

Al aseverar que la aportación femenina a la creatividad humana era idéntica a la masculina, justificaba que "la mujer prácticamente [está] liberada de las rutinas estéticas que atribuían a la feminidad una blandura e incluso una determinada cursilería que se identificaban con el arte de las mujeres; ha superado todas estas trabas". En este sentido Chavarri se alineaba con una opinión crítica común durante la dictadura: las mujeres de calidad lo eran porque por fin tenían una obra parecida a la de los hombres.

Afirmaba que no había nombres femeninos en la historia del arte citando como autoridad a Lucius van der Howe, ignoto en mis pesquisas, con la siguiente frase lapidaria: "se puede hacer toda la historia del arte desde que aparecen los artistas, identificados y relacionados con su obra, hasta finales del siglo XIX, sin llevar a cabo la menor mención a la aportación femenina", lo que obviaba una historiografía sobre artistas mujeres que empezaba a ser abultada[42]. Solo poner en evidencia que citaba a Frida Kahlo como Frida Kahlo de Rivera [sic], señala su relato posicionado. De hecho, Chavarri daba por bueno el aforismo "detrás de cada hombre hay siempre una gran mujer".

Aunque no explicaba por qué la obra de arte femenina es diferente o igual a la de los hombres, no analizó la tardía y precaria formación de las mujeres, o dejaba el estudio de las obras de la exposición a Martínez de la Hidalga y a De la Gándara, concluía partiendo de la tópica e inexacta simetría entre feminismo y machismo subrayando que no era esta del Conde Duque una muestra feminista: "esta exposición, no marca, de ninguna manera, un énfasis feminista, ni tiene tampoco como fundamento una actitud de raíz machista, que parta de la consideración del arte femenino como una fórmula de creatividad inferior". Sabedor de las carencias de la muestra, cerraba su texto con la frase "no están todas las que son".

Acompañaban a este texto los de dos autoras que, como Chavarri, pertenecían a la Asociación Española de Críticos de Arte. Rosa Martínez de la Hidalga analizaba a algunas artistas en un texto de doce páginas que no le permitía profundizar en ninguna. Concluía su discurso citando a Salvador de Madariaga: "todo artista ha menester los dos sexos en su espíritu: el genio masculino para fecundar y el talento femenino para dar forma y cuerpo a la obra". Más fresco resulta el artículo de Consuelo de la Gándara que ya había prologado la exposición de mujeres de la galería Anne Barchet en 1975; aunque tampoco ahondaba dema-

---

42 Al no haber ni bibliografía ni citas en su texto, resulta casi imposible rastrear sus referentes. En todo caso es sorprendente la cita a van der Howe, porque en su introducción al libro de 1975, Chavarri hacía un repaso por los nombres entonces conocidos de artistas mujeres desde la Antigüedad hasta la contemporaneidad. Es pertinente dejar para otra ocasión un estudio en profundidad de dicho trabajo.

siado, De la Gándara consideraba anacrónicas y segregadoras las exposiciones de mujeres; además censuraba a los historiadores y críticos masculinos respecto a la creación artística femenina, considerando su labor "precaria, superficial, galante, a veces, y paternalista, otras". Su aportación anticipaba los estudios porcentuales que en un rápido vistazo evidencian la desigualdad y que tantas historiadoras han utilizado después: denunciaba que en el libro *Pintura española del siglo XX* de Juan Antonio Gaya Nuño de 466 artistas sólo 34 eran mujeres y en la mayoría de los casos nada más citadas por su nombre, no estudiadas. También analizaba la colección *Artistas Españoles Contemporáneos* de la Dirección General de Bellas Artes: de los 171 títulos publicados sólo el 7,3 % estaban dedicados a mujeres (no examinaba el número de historiadoras y críticas invitadas, que también era exiguo).

Cómo y por qué se le encarga el comisariado y el ensayo principal sobre un tema tan sumamente relevante y especializado a Raúl Chavarri, sólo se explica si entendemos que *Mujeres en el arte español 1900-1984* fue un acto de propaganda que mantenía el *statu quo* del arte contemporáneo español; un escenario presidido por hombres tanto desde el ámbito de la producción, como del de la gestión, la crítica o de un comisariado incipiente. Un escenario en el que pareciera que las profesionales seguían siendo la excepción y que obviaba a la mayoría de creadoras experimentales abundando en las que se mantenían en formas lingüísticas conservadoras.

El análisis de la muestra de 1984 pone en evidencia la cantidad de trabajo que quedaba por hacer. No se había movido prácticamente de la línea marcada por las exposiciones de mujeres de finales del XIX y principios del XX. Sorprendentemente este será también el discurso que impregnó en 2020 la exposición *Invitadas* en el Museo del Prado, si cabe una muestra aún más confusa al enfrentar a artistas mujeres y a *amateurs* con el imaginario misógino del XIX. El museo recibió una avalancha de críticas que ni se esperaba, ni encajó, ni nunca llegó a entender[43].

En 1995 comisarié en Alicante la exposición *Territorios Indefinidos. Discursos sobre la construcción de la identidad femenina*[44]. Esta muestra seguía la estela

---

43 En aquella ocasión defendí que, en comparación a *Invitadas*, las exposiciones que había realizado el Museo del Prado sobre siglo XIX desde el año 2007 no incluían la obra de ningún *amateur* o aristócrata. Pilar Muñoz aclara que a principios del siglo XX las pintoras *amateurs* eran aficionadas cuya "presencia en las exposiciones responde más a su adscripción al grupo social más elevado en la escala social, en el que muchas mujeres eran alumnas de las clases impartidas por los artistas más prestigiosos del momento, o a deferencias de *caballerosidad* en los académicos que controlaban la selección de obras a exponer", *vid*. MUÑOZ LÓPEZ, Pilar, 2011, p. 104.

44 Inicié el primer recorrido del proyecto, organizado por el Instituto de Cultura "Juan Gil-Albert" en septiembre de 1993 junto al artista valenciano Pepe Miralles, que lo abandonó en noviembre de 1994 finalizada la fase de trabajo de campo —en esa fase fue imprescindible el trabajo de Concha Monllor. Le sustituyó desde diciembre de 1994 y hasta la inauguración el 8 de marzo de 1995 el escultor Eduardo Lastres. Fui sub-directora del Departamento de Arte y Comunicación Visual "Eusebio Sempere" (integrado en el "Juan Gil-Albert") desde 1991 hasta febrero de

del nuevo paradigma marcado por Luisa López y Mar Villaespesa, si bien reunía artistas de todo el territorio nacional[45]. Los tiempos estaban cambiando.

Bibliografía

ALFAGEME, Pedro. "Mujeres en el museo". *El Correo de Andalucía*, 8/10/1993, p. 40.

BAROJA, Carmen. *Recuerdos de una mujer de la generación del 98* (Amparo Hurtado ed.). Barcelona: Tusquets, 1998.

BARRERA, Begoña. *La Sección Femenina, 1934-1977. Historia de una tutela emocional*. Madrid: Alianza Editorial, 2019.

BASSAS, Assumpta. "Feminismo y arte en Catalunya en las décadas de los 60 y 70. Escenas abiertas y esferas de reflexión". En: ALIAGA, Juan Vicente; MAYAYO, Patricia (eds.). *Genealogías feministas en el arte español: 1960-2010*. Madrid: MUSAC, This Side Up, 2013, p. 228-252.

CAJIDE, Isabel. "Prólogo". *La mujer actual en la cultura*. Toledo: Ministerio de Educación y Ciencia, 1975.

CAMACHO, Ignacio. *Diario 16,* 24/09/1993.

CHAVARRI, Raúl. *Artistas Contemporáneas en España*. Madrid: Gavar, 1975.

CHAVARRI, Raúl. "Sociedad y cultura en el marco de la creatividad femenina". En: *Mujeres en arte español (1900-1984)*. Madrid: Centro Cultural Conde Duque, Ayuntamiento de Madrid, 1984.

CHAVARRI, Raúl *et al. Mujeres en arte español (1900-1984)*. Madrid: Centro Cultural Conde Duque, Ayuntamiento de Madrid, 1984.

DIAZ SILVA, Elena. "El año Internacional de la Mujer en España: 1975". *Cuadernos de Historia Contemporánea*, 2009, vol. 31, p. 319-339.

EL PAÍS. "Murió el escritor y crítico de arte Raúl Chávarri (*sic*)". *El País*, 21/03/1984.

FERNÁNDEZ, Luis. *Crónica de la Sección Femenina y su tiempo*. Madrid: Asociación Nueva Andadura, 1993.

FERNÁNDEZ, Olga. "El feminismo en los discursos expositivos y relatos museográficos en España desde los años noventa". En: ALIAGA, Juan Vicente; MAYAYO, Patricia (eds.). *Genealogías feministas en el arte español: 1960-2010*. Madrid: MUSAC, This Side Up, 2013, p. 100-124.

GÁNDARA, Consuelo de la. "Presencia de la mujer en el arte del siglo XX". En: *Mujeres en arte español (1900-1984)*. Madrid: Centro Cultural Conde Duque, Ayuntamiento de Madrid, 1984.

GANÓN GARAYALDE, Elena. "Breve relato de las trabas políticas y editoriales que impidieron una correcta traducción y divulgación de *El segundo sexo* de Simone de Beauvoir desde su publicación en 1949", 2019 (en línea). En: http://www.jornadas.fhuce.edu.uy/images/2019/Ponencias_completas/GT_27_-_Ganon_Garayalde.pdf (Fecha de consulta: 7-10-2024).

1994, mes en el que se me nombró directora. Los textos de la publicación corrieron a cargo de Cabello/Carceller, Estrella de Diego y yo misma. La "memoria de las demás" me ha ayudado a reconstruir en los últimos tiempos el proceso de trabajo de aquella muestra; la mía en ocasiones se escapa, se trabuca y mezcla. Agradezco en este sentido las aportaciones de Concha Monllor, Alejandro Tavera, Pepe Miralles y Ana Carceller.

45 En el artículo publicado en 2020, en el número dedicado a Feminismo y museo en *Espacio, tiempo y forma*, analicé con detalle la taxonomía temática y lingüística con la que se construyó expográficamente el relato de la muestra, así como el arduo trabajo de campo con visitas y entrevistas a numerosas artistas para elaborar la selección de obras. *Vid.* TEJEDA MARTÍN, Isabel, 2020.

GÓMEZ REUS, Teresa. "Introducción". En: VILLAESPESA, Mar (dir.). *100%*. Sevilla: Junta de Andalucía, 1993, p. 39.

GONZÁLEZ CALBET, María Teresa. "El surgimiento del movimiento feminista 1900-1930". En: FOL-GUERA, Pilar (ed.). *El feminismo en España. Dos siglos de historia*. Madrid: Ed. Pablo Iglesias, 1988.

INSTITUTO DE LAS MUJERES. *Mujeres en cifras*. Madrid: Instituto de las Mujeres, 2023.

KIRPATRICK, Susan. *Mujer, modernismo y vanguardia en España (1898-1931).* Madrid: Cátedra, 2003.

LA LUETA ROMERO, Laura. *Artistes en relació a la Barcelona modernista. Les exposicions femenines de la sala Parés.* Barcelona: Universitat de Barcelona, 2014 (Trabajo Final de Grado dirigido por Laura Mercader) (en línea) En: http://diposit.ub.edu/dspace/bitstream/2445/66075/1/TFG_HA_Laura%20la%20Lueta%20Romero.pdf (Fecha de consulta: 10-08-2024).

LÓPEZ MORALEDA, Rosa. "Isabel Cajide, genio y figura... de una crítica de arte". *Sesenta y más*, 2013, nº 224, p. 50-53.

MARTÍNEZ DE LA HIDALGA, Rosa. "Pintoras y escultoras de nuestro tiempo". En: *Mujeres en arte español (1900-1984)*. Madrid: Centro Cultural Conde Duque, Ayuntamiento de Madrid, 1984.

MAYAYO, Patricia. "¿Por qué no ha habido (grandes) artistas feministas en España? Apuntes sobre una historia en busca de autor(a)". En: ARAKISTAIN, Xavier; MÉNDEZ, Lourdes (dirs.). *Producción artística y teoría feminista del arte: Nuevos debates I*. Vitoria: Centro Cultural Montehermoso, Ayto. de Vitoria, 2008, p. 120-121.

MOLINA, Margot. "Diez artistas reivindican el feminismo al 100 %". Diario *El País*, 22/09/1993.

MUÑOZ LÓPEZ, Pilar. "La polémica sobre las artistas plásticas en la literatura y los escritos de mujeres en la España del siglo XX". *Revista Internacional de Culturas y Literaturas*, 2011, nº 10, p. 71-74.

NIETO ALCAIDE, Víctor. "Isabel Cajide y el arte contemporáneo". *Hispania Nostra*, 28/11/2023 (en línea). En: https://contigoencasa.hispanianostra.org/isabel-cajide-y-el-arte-contemporaneo/ (Fecha de consulta: 10-08-2024).

PÉREZ-NEU, Carmen G. *Galería Universal de pintoras*. Madrid: Editora Nacional, 1964.

PÉREZ VILLÉN, Ángel Luis. "Cien por cien". *Lápiz*, 1993, nº 95-96, p. 85-86.

TEJEDA MARTÍN, Isabel. "Exposiciones de mujeres y exposiciones feministas en España. Un recorrido por algunos proyectos realizados desde la II República hasta hoy, con acentos puestos en lo autobiográfico". *Espacio, tiempo y forma. Serie VII, Historia del arte* (ejemplar dedicado a Feminismo y museo. Un imaginario en construcción, editado por Patricia Molins), 2020, nº 8, p. 29-46.

VILLAESPESA, Mar. "100%". En: VILLAESPESA, M. (dir.). *100%*. Sevilla: Junta de Andalucía, 1993, p. 16-27.

LO PERSONAL ES ACADÉMICO. *PERDIDAS Y ENCONTRADAS* EN LA HISTORIOGRAFÍA ARTÍSTICA ESPAÑOLA

Mireia Ferrer Álvarez[1]

Universitat de València

Lo personal es académico

"En 1969, tuvieron lugar tres grandes acontecimientos en mi vida: tuve un hijo, me hice feminista y organicé el primer curso de «mujeres y Arte»"[2]. Estamos acostumbradas a leer las referencias historiográficas de los autores en base a sus producciones científicas, enumeraciones de trabajos que eclipsan el contenido de los discursos científicos de la academia. No deja de ser paradigmático que la historiadora del arte que fundó la perspectiva feminista en la historia del arte se refiriera al primer curso sobre "arte y mujer"[3], como algo indisoluble de su maternidad y de su implicación en el feminismo. La frase de Linda Nochlin (1931-2017) es en sí misma una declaración de los fundamentos que han caracterizado a muchas mujeres en el ámbito académico, hacer desde otro lugar, situarse en otro punto de mira, quizás porque la propia condición de género ha obligado a muchas de ellas a convivir con esa diferencia. También existe un canon –siguiendo el planteamiento de Griselda Pollock (1949)– en la figura del historiador o del científico que debe ser deconstruido, y esa tarea de manera natural y espontánea ha sido acometida por ellas. No sin el rechazo y la minusvaloración de la academia patriarcal, que ha considerado este tipo de reflexiones y vinculaciones entre lo personal y lo académico como propias de historias de mujeres: referidas siempre a una tendente recurrencia a la biografía y lo emocional, carentes de valor; el consabido espacio que hay que permitir a las mujeres para que se desahoguen.

La imagen que Marion Kalter realiza de Nochlin en París muestra una mujer en acto alocutivo, es el momento en el que la autora está acometiendo sus estudios sobre el realismo en la pintura del siglo XIX y sobre *lost and found*, un artículo excepcional que consolidará aún más su relevancia en la intervención feminista en la historia del arte. La silueta enfundada de la máquina de escribir me retrotrae al sonido de mi infancia en el que mi madre en la salita de casa redactaba su tesis doctoral. En 1967, con veinticuatro años, Amparo Álvarez (1943) se había incorporado al departamento de historia contemporánea de la Universitat de València, junto a otras mujeres de su generación serían pioneras en muchos sentidos en esta institución: "A lo largo de la década de los 60 irán accediendo a la

---

1 ORCID: https://orcid.org/0000-0003-3567-7540.

2 NOCHLIN, Linda, 2022, p.200.

3 NOCHLIN, Linda, 2022, p. 200.

Universitat mujeres como Amparo Cabanes Pecourt (1963), adscrita a historia medieval; Amparo Álvarez (1967), en historia contemporánea; Milagro Gil-Mascarell Boscá (1966), Gabriela Martín Ávila (1965) y Carmen Aranegui Gascó (1968), en arqueología, etc."[4]. Les habían precedido pocas, su tía abuela, Olimpia Arozena (1902-1971), primera mujer en incorporarse a la Universidad como profesora auxiliar[5]. A los tres años de ingresar en el departamento, mi madre se queda embarazada de su primera hija y cuatro después, de la segunda, yo. Conciliar la vida profesional y personal, provoca que la defensa de su tesis doctoral se prolongue, viendo como sus colegas varones progresan a otro ritmo. Mi infancia está grabada entre los juegos en la salita de casa y el sonido de la Olivetti de mi madre.

Es imposible realizar una genealogía de la historiografía artística española, de la historiografía en general, de las mujeres, sin atender a estas cuestiones que van de lo personal a lo político, de lo político a lo personal y a lo científico.

> Creía que me sentía exhausta porque no me organizaba suficientemente bien para compaginar las tareas domésticas [...] el cuidado de los niños, el marido, la enseñanza y los estudios de posgrado, a la vez que viajaba de Poughkeepsie a Nueva York para trabajar media jornada [...] Si tenía que corregir trabajos, me sentía culpable por no hacer una investigación para un informe de un seminario en el Instituto, si trabajaba en el informe del seminario, me perseguía la idea de que no había hecho la compra; si hacía la compra, me parecía que no le estaba prestando suficiente atención a mi hija. En aquel momento de la historia no había ningún sistema de apoyo moral o práctico para mujeres como yo, solo la energía personal ilimitada y la voluntad de perseverar en circunstancias difíciles[6].

Yo misma escribo estas líneas a las 6:30 de la mañana de un día de verano, me he puesto el despertador y he sacado de un armario un improvisado escritorio, una tabla y unos trípodes que he ubicado en la única habitación libre de la casa, para poder trabajar concentrada antes de que la casa despierte y mi hijo de dos años y ocho meses, eclipse mi día y mi tiempo. Soy consciente que este texto quedará supeditado, suspendido y atravesado por el ritmo cambiante de los cuidados que precisa mi propia vida y la de los míos.

Situar en primer lugar este epígrafe constituye también una declaración de intenciones, su lugar es de consumo, la coda, la nota al pie de página explicativa, cuando su importancia en la manera en que se han escrito las narrativas de la crítica feminista, de la historia del arte, de la mera producción científica de las mujeres, no debería soslayarla al último plano, sino otorgarle un protagonismo sin el cual no puede ser entendible su mera presencia en el discurso.

---

4 NAVARRO OLMOS, Elena; CHISMOL MUÑOZ-CARAVACA, Guillermo, 2015, p. 187.
5 VIZCAÍNO ESTEVAN, Tono, 2021.
6 NOCHLIN, Linda, 2022, p. 204.

Una operación que consiste en convertir el ámbito de lo personal en zona de ciencia y de saber, en un lugar más que legítimo desde el que teorizar y escribir. Un lugar desde el que se puede dar cuenta de que el saber es siempre particular y encarnado, y de que a veces es la pretensión de objetividad la que impide ver bien[7].

364B. Mucho más que un seminario

Que Linda Nochlin es la referencia en los estudios de historia del arte y mujeres es una cuestión que no admite discusión. La mayoría de los presupuestos vinculan esa importancia a la publicación en enero de 1971 en la revista *ARTnews* del artículo: "¿Por qué no ha habido grandes mujeres artistas?" Sin embargo, la primera piedra que apuntala este vasto edificio sucede unos años antes. En 1969, Linda Nochlin, que impartía docencia en la Vassar College, decide publicar un anunció en el tablón del departamento de historia del arte de dicha universidad: "Voy a cambiar el tema del seminario 364B por el de: *La imagen de la mujer en los siglos XIX y XX*"[8].

Entre los temas que planteaba el programa se hallaban: la mujer como ángel y demonio en el arte del siglo XIX, el desnudo, la pornografía y la imaginería sexual, el significado social de la vestimenta, la imagen de la mujer en la publicidad, el tema de la prostituta, la sagrada familia y los placeres de la vida doméstica, representaciones de mujeres con conciencia de clase baja, mitología freudiana, Picasso y el surrealismo, Matisse y el harén, las mujeres como artistas, la mujer vampiresa, y la mujer y la pintura prerrafaelista. El curso ahondaba indistintamente dos aspectos de la relación arte-mujer, el de la mujer como objeto o como sujeto, atendiendo a su carácter de representada o representante.

La propia Nochlin se sorprendía tiempo después de lo inabarcable de un temario semejante en un solo cuatrimestre, así como del hecho que solo uno de los temas se refiriese a las mujeres artistas; aunque, como luego puntualizaría, consagró más de una sesión a trabajarlo. Pero, al mismo tiempo, argumenta que eran tantas las ansias de abordarlo y de hacerlo conjuntamente que la vastedad del programa era una consecuencia de ello. Quizás el aspecto más destacado, como Nochlin advierte, era que todo lo que hicieran en ese seminario contaba, ya que estaba todo por hacer, "estábamos sentando las bases del arte feminista y lo sabíamos"[9].

Es cierto que ese proyecto pudo ser llevado a cabo ya que Vassar era una de las instituciones fundacionales de los estudios superiores femeninos[10]. La propia Nochlin se había formado allí como parte de la promoción del 51. Una privile-

---

7 GARBAYO MAEZTU, Maite, 2018, p. 71.
8 NOCHLIN, Linda, 2022, p. 204.
9 NOCHLIN, Linda, 2022, p. 203.
10 Entre 1837 y 1889 se fundan en la costa este de Estados Unidos siete universidades femeninas: Barnard College, Bryn Mawr College, Mount Holyoke College, Smith College, Wellesley College y Vassar College. Centros en los que las mujeres pudieron desarrollar la educación superior.

giada situación que se hizo evidente también cuando Nochlin visitó la *Woman-house* en Los Ángeles en 1971, allí le sorprendió la necesidad de plasmar la opresión de las mujeres en todos los ámbitos que las artistas expresaron con sus obras. Ella pertenecía a una identidad social: la de las profesionales académicas de instituciones liberales del este de Estados Unidos, acostumbradas a poder manifestarse de manera "elocuente, independiente y combativa" sin que ello supusiera demasiados problemas. Vassar era un oasis en el desierto.

Pero, sin duda, la idea de un proyecto colectivo que integra a docentes y alumnas en un lugar de horizontalidad conforma una nueva manera también de entender la transmisión académica. "Éramos a la vez las inventoras y exploradoras: inventoras de hipótesis y conceptos, exploradoras del inmenso mar de material bibliográfico por descubrir, de los ríos y corrientes subterráneas del arte femenino y la representación de la mujer"[11]. El discurso feminista que emanaba de las aulas se articuló también en la producción científica, destacando la publicación de artículos que se convertirían en auténticos referentes y manuales de la historia de las mujeres como: "¿Por qué no ha habido grandes mujeres artistas?" o *"Lost and Found: Once more the Falle Woman"*[12], publicado en el número 60 de la revista *Art Bulletin*.

Radiografía de España

En el Estado español podríamos establecer tres momentos que representan la historia de los estudios de mujeres, feministas y de perspectiva de género en la disciplina de la historia del arte. Un primer momento originario que podríamos situar entre la mitad del siglo XIX y los años 20-30 del siglo XX, caracterizado por aproximaciones que se realizan desde una cierta reivindicación feminista, pero sin la certeza de estar realizando una revisión de los fundamentos estructurales de la disciplina. El germen de una inquietud realizada más o menos conscientemente, más o menos políticamente, primeros discursos que plantan una semilla que cristalizaría años después. Un período protagonizado por la aportación de mujeres escritoras o periodistas, la mayoría vinculadas a la crítica de arte diletante y, ya en el siglo XX, por la aparición excepcional de mujeres con estudios

---

11 NOCHLIN, Linda, 2022, p. 203.

12 Un lúcido y perspicaz ensayo en el que Noclhin desvelaba los pormenores de una cultura y una mentalidad, la victoriana y sus estrictos códigos morales, a través de las representaciones que la pintura, el grabado y la litografía había realizado. Todo ello acompañado de constantes referencias a la literatura del periodo y modelos y ejemplos de prácticas sociales que sostenían el peso del trabajo. Nochlin fusionaba de manera magistral los estudios de género con los estudios de historia social del arte, contribuyendo a trascender los antiguos métodos historiográficos tradicionales de exégesis de la imagen, para adaptarlos a nuevas lecturas más vinculadas con el estudio de lo visual y su carácter representacional, con las prácticas sociales y todo ello desde una perspectiva que permitiera comprender cómo se habían construido los modelos que a la postre habían condicionado el marco de actuación de mujeres y hombres en la sociedad.

académicos a las que, sin embargo, todavía no se les permitió u obstaculizó –utilizando la terminología de Germaine Greer– el acceso a la carrera académica o institucional.

Un segundo periodo es el que caracteriza la llegada de las mujeres al ámbito académico de las universidades españolas, que se realiza con cuentagotas, pero ya de manera irreversible en la década de los años 60. Su presencia en los departamentos será una cuestión también compleja, cuando no imposible, ya que la mayoría de ellas desempeñará las funciones de profesora auxiliar y no de adjunta, cargo con mayores responsabilidades y mayor retribución económica. El peso de los catedráticos será determinante también en la promoción de estas mujeres que accedían a la carrera académica. Esta segunda generación de universitarias no coincidirá con la aparición de los discursos feministas en las disciplinas humanísticas motivo por el que la mayoría de ellas abrazará metodologías en ese momento rompedoras como los estudios sociales, derivados de la concepción marxista de Anales, o los estudios culturales unas décadas más tarde. Tampoco la historia del arte contaba todavía en nuestro país con una especificidad propia dentro del sistema en el que se forman las primeras mujeres, un modelo universitario generalista en Filosofía y Letras en el que los estudios de Historia tenían un peso más relevante. Dicha especialización tendrá lugar con el cambio de sistema universitario y en ese marco comenzarán a surgir, también, los primeros brotes a finales de los años 70.

Hemos de situar el punto de inflexión en 1986, cuando se produce el que se considera el primer trabajo de historia del arte feminista, la tesis doctoral de Estrella de Diego (1958) *La mujer y la pintura en la España del siglo XIX: mujeres pintoras en Madrid, 1868-1910* (Universidad Complutense de Madrid). Los años venideros serán la confirmación de la aparición de los estudios del arte feministas, aunque no los suficientes y de manera débil y desestructurada.

> A veces se tiene la sensación de que hay algo disfuncional en el Estado español, como parece obvio al comprobar que, frente a lo que ha pasado en otros países de nuestro entorno, esa primera y elemental fase de reconstruir la Historia, recuperar en suma a las artistas y las imágenes "locales", no se ha llevado nunca de manera sistemática y, cuando ha sido así, con frecuencia no se ha hecho desde una perspectiva de Estudios de género[13].

Sucede como acontece con cualquier instrumento de ruptura, contracultural o disruptivo, que el potencial de quiebre que lo conforma se torna en una fuente de constantes contradicciones, interrogantes e incluso efectos autodestructivos, porque los fundamentos dinamitadores que contiene son capaces de poner en jaque incluso a su propia esencia. Es por ello que la historia de los Estudios de Mujeres que nacieron en los años setenta en el ámbito internacional, experimentarían en los ochenta, fruto de ese mismo ejercicio de cuestionamiento, un

---

13 DE DIEGO, Estrella, 2009, p. 18.

cambio. Ese poder autorrevelador es el que hizo que la disciplina quedara también al descubierto. Los modelos anglosajones planteados por autoras como Nochlin no dejan de evidenciar una naturaleza también universalista, el mismo criterio que se pretendía descolonizar en la disciplina, no podía ser una horma aplicable de manera férrea en todas las latitudes y/o realidades. Este último periodo aterriza en España en los años noventa imbuido de los discursos que cuestionaban el universalismo de los planteamientos originarios del feminismo anglosajón de los años setenta, para plantear la necesidad de revisión no solo de los fundamentos sobre los que se había erigido el discurso patriarcal, sino sobre los fundamentos que erigían el concepto monolítico de mujer como premisa universalista y heterodesignada, naciendo así los Estudios de Género. Estos nuevos planteamientos se preocuparán por analizar y deconstruir los criterios también de las revisiones emprendidas con anterioridad.

Esta evolución estará, así mismo, condicionada, además, por las características del sistema académico español, por la escasa importancia dada por las editoriales a las traducciones de textos científicos pioneros en el feminismo, es altamente sintomático que el texto de Nochlin no se tradujera al español sino en 2008, un texto escrito treinta y siete años antes. Con bastante frecuencia los artículos científicos enviados a las revistas generalistas de arte son rechazados bajo la premisa de que ya existen revistas destinadas a este tipo de estudios, generándose una especificidad que las condena a la marginalidad del interés de unas cuantas.

> Demasiados referentes extranjeros, una visión de la realidad a través de libros importados, la excesiva teorización del discurso de la historia del arte con frecuencia como simple mimesis o traducción del importado, la falta de discusión académica real en el Estado, ha dado como fruto un curioso discurso, en mi opinión bastante "colonizado" en el cual, pesa casi incluso ahora nuestra posición de periferia, hemos adoptado los discursos de otredad prestados sin abordar nuestros auténticos problemas "locales"[14].

En ese sentido, cabría preguntarse también, si la propia historiografía española de los Estudios de Mujeres, Feministas o de Género, no debe en sí misma realizar un proceso de autorreflexión, pues esos mismos preceptos se repiten para el caso de un centro siempre presente en las editoriales y los museos capitalinos, y una periferia que se nutre de las instituciones locales, pero que no puede competir con el carácter promocional de lo que acontece en el centro. Solo tardíamente se han aunado esfuerzos para establecer interconexiones territoriales de carácter científico al albur de la implementación de proyectos de investigación destinados a fomentar la vertebración científica, pero aun en estos casos el presupuesto destinado a proyectos de género o con perspectiva feminista sigue siendo escaso. Algunos ámbitos académicos y científicos quedan enmarcados, así, en una periferia de la periferia.

---

14 DE DIEGO, Estrella, 2008, p. 23.

Tampoco las posibilidades ofrecidas a las mujeres para conciliar han sido las más deseables, viéndose muchas de ellas obligadas a tener que sobrevivir académica y científicamente o que elegir, en el peor de los casos, abandonar la carrera académica. Solo recientemente han empezado a contemplarse medidas conciliadoras, como la no contabilización del tiempo de baja por maternidad en la concesión de los sexenios de investigación por la Comisión Nacional Evaluadora de la Actividad Investigadora (CNEAI).

Somos conscientes de lo aventurado del proyecto que pretenden estas páginas, ya que es imposible realizar una cartografía del territorio español, ni de todas las autoras que han trabajado desde los Estudios de mujeres, feministas y con perspectiva de género en la historia del arte en España. En primer lugar, por la extensión de este capítulo; en segundo, porque ello conllevaría años de trabajo y esfuerzo, en un ejercicio semejante al de buscar y encontrar a las mujeres artistas que ha caracterizado este tipo de estudios; y, en tercer lugar, por una cuestión que no deja de sacar a la luz las carencias del propio panorama español, por la falta de conocimiento o visibilidad que caracteriza a las producciones científicas y académicas de esta índole. Es por ello que realizamos una aproximación de carácter personal y subjetiva intentando no establecer un corpus completo, sin que ello signifique una merma en el rigor que precisa un trabajo de semejante naturaleza, siendo conscientes de que la selección de autoras y obras que aquí se reproduce responde a una mirada centrada en la experiencia propia, quizás por ello la realidad valenciana sea explorada con mayor profundidad y que de ello se desprenda el carácter de lo aquí reseñado como condición representativa de una pluralidad mucho más amplia que recorre toda la geografía de norte a sur, de este a oeste.

Un pensamiento situado, según la terminología de Donna Haraway, porque tal y como apunta también Maite Garbayo la cuestión radica en poner:

> en el centro del debate la cuestión de la epistemología, que tanto ha preocupado al feminismo […] profundizar en cómo los feminismos han puesto en cuestión las formas hegemónicas de conocer al plantear la necesidad de desvelar quién conoce y desde dónde conoce, superando las pretensiones de abstracción, generalización y universalidad que defienden las posturas epistemológicas hegemónicas, pretendidamente sustentadas en evidencias científicas y supuestamente neutras[15].

Decía Estrella de Diego que: "mirar es formar parte de la historia de las cosas"[16]. Existe, por tanto, una cuestión fundamental en el análisis que planteamos, la relación sujeto-objeto, en una genealogía de la que formo parte a un tiempo también como sujeto y objeto. Porque tal y como decía Linda Nochlin: "no hay nada

---

15 GARBAYO MAEZTU, Maite, 2020, p. 50.
16 DE DIEGO, Estrella, 2011, p. 97.
17 NOCHLIN, Linda, 2022, p. 212.

más interesante, más relevante y más difícil de aprehender que la intersección entre la historia y el yo ¿Dónde termina la biografía y comienza la historia?"[17]. Mi realidad no deja de estar atravesada por ese lugar desde el que escribo, adscrito a la formación que recibo, mi propia genealogía como hija de mujer universitaria docente e investigadora. Estas letras están escritas desde ese lugar, el mío propio y personal que es al tiempo, también, el de muchas otras/otres.

Genealogía feminista

A finales de los años 70 comienza a cristalizar en España la llegada de los movimientos feministas que darán pie a la revisión e intervención de las disciplinas humanísticas. En Madrid se celebran las *Primeras Jornadas por la Liberación de la Mujer* consideradas el primer congreso feminista que tuvo lugar en España tras la dictadura, pocos días después de la muerte de Francisco Franco. Se celebraron de forma semiclandestina los días 6, 7 y 8 de diciembre de 1975 en el colegio Montpellier de Madrid. Un año después, en 1976, tienen lugar las *Primeres Jornades Catalanes de la Dona* en el Paraninfo de la Universitat de Barcelona, que permanecen en la memoria gracias a la cámara de la fotógrafa Pilar Aymerich. En 1977, se suceden en la Facultad de Económicas de la Universitat de València las *I Jornades de la Dona del País Valencià*. En ese caldo de cultivo y esa sensación de efervescencia se van a producir los primeros brotes de la renovación feminista en las disciplinas históricas.

La sensación de entusiasmo que narraba Nochlin al comenzar el curso 364B debió de ser semejante a la de una joven Estrella de Diego cuando en 1981 a los veintitrés años comenzaba su tesis doctoral *La mujer y la pintura en la España del siglo XIX: mujeres pintoras en Madrid, 1868-1910* en la Universidad Complutense de Madrid, bajo la dirección de Antonio Bonet. Por aquel entonces, algunos de los grandes opúsculos de la historia del arte feminista ya se habían publicado o eran de reciente publicación, como los textos de Nochlin; el libro *Women Artists*, de Petersen y Wilson (1976); la exposición de Sutherland y Nochlin, *Women Artists 1550-1950* (1976); *The Obstacle Race*, de Germaine Greer (1979); y *Old Mistresses*, de Griselda Pollock y Rozsika Parker (1981), entre otros. Sin embargo, tal y como apunta De Diego, mientras en el ámbito anglosajón las dificultades con las que lidiaban las historiadoras eran considerables, en el panorama español, sencillamente, nos hallábamos en un páramo: "las incursiones entre nosotros eran prácticamente inexistentes en los ochenta –e incluso pasados bastantes años"[18].

La ausencia de referentes en los que mirarse ha sido uno de los grandes problemas de la historiografía del arte de estas generaciones. Solo recientemente han sido rescatados y sacados a la luz los pingües ejemplos de las generaciones precedentes.

---

18 DE DIEGO, Estrella, 2009, p. 12.

> Me encontraba, así, como joven investigadora, con bastantes escollos y con una profunda soledad por la falta de modelos [...] y, sobre todo, por la ausencia de colegas próximas a mi campo con las cuales poder discutir las perplejidades –tantísimas– que iban surgiendo[19].

El "inmenso mar de material bibliográfico por descubrir [...] los ríos y corrientes subterráneas del arte femenino" del que hablaba Nochlin se convirtió en Estrella de Diego en el ingente Archivo de la Academia de Bellas Artes de San Fernando, porque esa es otra de las casuísticas que implica estudiar un objeto de estudio que ha estado silenciado, ocultado o que sencillamente es escaso, la exigencia en el rastreo. Es por ello que Estrella de Diego se embarca en la procelosa labor de vaciado y ordenación manual del archivo, algo que sitúa a las historiadoras del arte que abordan estos temas en la exigencia de la más pura minuciosidad y rigor en el trabajo de campo. El reto era inmenso como ella misma planteaba: "buscar a las borradas en medio de un tiempo borrado"[20], quizás ese mismo esfuerzo es el que constituye trazar una genealogía de historiadoras durante el siglo XX en una España que atravesó más de 36 años de dictadura franquista.

Las fuentes son un pilar fundamental en los Estudios de Mujeres artistas, no solo había que encontrarlas a ellas, había que encontrar las propias fuentes, puesto que el siglo XIX español también conformaba un campo no suficientemente abordado en aquellas fechas. Todo ello demandaba un planteamiento metodológico radicalmente distinto de cualquier otro tema de estudio, la inexistencia de obras obligaba a trabajar "sin obra física". Nos hemos enfrentado a esa labor, en muchas ocasiones, como historiadoras del arte, cuando la presencia del nombre es el único rasgo visible, la certeza de una existencia, y ese mero puñado de letras en femenino es ya una celebración.

En 1982 se crea el Centro de Investigación de Mujeres de la Universitat de Barcelona, por profesoras y licenciadas de Historia; y un año más tarde el Instituto de Investigaciones Feministas de la Universidad Complutense de Madrid, por un grupo de profesoras y alumnas de Tercer Ciclo en Humanidades y Ciencias Sociales, que comienzan a reunirse con el objetivo de aunar los esfuerzos individuales en el ámbito de los estudios feministas en torno a la Dra. M.ª Carmen García-Nieto, Profesora Titular del Departamento de Historia Contemporánea. Ese mismo año, 1983, nace el Instituto de la Mujer, para: "promover y fomentar las condiciones que posibiliten la igualdad social de ambos sexos y, por otro, la participación de la mujer en la vida política, cultural, económica y social"[21]. Estos centros van a jugar un papel indispensable en la promoción de estudios vinculados a las intervenciones feministas en las distintas ramas de las disciplinas humanísticas.

En 1983 se celebran en Madrid, organizadas por el Seminario de Estudios de la Mujer de la Universidad Autónoma de Madrid, las *III Jornadas de Investigación*

---

19 DE DIEGO, Estrella, 2009, p. 13.
20 DE DIEGO, Estrella, 2009, p. 14.
21 INSTITUTO DE LAS MUJERES, 1983.

Interdisciplinaria sobre la Mujer dedicadas a *La imagen de la mujer en el arte español*, que, sin duda, constituyó otro hito en aquellos momentos. En esta ocasión la pregunta que servía de argumentario al seminario consistía en: "¿Quién, por qué y para quién han creado el arte en nuestra cultura?, ¿qué papel ha correspondido a las mujeres en este proceso?"[22]. Las actas del seminario, publicadas en 1984, integraban una miscelánea de textos[23]. También en la Universitat de València, a finales del año 1986, se crea el *Seminari Interdisciplinar d'Investigació Feminista*[24], que inicia los estudios de género en la universidad, y que culminará en el año 1991 con la creación del *Institut Universitari d'Estudis de la Dona*. Estos estudios se extenderán, posteriormente, a la Universitat Jaume I de Castellón. Por su parte, el *Centre d'Investigació Històrica de la Dona* de la Universitat de Barcelona acomete la celebración en Barcelona, en 1986, del *I Col·loqui d'Història de la Dona* en el que participa como invitada ponente Linda Nochlin. En 1987 se inaugura el curso de Posgrado de "Història de les Dones" en la misma universidad.

En 1987, la artista Ester Ferrer publica en la revista *Lápiz* un texto revelador, en tanto que pone al descubierto la escasez de muestras y atención destinada a las mujeres artistas en el panorama internacional. En el texto, Ferrer narra cómo una tarde en la que asistía a la inauguración de la exposición "La época, la moda, la moral, la pasión. Aspectos del arte actual hoy 1977-1987" en el Centro Pompidou de París, los periodistas y críticos comenzaron a realizar severas críticas a la exposición. Ante aquella situación la artista, que se autodenomina "espontánea", decidió tomar la palaba para realizar la siguiente pregunta: "A lo mejor si la exposición es tan mala, se debe a que entre los 60 artistas presentes, solo 3 son mujeres... ¿Pueden los comisarios explicar el criterio de selección?"[25]

Un año después, en la Universidad de Barcelona, Erika Bornay (1947) realiza la tesis doctoral *Las descendientes de Lilith en la pintura europea de finales del*

---

22 ACTAS, 1984.
23 "La mujer en el Arte Prehistórico: simbología y representación" de Margarita Bru Romo; "Imágenes de la mujer en las cantigas de Santa María" de Ana Domínguez Rodríguez; "La mujer y el Arte Medieval" de José María de Azcárate Ristori; "De «casadas, estad sujetas a vuestros maridos, como conviene el Señor» a «Señora, soy vuestro vasallo, por juramento y compromiso»" de Joaquín Yarza Luaces; "Las mujeres «pintoras» en España" de Alfonso Emilio Pérez Sánchez; "La imagen de la mujer en la pintura española en comparación con la pintura italiana" de Manuela B. Mena Marqués; "La imagen de la mujer en el Romanticismo español" de Ana María Arias de Cossío; "La imagen de la mujer en el Modernismo catalán" de Mireia Freixa; "El concepto de lo femenino y lo masculino en la teoría del paisaje español" de María del Carmen Peña.
24 Ana Aguado (Historia Contemporánea), Ester Barberá (Psicología), Neus Campillo (Filosofía), Lola Castaño (Psicobiología), Pura Duart (Sociología), Isabel Martínez Benlloch (Psicología), M. Luisa Moltó (Economía), Isabel Morant (Historia Moderna), Rosa Pastor (Psicología), María Poveda (Sociología), Olga Quiñones (Sociología), Ana Sánchez (Lógica y Filosofía de la Ciencia), Julia Sevilla (Derecho Constitucional), Trini Simó (Historia del Arte) y Teresa Yeves (Trabajo Social).
25 FERRER, Ester, 1987, p. 7.

siglo XIX, que se convertirá unos años más tarde en el libro *Las hijas de Lilith. La imagen de la mujer en la iconoesfera europea de finales del siglo XIX* (1990). El primero libro de una trilogía que completan *La cabellera femenina. Un diálogo entre poesía y pintura* (1992), y *Las mujeres de la Biblia en la pintura del Barroco* (1998), donde analiza la representación de la mujer en la historia del arte. En estos libros, Bornay recogía el testigo de las publicaciones de Nochlin en la línea de los estudios que había realizado en torno a la imagen visual de la mujer vampiresa y la *femme fatale*. En 1991, el Instituto de Investigaciones Feministas de la Universidad Complutense de Madrid organiza el curso *Arte y feminismo. De Marx a Lacan, de Artemisia a Madonna* en el que participa Griselda Pollock (1949). Ese mismo año, se crea la Colección Feminismos, una coedición entre la Universitat de València y Ediciones Cátedra, que hasta 2013 contó también con el patrocinio del Instituto de la Mujer. Desde su inicio, en 1991, cuenta con más de cien títulos. La historiadora Isabel Morant fue directora de la colección desde 1991 hasta 2014. En la Universidad del País Vasco, Xesqui Castañer (1952-2018) publica en 1993 *La Imagen de la mujer en la plástica vasca*.

En 1993, se inaugura la que se ha considerado una de las primeras exposiciones feministas de la mano de Mar Villaespesa en Sevilla. La muestra, que llevaba por título *100%*, la integraban una serie de artistas contemporáneas[26]. Tal y como la comisaria reconoció, tuvo que lidiar con una serie de imposiciones políticas por parte de la Junta de Andalucía que sufragaba el proyecto, como que las artistas comisariadas tenían que ser todas andaluzas, algo que sin duda condicionaba el proyecto y, a pesar de ello, pudo armar un discurso en el que por primera vez se daba voz y visibilizaba de manera clara a las artistas contemporáneas españolas. Pero, además, el proyecto expositivo contaba con un catálogo, que bajo el bellísimo epígrafe de "aracnología", agrupaba una serie de textos sobre teoría feminista, hasta ese momento inéditos en castellano, que enriquecían enormemente el panorama, y se ponían al alcance del resto de investigadoras españolas, artículos como: "Estética y teoría feminista: reconociendo el cine feminista", de Teresa de Lauretis, o "El postfeminismo ¿Vuelta de la cultura a lo masculino?", de Amelia Jones, entre otros, formaban parte de esta sección. Tal y como afirmaba la autora:

> Más allá de su aparente singularidad, esta exposición pretende tener un valor estratégico, presentar el –otro– mundo, ser el punto de partida para poder algún día romper los límites de la eterna preponderancia de las sociedades patriarcales: lo masculino como esencial y lo femenino como accesorio, para poder hablar por fin, simplemente, de Seres y de Arte[27].

En 1992 me matriculo en la carrera de Geografía e Historia en la Facultat de Geografia i Història de la Universitat de València, donde cursaría tres años de asig-

---

26 Pilar Albarracín, María José Belbel, Salomé del Campo, Mercedes Carbonell, Nuria Carrasco, Victoria Gil, Nuria León, Encarni Lozano, Pepa Rubio y Carmen Singler.

27 VILLAESPESA, Mar, 1993, p. 15.

naturas comunes y las especialidades de Historia Contemporánea e Historia del Arte. Durante todos aquellos años no recibí de los profesores del departamento de historia del arte ni una sola referencia a mujeres artistas o teorías feministas del arte. El departamento de Historia del Arte contaba con algunas mujeres, que habían iniciado su andadura en el mismo desde finales de los años 60 al tiempo que realizaban sus tesis doctorales, como: Trinidad Simó (1935-2020), *Arquitectura modernista en Valencia*, 1971; Violeta Montoliu (1944), *Técnica medieval española en la iconografía artística*, 1969; Carmen Gracia (1947), *La iconografía infantil en la pintura valenciana*, 1972; o Pilar Pedraza (1951), *La cultura de la imagen en la fiesta barroca: un ejemplo característico (fiestas de la Inmaculada Concepción de 1622 en Valencia)*, 1978, todas ellas dirigidas por el catedrático del departamento de historia del arte en ese momento Felipe Garín Ortiz de Taranco.

Efectivamente, la omnipresente figura de los catedráticos se traducía en una estructura piramidal que articulaba los designios tanto de los aspirantes y su fortuna en la vida académica como de las líneas metodológicas desarrolladas en los mismos. El caso de Trinidad Simó y Violeta Montoliu es un claro ejemplo, ya que ninguna de las dos llegó a formar parte del cuerpo docente del mismo más que como auxiliares y colaboradoras externas, motivo por el que ambas buscaron fortuna en la Facultad de Arquitectura de la Universidad Politécnica de Valencia años después. En el caso particular de Trinidad Simó influyeron, también, sus constantes desavenencias con el que había sido su director de Tesis doctoral.

> Hoy por hoy, aquí se admite a la mujer libremente en la segunda enseñanza; en la superior solo ingresa por una especie de concesión graciosa y sujeta a condiciones que dependen de la buena voluntad de rectores y profesores; y después de haber sido recibidas así, como por lástima o por excepción que impone una singularidad fenomenal, rara vez y en contadísimas profesiones se les permite ejercer lo que aprendieron y aprovecharlo para asegurar la independencia de su vida, o para ejercitar el santo derecho a seguir la vocación propia[28].

Parece mentira que estas palabras, que fueron escritas por Emilia Pardo Bazán en 1882, reprodujeran una situación todavía presente en 1969 y que aún hoy nos resulten familiares. Una reflexión merece también el hecho de que todas estas historiadoras del arte pertenecientes a generaciones previas a la aparición del feminismo en el ámbito académico se decantarán por los estudios culturales. Incluso después de la aparición de estos, ya en los años 80 y 90 permanecieron adscritas a estas corrientes, a pesar de que algunas de ellas, como Pilar Pedraza, había escrito ya un libro de marcado sesgo feminista como *La bella, enigma y pesadilla* (1991). Lo cierto es que los estudios culturalistas han tenido y tienen

---

28 GARCÍA DE LEÓN ÁLVAREZ, Antonia, 1990, p. 360.

mucha más fortuna en los departamentos que los Estudios de Género en este país. La sombra del feminismo ha sido demasiado pesada para que los Estudios de Género gozaran de la misma aceptación por parte del personal académico más conservador. Estas corrientes metodológicas han sido siempre vistas con recelo, lo que ha motivado la promoción de metodologías menos beligerantes que no atentaran contra el constructo patriarcal sobre el que se había erigido la propia disciplina. Esto explica también que, en los años 2000 con la llegada de los denominados Estudios Visuales, estos hayan sido más fácilmente aceptados que los ya mencionados Estudios de Género sobre los que se ha continuado vertiendo la sombra de una metodología transitoria y sin rigor académico.

En 1992, Estrella de Diego publica *El andrógino sexuado*, un libro en el que incorporaba la concepción del género no esencialista, que derivaba de los postulados de Judith Butler, quien había publicado *El género en disputa* solo dos años antes. Los años 90 serán una década marcada por el comisariado de exposiciones de mujeres, a la pionera *100%* le seguirían, *Territorios indefinidos* (1995), comisariada por Isabel Tejeda en el Museo de Arte Contemporáneo de Elche; *Estación de Tránsito* (1995) de Nuria Enguita; *Femenino Plural* (1997) de David Pérez; *Nosotras por Nosotras* (1998) de Maite Beguiristain o *¿Cómo nos vemos? Imágenes y arquetipos femeninos* (1998) de Victoria Combalía en el Centro Cultural Tecla Sala de Hospitalet de Llobregat en Barcelona, entre otras.

La proliferación de exposiciones denominadas "de mujeres" que se produce durante esta década ha conllevado la reflexión de algunas autoras como Patricia Mayayo, quien realiza una aproximación crítica a la naturaleza de algunas de ellas por "no tener, habitualmente, planteamiento teórico ninguno y mucho menos feminista"[29]. Por su parte, Marta Mantecón considera que muchas de las muestras que se suceden en esta década responden a encargos políticos que intentan tan solo enmascarar la falta de políticas de igualdad con exposiciones que se consideran meros lavados de cara. "Sucede especialmente que cada 8 de marzo (otra vez, otro marzo...) las instituciones se esmeran en promover numerosas exposiciones o congresos y seminarios de mujeres con los que contentar al público bajo la apariencia de democratización cultural e igualdad"[30].

En 1998 llegaría *Transgeneric@s. Representaciones y experiencias sobre la sociedad, la sexualidad y los géneros en el arte español contemporáneo* (1998) en la Koldo Mitxelena Kulturunea de Donostia. En el año 2001, recibo el encargo del decano de la Facultat de Geografia i Història de la Universitat de València, Rafael Gil Salinas, de realizar un curso de extensión universitaria que versara sobre la mujer en la historia del arte. Ha sido enormemente revelador constatar que se trataba de la primera vez que en el departamento de historia del arte de dicha facultad se impartía un curso así. Con un programa ambiciosísimo, motivado por la ilusión que me hacía el proyecto, que abarcaba desde la condición

---

29 MAYAYO, Patricia, 2009, p. 120.
30 MANTECÓN, Marta, 2010, p. 155.

de la mujer en la sociedad en los periodos medieval al contemporáneo, pasando por su representación y la práctica de las mujeres artistas y el mecenazgo. El curso se impartió ininterrumpidamente desde esa fecha hasta el 2011, en la Universitat de València y en la Universitat d'Alacant a través del Institut de la Dona de ambas ciudades. Si hay un punto de inflexión en la carrera académica y docente de todas nosotras, este sin duda, fue el mío. Gracias a este curso pude experienciar el despertar de una conciencia feminista que me situaba en el lugar desde el que formular las preguntas que habían estado latentes en mí desde niña. Y pese a que los estudios feministas de mujeres llevaban décadas desarrollándose en el ámbito anglosajón y en algunos puntos de nuestra geografía, para mí era todo completamente desconocido, un conocimiento que había sido obliterado durante mi época de estudiante. "Aunque como profesora del grupo tenía cierta prioridad dirigiendo la investigación, en muchos sentidos era tan ignorante como mis alumnas en lo referente al contexto o la bibliografía: había que construir todo desde el principio"[31].

En 2003 Patricia Mayayo publica *Historia de mujeres, historias del arte*, el mero plural del título ya implicaba una revisión de los fundamentos sobre los que se había erigido la disciplina, una apertura del prisma sobre la posibilidad de construir distintas historias que emanaran de distintos sujetos. Con ella llegaba una segunda edad del deconstructo que supuso la teoría feminista aplicada a la historiografía artística. Mayayo incorporaba la idea de revisar los modelos, de intervenir epistemológicamente, ya no era solo necesario revisar si ha habido o no grandes artistas, sino revisar en sí mismo el concepto "gran artista" como una categoría también construida y designada. "La simple adición de mujeres al canon no consigue atajar los problemas estructurales de discriminación de las mujeres en el arte"[32]. También Mayayo aludía en ese momento a un planteamiento situado: "La literatura feminista [...] me permitió empezar a considerar como legítima esa implicación personal en el estudio de la historia del arte que yo sentía, desde muy pronto, como una necesidad propia"[33].

Después vendrían toda una serie de exposiciones *Figuras de la exclusión* (2011) en el Museo Patio Herreriano de Valladolid; *Genealogías feministas en el arte español 1960-2010* (2013) en el MNUSAC de León, comisariada por Juan Vicente Aliaga y Patricia Mayayo; *Mujer. La vanguardia feminista de los 70* (2012) en el Círculo de Bellas Artes-Fundación Banco Santander de Madrid; *Elas Fan Tech* (2012) comisariada por Anxela Caramés Sales en la Sala X-Sala de Exposiciones del Campus de Pontevedra; *Feminismos* (2019) comisariada por Gabriele Schor y Marta Segarra, en el CCCB de Barcelona; *A contratiempo* (2018) comisariada por Isabel Tejeda y María Jesús Folch, en el IVAM; y finalmente, *Invitadas. Fragmentos sobre mujeres, ideología y artes plásticas en España*

---

31 NOCHLIN, Linda, 2022, p. 203.
32 ALBERO, Sofía, 2018, p. 10.
33 MAYAYO, Patricia, 2003, p. 14.

(1833-1931) (2020) comisariada por Carlos García Navarro en el Museo del Prado. Exposición que suscitó no poco debate por la decisión de mostrar de manera conjunta la producción de las mujeres como sujeto y objeto, de pintoras profesionales y *amateurs* sin una reflexión profunda en torno a los sistemas que posibilitaron la exclusión, "dedicar la exposición a las mujeres como sujeto, pero, sobre todo, al mezclarlo, como quien no quiere la cosa, o peor aún, como «corolario imprescindible», con su papel como «objeto del arte». Volvemos a encontrar aquí de nuevo, ese «dos por uno» que ha criticado Rocío de la Villa"[34].

Queríamos ir cerrando este periplo con una reflexión que realiza Estrella de Diego sobre el desarrollo de la historiografía feminista en las últimas décadas:

> A veces se tiene la sensación de que hay algo disfuncional en el Estado español, como parece obvio al comprobar que, frente a lo que ha pasado en otros países de nuestro ámbito, esa primera y elemental fase de reconstruir la historia, recuperar en suma a las artistas y las imágenes "locales", no se ha llevado a cabo de manera sistemática [...] Hemos llegado a los *Studies* sin pasar por el feminismo ni los archivos[35].

Efectivamente, el decalaje o la distrofia con la que han tenido que abrirse paso las intervenciones feministas en la historiografía de este país ha provocado el poco músculo que han tenido las tareas de vaciado, búsqueda y rastreo de las mujeres artistas, algo que motiva que todavía hoy sigan apareciendo monografías dedicadas a esta ingente labor como *Las mujeres en el sistema artístico 1804-1939*, obra coordinada por Concha Lomba, adscrita al proyecto de investigación *Las artistas en la escena cultural española y su relación con Europa 1803-1945*, de la Universidad de Zaragoza; *Quizás alguno de nuestros nombres logre un lugar en la historia. Mujeres en la escena artística andaluza* (2020) de Magdalena Illán y Ana Aranda, o *El campo artístico valenciano durante el franquismo: una intervención feminista* (2023) de Clara Solbes Borja.

Quería culminar con dos aportaciones de cuño personal, *Imatges de la dona en l'art modern valencià 1880-1936* (2016) celebrada en la Sala de exposiciones del Ayuntamiento de Valencia **[Fig. 1]** y la exposición *Dones en marxa. Imatges de dona i dones artistes en les col·leccions de la Diputació de València* (2018), comisariada junto a Ester Alba Pagán **[Fig. 2]**. En ambos casos pude volver a experimentar esa inmensa emoción que es constatar el "inmenso mar de material bibliográfico por descubrir, de los ríos y corrientes subterráneas del arte femenino y la representación de la mujer"[36].

En 2021, tuvieron lugar tres grandes acontecimientos en mi vida: tuve un hijo, publiqué mi primera novela y defendí mi plaza como Profesora Titular, con un proyecto de investigación sobre "Nuevas Mujeres y cultura visual".

---

34 SERRANO DE HARO, Amparo; CABANILLAS, África, 2020.
35 DE DIEGO, Estrella, 2011, p. 23.
36 NOCHLIN, Linda, 2022, p. 203.

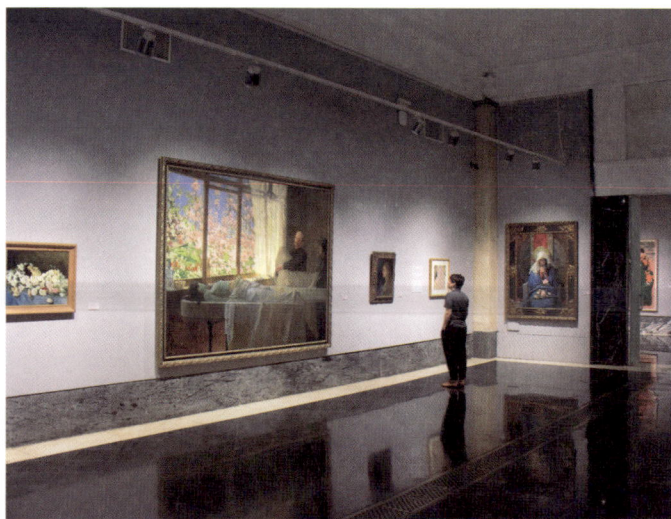

Figura 1. Imagen de sala de la exposición *Imatges de la dona en l'art modern valencià 1880-1936* comisariada por Mireia Ferrer en la Sala de exposiciones del Ajuntament de València, 2016.

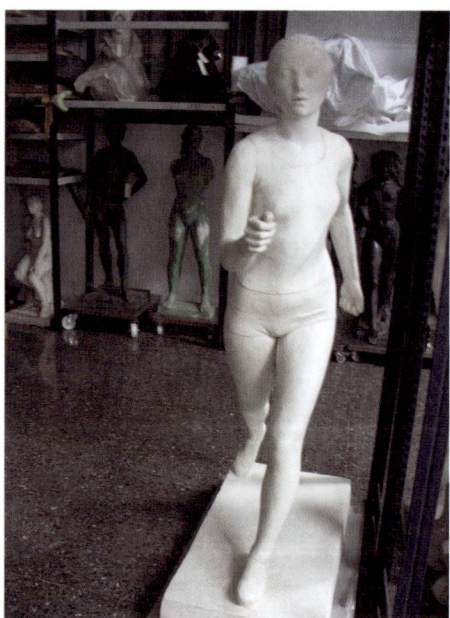

Figura 2. Fondos del Archivo de la Diputación de Valencia. Trabajo de campo para la realización de la exposición *Dones en marxa. Imatges de dona i dones artistes en les col·leccions de la Diputació de València* comisariada por Mireia Ferrer y Ester Alba, Valencia, 2018.

Bibliografía

ACTAS. *III Jornadas de Investigación Interdisciplinaria sobre La imagen de la mujer en el arte español*. Madrid: Ediciones de la Universidad Autónoma de Madrid, 1984.

ALBERO, Sofía. "Debates fundamentales para una crítica feminista al museo de arte en el contexto español". *Dossiers feministes,* 2018, 23, p. 5-22.

DE DIEGO, Estrella. "Feminismo, «*queer*», género, «post», revisionismo...: o todo lo contrario. Ser –o no ser– historiador/a del arte feminista en el Estado Español". *EXITbook* (monográfico "Feminismo y arte de género"), 2008, nº 9, p. 16-23.

DE DIEGO, Estrella. *La mujer y la pintura del XIX español. Cuatrocientas olvidadas y algunas más.* Madrid: Cátedra, 2009.

DE DIEGO, Estrella. *No soy yo. Autobiografía, performance y los nuevos espectadores.* Madrid: Siruela, 2011.

FERRER, Ester. "La otra Mitad del arte". *Lápiz,* 1987, p. 7-9.

GARBAYO-MAEZTU, Maite. "Maternidad, arte y precariedad. Estrategias desde la vulnerabilidad". *Arte y políticas de identidad*, 2018, nº 19, p. 67-82.

GARBAYO MAEZTU, Maite. "Tergiversar, citar, tropezar: el comisariado como práctica feminista". *Espacio, tiempo y forma*, 2020, nº 8, p. 47-73.

GARCÍA DE LEÓN ÁLVAREZ, Antonia. "Las profesoras universitarias: el caso de una élite discriminada". *Revista Complutense de educación*, 1990, vol. 1, nº 3, p. 355-372.

INSTITUTO DE LAS MUJERES (en línea). En: https://www.inmujeres.gob.es/elInstituto/historia/home.htm (Fecha de consulta: 16-08-2024).

MAYAYO, Patricia. *Historia del arte, historias de mujeres.* Madrid: Cátedra, 2003.

MAYAYO, Patricia. "¿Por qué no ha habido (grandes) artistas feministas en España? Apuntes sobre una historia en busca de autor(a)". En: ARAKISTAIN, Xabier; MÉNDEZ, Lourdes. *Producción artística y teoría feminista del arte: nuevos debates I.* Vitoria: Centro Cultural Montehermoso, 2009, p. 114-121.

MANTECÓN, Marta, "«Tú tampoco tienes nada»: arte feminista y de género en la España de los 90". *Anales de Historia del Arte*, vol. extraordinario, 2010, p. 153-167.

NAVARRO OLMOS, Elena; CHISMOL MUÑOZ-CARAVACA, Guillermo. "La mujer en la universidad: las primeras profesoras de la facultad de filosofía y letras de la UVEG". *Actas Aportaciones a la investigación sobre mujeres y género V Congreso Universitario*. Sevilla: SIEMUS (Seminario Interdisciplinar de Estudios de las Mujeres de la Universidad de Sevilla), 2015, p. 476-492.

NOCHLIN, Linda, "Partiendo de cero. Los comienzos de la historia del arte feminista". En: REILLY, Maura (ed.). *Mujeres artistas. Ensayos de Linda Nochlin.* Madrid: Alianza, 2022, p. 200-212.

SERRANO DE HARO, Amparo; CABANILLAS, África, "El problema de *Invitadas* en el Prado: materia y metodología" (en línea). En: (https://www.m-arteyculturavisual.com/2020/11/02/el-problema-de-invitadas-en-el-prado-materia-y-metodologia/) (Fecha de consulta: 16-08-2024).

VILLAESPESA, Mar (com.). *100%* (celebrado en el Museo de arte contemporáneo de Sevilla, 23 septiembre-7 noviembre 1993). Sevilla: Junta de Andalucía, 1993.

VIZCAÍNO ESTEVAN, Tono. "Olimpia Arozena Torres. En Proyecto Arqueólogas. Pioneras", 2021 (en línea). En: (https://arqueologas.es/arozena-torres-olimpia) (Fecha de consulta: 16-08-2024).

PIONERAS. VICISITUDES DE LA CREACIÓN ARTÍSTICA FEMENINA EN LA ESPAÑA CONTEMPORÁNEA

Rafael Gil Salinas[1]

Universitat de València

> No es necesario decir el arte
> de los hombres; sabemos bien,
> en efecto, que el arte es de los hombres.
> Griselda Pollock

Las artistas y la historiografía artística

Como es bien conocido, la historiografía del arte española ha olvidado en su relato la participación de las mujeres en la escena artística, de manera que se ha generado un discurso desde una perspectiva heteropatriarcal en el que no han tenido cabida las artistas. Esta circunstancia ha contribuido a construir una Historia del Arte sin la presencia femenina. Y, lo que es más importante todavía, es que se ha instalado a lo largo de los años la idea de que no ha habido actividad artística femenina en nuestro país. Nada más lejos de la realidad como se ha venido demostrando, especialmente, durante la última década.

Pero lo cierto es que la responsabilidad de esta situación ha estado determinada por una historiografía que sistemáticamente ha silenciado las aportaciones artísticas femeninas[2]. Muchas veces tratadas con mucha displicencia, considerándolas como aportaciones insignificantes en el universo artístico masculino. Y en otras ocasiones amparándose en el controvertido concepto de la calidad de las obras producidas. En este último sentido, cabe recordar que el concepto de calidad siempre ha resultado impreciso. La relatividad de los juicios de valor en estética es algo que desde Aristóteles hasta Kant y Croce ha quedado bien establecido en el pensamiento europeo, lo que supone un freno a cualquier intento de definir y establecer con claridad conceptual en qué consiste la calidad en el arte. Y es un factor que se ha venido utilizando de forma torticera con intereses espurios.

Pero vayamos por partes. El libro considerado como la "biblia" de la historia del Arte, escrito por Ernst H. Gombrich, *La historia del Arte*, cuya primera edición data de 1950, no incluye a ninguna mujer artista. Y su decimoséptima edición contiene tan solo una. Esta situación es un claro reflejo de lo que aconteció con el caso español. Así lo confirma un breve repaso por las aportaciones más relevantes en la historiografía artística española.

---

1 ORCID: https://orcid.org/0000-0001-8391-4489.
2 GIL SALINAS, Rafael, 2021, p. 12-13.

Las enciclopedias, historias universales del arte y diccionarios proporcionan bibliografía básica sobre las diferentes voces tratadas. Los principales títulos, como cabría esperar, han olvidado sistemáticamente referenciar la creación artística femenina. Es el caso, por ejemplo, de publicaciones como *Summa Artis. Historia General del arte*, una obra que comenzó a publicarse desde 1931, compuesta por cincuenta y un volúmenes, y publicada por Espasa Calpe. Algo similar a lo que ocurre con la *Historia del Arte* publicada en Barcelona por Labor, entre 1931 y 1944, y compuesta por quince volúmenes. O la *Enciclopedia Universale dell'Arte* publicada en Florencia entre 1958 y 1967 en quince volúmenes. Tampoco Diego Angulo Íñiguez introdujo la creación femenina en su conocida *Historia del Arte*, publicada en dos volúmenes en 1962. Igual pasa con las obras de José Pijoán y Juan José Martín González. Así como en los diez volúmenes de José Milicua de 1985. Tampoco hay referencias en los doce volúmenes de las obras de Juan José Junquera y José Luis Morales y Marín de 1996, ni en los cuatro volúmenes de la obra de Juan Antonio Ramírez, de 1997-1998. Además, en el caso concreto de la historia del arte valenciano, contamos con los trabajos de Vicente Aguilera Cerní, seis volúmenes publicados entre 1986 y 1988, los tres volúmenes de Enric Llobregat y Josep Francesc Yvars publicados entre 1986 y 1998, o el de Carmen Gracia publicado en 1998. En los tres casos apenas aparecen mujeres artistas.

Algo diferente es el caso de los repertorios bio-bibliográficos y los diccionarios de artistas, en los que aparecen mujeres, pero en una proporción en número muy inferior a sus homónimos masculinos. Sirva como ejemplo la obra de Manuel Ossorio y Bernard quien en la edición de 1868[3] de su *Galería biográfica de artistas españoles del siglo XIX*, los artistas incluidos se elevaban al número de 1.860, de los que 176 eran mujeres y de ellas, 80 "pintoras de afición". En la edición de 1883-1884 el número de artistas recogidos comprendía 2.068, siendo de ellos 288 mujeres y, de ellas, 90 "pintoras de afición"[4].

El largo camino de la conquista de los derechos de la mujer en España

La falta de atención hacia la creación artística femenina en España se explica –aunque no se justifica–, al menos en parte, por el contexto en el que han transcurrido los derechos de la mujer en nuestro país. Un breve resumen nos permitirá comprender mejor esta cuestión.

El 1 de octubre de 1931 se legalizó el sufragio activo femenino, siendo su impulsora Clara Campoamor. Este hecho se reconoció en la Constitución de 1931 de la Segunda República Española. En 1958 se publicó la Ley de 24 de abril de reforma del Código Civil, en el que Mercedes Fórmica consiguió que se reformase el concepto de "casa del marido" por "domicilio conyugal", de forma que la mujer

---

3 OSSORIO Y BERNARD, Manuel, 1868 (1ª edición) y 1883-1884 (2ª edición).
4 RINCÓN GARCÍA, Wifredo, p. 555.

no se quedara sin casa al separarse. Además, dejaba de ser equiparada con niños, enfermos y delincuentes. Tres años después, en 1961, se hace pública la Ley 56/1962 de 22 de julio sobre los derechos políticos, profesionales y de trabajo de la mujer. A tenor de esta ley, se eliminaba cualquier discriminación laboral por razón de sexo (salvo en Justicia, Ejército y Marina Mercante); la mujer ya no tiene que pedir excedencia forzosa del trabajo para casarse; mantiene la autorización preceptiva del marido para que su mujer trabaje, pero la novedad es que considera el permiso dado si ya trabajaba antes de casarse: si se separaba, automáticamente podía trabajar. El mismo año que Dolores Ibárruri se convirtió en la primera mujer que accedió al cargo de Presidenta del Partido Comunista de España. Y María Campo Alange fundó el Seminario de Estudios Sociológicos de la Mujer.

En 1964 tres anarquistas españolas decidieron refundar desde el exilio en Londres el periódico *Mujeres libres* iniciado en 1936. Al año siguiente, en 1965, la revista *Cuadernos para el diálogo* publicó un número extraordinario dedicado a la mujer. El mismo año que se llevó a cabo la traducción al catalán y al castellano de *La mística de la feminidad* de Betty Friedan y de *El segundo sexo* de Simone de Beauvoir. Y también el del nacimiento del Movimiento Democrático de Mujeres dentro del Partido Comunista de España. En 1969, Lidia Falcón publicó *Mujer y sociedad: análisis de un feminismo reaccionario*. En 1971, ve la luz la publicación en castellano de *Las Guerrilleras* de Monique Wittig. Por primera vez, 1975 se convirtió en el Año Internacional de la Mujer. El 2 de mayo de 1975, inspirada por la jurista María Telo, se publica la Ley 14/75 en la que se devolvió a la mujer su capacidad plena de obrar al eliminar la obediencia al marido, la licencia marital y todas las discriminaciones por razón de sexo excepto dos: la patria potestad conjunta y la administración conjunta de los bienes gananciales.

Al año siguiente, en 1976, en la Ley de Relaciones Laborales, desapareció la autorización del marido para optar a un empleo. Este mismo año se fundó la revista *Vindicación Feminista* y se tradujo la *Autobiografía de una mujer sexualmente emancipada* de Alexandra Kollontai. Además, se formó en Madrid el Frente Homosexual de Acción Revolucionaria y en Barcelona se fundó el *Col·lectiu de Lesbianes*. Y en 1978, la Ley 22/1978 de 26 de mayo, derogó los artículos 449 y 452 del Código Penal relativos al adulterio y amancebamiento. El artículo 449 del Código Penal español recogía que "comete adulterio la mujer casada que yace con varón que no sea su marido y el que yace con ella, sabiendo que es casada". Los hombres que mantenían relaciones sexuales fuera del matrimonio no eran acusados de adulterio sino de amancebamiento: "El marido que tuviera manceba dentro de la casa conyugal, o notoriamente fuera de ella, será castigado con prisión menor". Además, este mismo año entró en vigor la Constitución Española, cuyo artículo 14 proclama la igualdad de todos los españoles ante la ley, proscribiendo la discriminación por razón de sexo. En 1979 Lidia Falcón fundó el Partido Feminista y se lleva a cabo en la Universidad Autónoma de Madrid el primer Seminario de Estudios de la Mujer (SEM) impulsado por María de los Ángeles Durán.

Con la llegada de la nueva década, se van incrementando los derechos femeninos. La Ley 11/1981 del 13 de mayo modificó el Código Civil en materia de filiación, patria potestad y régimen económico del matrimonio. Esta ley equiparó al marido y a la mujer en el matrimonio, tanto en el régimen económico como en la titularidad de la patria potestad. Y el 7 de julio de ese mismo año, la Ley 30/1981, modificó la regulación del matrimonio en el Código Civil y determinó el procedimiento a seguir en las causas de nulidad, separación y divorcio. En 1983 se creó el Instituto de la Mujer. Dos años después, en 1985, la Ley Orgánica 9/1985 de 5 de julio de reforma del artículo 417 bis del Código Penal, contempló la despenalización del aborto en tres supuestos. En 1990 Amelia Valcárcel publicó *Sexo y Filosofía* y Giulia Colaizzi *Feminismo y teoría del discurso*. Al año siguiente se fundó en Madrid el colectivo *queer* "*La Radical Gai*". En 1993 se llevan a cabo las VII Jornadas Feministas Estatales donde, por primera vez, participan mujeres transexuales.

En 2001 se traduce al castellano *El género en disputa* de Judith Butler. El mismo año que la transexualidad ingresó en la Federación Estatal de Lesbianas y Gays, incluyendo la "T" en sus siglas: FELGT. En 2004 se aprobó la Ley Orgánica de Medidas de Protección Integral contra la Violencia de Género, cuyos objetivos fueron la protección a las víctimas de malos tratos, la persecución de los maltratadores, y la prevención y erradicación de este tipo de violencia. En 2005 se aprobó la Ley de matrimonio homosexual que conlleva la posibilidad de adopción. El 22 de marzo de 2007, la Ley Orgánica 3/2007 para la igualdad efectiva de mujeres y hombres introdujo de manera transversal conceptos como la paridad, la no discriminación por sexo, la igualdad de oportunidades, la violencia de género o la conciliación de la vida personal, familiar y laboral. Entrando en vigor, además, la Ley de identidad de género, por la que las personas transexuales pueden cambiar de nombre en el DNI. El 12 de abril de 2008 se creó por primera vez el Ministerio de Igualdad en España, que quedó suprimido en octubre de 2010. En 2010 se aprobó la Ley de salud sexual y reproductiva y de la interrupción voluntaria del embarazo conocida como "ley del aborto". Y en 2019, el Real Decreto Legislativo 6/2019 de 1 de marzo, equiparó los permisos de paternidad y maternidad y estableció el periodo de cumplimiento obligatorio e igual para ambos. El 12 de enero de 2020 se recuperaba la cartera del Ministerio de Igualdad con entidad propia.

Todo este panorama legislativo descrito es un claro indicador de la dificultad para conseguir avances significativos y logros en los derechos de la mujer en la España contemporánea. Conquistas que han necesitado de mucho tiempo, esfuerzo y perseverancia para quedar instaladas en la sociedad española y sobre las que no se puede bajar la guardia. Y, como podrá suponerse, en el campo de la creación artística no fue más fácil. Superadas ya las dificultades que las mujeres artistas encontraron en el siglo XIX para adquirir una formación similar a la de sus homónimos masculinos, en el siglo XX, y muy especialmente durante la segunda mitad, tuvieron que abrirse camino a través de pequeños, pero no por ello menos notables avances. Alcanzar una pensión de estudios por alguna diputación provincial, conseguir una exposición individual, o ser seleccionadas para la representación institucional o del país en certámenes internacionales, se convirtieron en importantes progresos.

Construyendo el relato de la Historia del Arte sin hombres

Por todo ello, es necesario comenzar a construir un relato de la creación artística femenina en el arte español contemporáneo. Una narración que muestre a aquellas artistas que han quedado excluidas en los libros de historia y en los contenidos de las enseñanzas medias y universitarias. Y no es que creamos que haya inherentes diferencias en las obras creadas por los distintos géneros, sino que más bien la sociedad y los grupos de influencia siempre han priorizado un grupo en la historia. Por tanto, consideramos que es necesario romper el canon al que tan a menudo nos hemos enfrentado en la cultura en la que hemos crecido. El canon de la historia del arte es global, pero la narrativa occidental masculina es injustamente dominante a expensas de otras[5]. Los artistas señalan momentos de la historia a través de un medio expresivo único y nos permiten dar sentido a una época. Si no vemos el arte a través de un amplio abanico de personas, no estamos viendo realmente la sociedad, la historia o la cultura en su conjunto.

Es importante destacar la importancia que posee la construcción de genealogías en la tradición feminista. En este sentido, ya hace tiempo que se ha puesto en valor la importancia de la genealogía como una forma de desafío a uno de los códigos culturales básicos como es la tendencia a percibir cada obra, cada reivindicación de las mujeres como si saliera de la nada, como si fuera fruto de la pura excepcionalidad[6]. Como hemos señalado, es muy limitado el espacio otorgado en las narraciones hegemónicas a las mujeres artistas, así como a los discursos feministas. Las artistas no son productos de una concreta categoría, sino individuos con vidas y carreras variadas que encabezaron cambios clave en los estilos. En la historia del arte, sin embargo, esos momentos casi siempre se han atribuido a los hombres, y se ha pasado por alto la labor pionera de las mujeres. Por ello, como apuntaba Griselda Pollock, "¿se contenta la historia del arte feminista con descubrir a artistas mujeres y revalorizar su contribución al arte? [...] Analizar el lugar de las mujeres en la cultura exige una deconstrucción radical del discurso de la «historia del arte». Esto impone igualmente que se produzca un nuevo discurso que supere el sexismo sin reemplazarlo por su simple contrario"[7].

---

5 Algunas de estas ideas proceden de HESSEL, Katy, 2022.

6 Véase el catálogo de ALIAGA, Juan Vicente y MAYAYO, Patricia, 2013, en el que las artistas valencianas apenas aparecen representadas.

7 POLLOCK, Griselda, 1994.

Permítasenos esbozar, apuntar al menos, algunos de los elementos que deben ser tenidos en consideración para la construcción de una narrativa de la Historia del Arte sin la dominante presencia masculina desde el franquismo a la actualidad. Y es necesario este ejercicio para resituar de forma idónea la Historia del Arte. Vamos a comenzar señalando cómo las exposiciones individuales realizadas por mujeres artistas se convirtieron en una forma de difusión de la creación artística femenina. No fue un camino fácil encontrar salas de exposiciones que permitieran mostrar las obras de las artistas, en una sociedad en la que como hemos visto la mujer carecía de muchos de los derechos fundamentales. Así, en ocasiones tuvieron que recurrir al ámbito universitario, como ocurrió en 1960 cuando la pintora Isabel Villar expuso en la Sala Club Universitario, de Barcelona. Desde el primer momento, Isabel supo que quería pintar de otra manera. Pintar como mujer. Igual esto, cuando han pasado sesenta años, suena extraño; pero en la España de los años 50, de los años 60, era toda una rebeldía. Significaba tocar otros temas, usar otros colores, enfocar la pintura con otra perspectiva **[Fig. 1]**. Significaba también oponerse al mundo de los hombres que dominaba el arte de la época y pelear por encontrar un sitio para una pintura diferente, muy alejada de lo (poco) que por entonces se vendía. Su pintura era ingenua, delicada, inocente, íntima y personal. Y con ella se estaba haciendo un hueco en el mundo del arte de la época[8].

En otras ocasiones, cuando las circunstancias lo permitieron, recurrieron a las galerías de arte. Así, por ejemplo, en 1963 se realizó la primera exposición individual de Amèlia Riera titulada *13 líneas actuales* en la Sala Belarte de Barcelona. Riera Toyos fue fundadora en 1962 del Ciclo de Arte de Hoy y en 1964 de las Muestras del Arte Nuevo. Frente a la abstracción informal dominante en su tiempo, creó un mundo personal, misterioso e inquietante, de carácter surrealista y mirada pop desde la perspectiva de género, reivindicación en la cual fue una pionera de su generación. El lenguaje de las vanguardias históricas se convirtió en una fuente de inspiración para las mujeres artistas de las décadas de los años 1960 y 1970. Un vocabulario que permitía expresar de forma contundente sus preocupaciones y anhelos. Asirse a fórmulas expresivas consolidadas y ya por entonces reconocidas, les permitió mostrar su particular perspectiva del mundo que les rodeaba.

Tres años más tarde, en 1966 Ana Peters expuso *Imágenes de la mujer en la sociedad de consumo* en la Galería Edurne de Madrid **[Fig. 2]**, cuyo trabajo se centraba en la problemática de la mujer en la sociedad moderna y especialmente en la imagen de la mujer a través de los *mass media*[9]. Ana Peters fue integrante del grupo fundador de Estampa Popular de Valencia. La artista de origen alemán realizó para el calendario de 1968 de Estampa Popular una ilustración en la que se ve a una mujer joven que está a punto de adentrarse en un largo camino surcado de árboles. A su lado puede leerse: "Su futuro garantizado aprendiendo

8 ANAUT, Alberto, 2018, p. 5-6.
9 MARÍN VIADEL, Ricardo, 1981, p. 118.

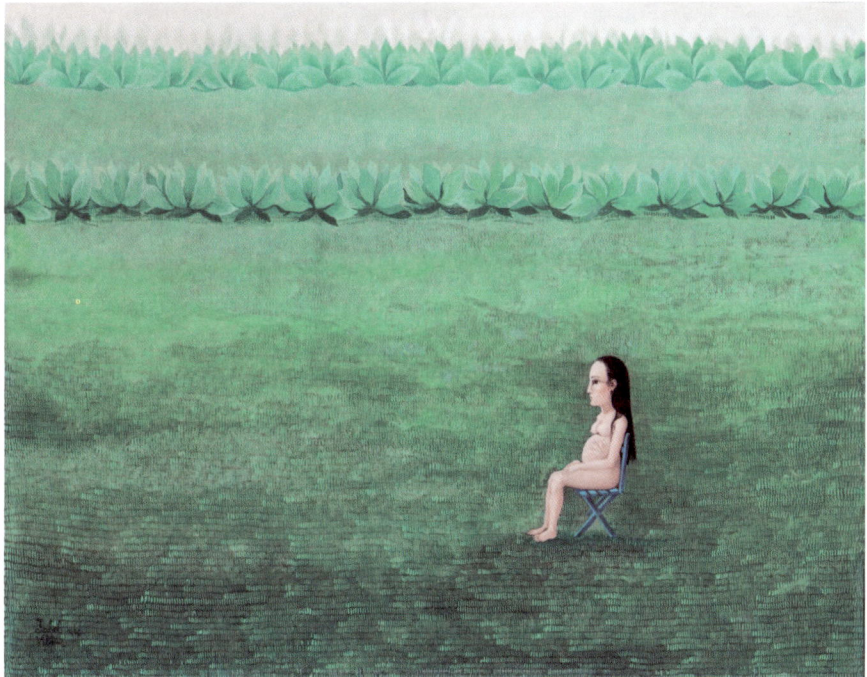

Figura 1. Isabel Villar, *Embarazada en campo verde,* 1970. © Galería Fernández-Braso, Madrid.

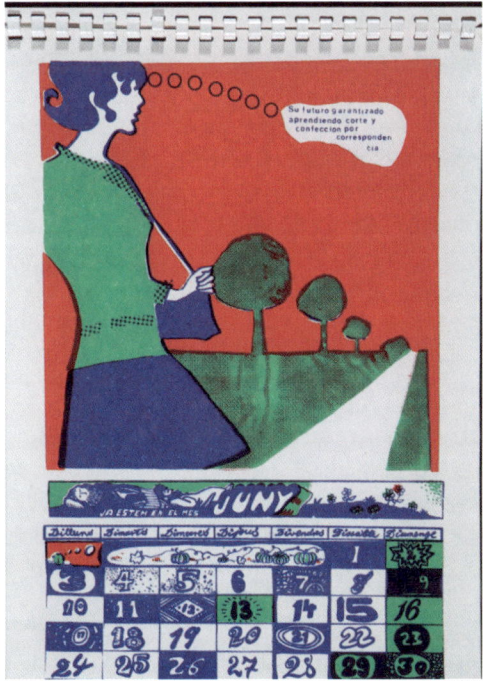

Figura 2. Ana Peters, *Calendario de Estampa Popular Valencia,* "Junio", 1967. © Galería Edurne, Madrid.

corte y confección por correspondencia". La obra alude a la división de roles sexuales que imperaba en el tardofranquismo: la incorporación de la mujer al mundo laboral se concibe como una prolongación de las tareas domésticas y de cuidado que le han sido tradicionalmente atribuidas.

Otro aspecto a tener en cuenta es el sistema de pensiones y becas de las diputaciones que nació fruto del modelo artístico académico español del siglo XIX. El procedimiento de tribunal y jurado de las pensiones de la Diputación determinó utilizar el sistema anónimo de plica con la intención de garantizar la imparcialidad con los aspirantes. Un modo mediante el cual los aspirantes adquirían un pseudónimo corto y la relación con la verdadera identidad de los aspirantes no se descubría hasta que el jurado se había pronunciado sobre el ganador de la pensión. De manera que el sistema anónimo de concurso ofreció en cierto modo una suerte de objetividad en los dictámenes de los jurados.

En el caso valenciano, la década de los años 60 fue testigo de la aparición de la primera mujer pensionada por pintura por la Diputación de Valencia en 1961, la pintora Aurora Valero[10]. La artista practicó un tipo de pintura de corte figurativo, pero con ciertos toques expresionistas. Valero realizó en 1964 su primera exposición individual en el Palacio de la Generalitat en Valencia, en la que su primera serie pictórica, denominada "expresionismo lírico" estuvo influenciada por la obra poética de García Lorca. Su obra de estos años trata de la España rural gracias a una fusión lírico-poética. Su pintura se compone de silencios espaciales, de texturas elaboradas y de formas hieráticas entrañables.

En Valencia, entre 1966 y 1968 se produce la auténtica irrupción de las mujeres que acaparan los premios de becas de la Diputación en sus distintas secciones. En 1966 Josefina Inglés Capella obtuvo la pensión de Pintura en la sección de Paisaje, en 1968 Carmen Mateu Guiot consiguió la pensión de Pintura en la sección de Figura y, ese mismo año, Ángeles Marco logró una bolsa de viaje en la sección de Escultura. Fina Inglés fue descrita por Juan Gil-Albert como una pintora con "una conciencia realista de las cosas, si bien rozada por un don de abstracción [...] no trata de seducir sino de concentrar [...] busca la libertad en la aceptación". Por su parte, Carmen Mateu en su obra *Obreros* **[Fig. 3]**, trabajo final de su primera prórroga entregada a la Diputación, refleja sus conocimientos expresionistas con una clara presencia del lenguaje realista, especialmente en los coches del fondo en los que aplicó la técnica mixta del *collage*. La última mujer ganadora de una pensión de la Diputación de Valencia en 1975 fue Carmen Lloret Ferrandis.

En los años ochenta del siglo XX se produjo un cambio con la aparición de nuevas becas y concursos con presupuestos y criterios artísticos contemporáneos. A partir de 1981 la Diputación de Valencia instauró la concesión de los Premios Alfons Roig, consistentes en tres ayudas económicas a artistas valencianos que trabajasen en el campo de las artes plásticas. La particularidad de la beca Alfons Roig la constituía la libertad creativa ofrecida a los aspirantes, ningún jurado determinaba los ejerci-

---

10   FERRER ÁLVAREZ, Mireia, 2017, p. 178.

cios, sino que el concursante presentaba una breve memoria explicativa del proyecto a realizar y diez fotografías de las obras realizadas por el solicitante. Los artistas premiados tenían la obligación de donar una obra original al fondo artístico de la Diputación. Entre los años 1981 y 2004 se premió a veinte artistas de los cuales tres fueron mujeres: Ángeles Marco en 1987, Carmen Calvo en 1989 y Soledad Sevilla en 1996.

Otros certámenes a tener en consideración para construir la narrativa de la creación artística femenina fueron los Salones de Marzo (1960-1979). Constituyeron una actividad de gran trascendencia. Las diecisiete convocatorias de los Salones de Marzo sirvieron como asentamiento de la vanguardia en Valencia y como superación del aislamiento producido por la Gue-

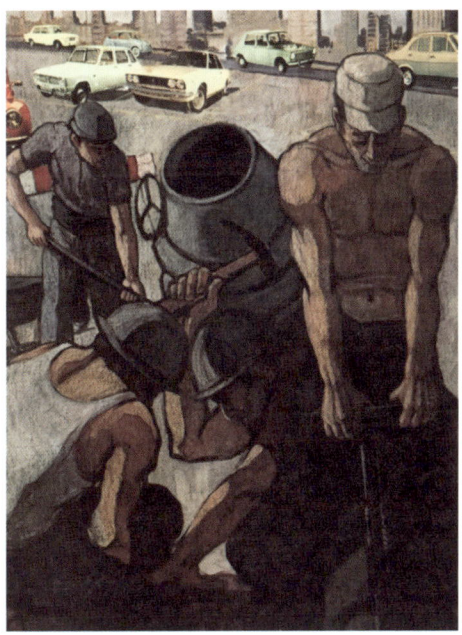

Figura 3. Carmen Mateu, *Obreros*, 1970. © Diputació de València.

rra Civil. Tuvieron un carácter nacional e internacional. No hubo aportaciones en metálico, pero sí un galardón concedido por la Caja de Ahorros de Valencia. El conjunto de este certamen estuvo dominado por la presencia masculina. Y, entre las escasas mujeres participantes, destacó la presencia de Aurora Altisent en 1961, Aurora Valero en 1964, Lola Bosshard en 1967, Juana Francés, María Luisa Magraner y Aurora Valero en 1977 o Ángeles Marco en 1988[11].

Por otra parte, también conviene recordar los Salones de Otoño (1955-1982) (1998-2024). Su origen data de 1955 cuando la Junta Directiva del Ateneo Mercantil de Valencia apostó por celebrar un concurso de pintura para dar a conocer a jóvenes valores y promover esta disciplina artística. Nacía, de esta forma, el Salón de Otoño, certamen que sirvió, además, para engordar una pinacoteca que ya presumía de tener obras de importantes artistas valencianos de otras épocas. La década de los cincuenta alumbró el certamen, con unos premios galardonados que marcarían la senda que seguiría este prestigioso concurso, y en los sesenta se alcanzaría el apogeo del Salón de Otoño. Sin embargo, a principio de los ochenta, en otro momento económico y político convulso, el certamen se suspendió indefinidamente. Ninguna mujer se alzó con el Premio Salón de Otoño durante esta primera etapa.

---

11 GIL SALINAS, Rafael, 1986, p. 71-78.

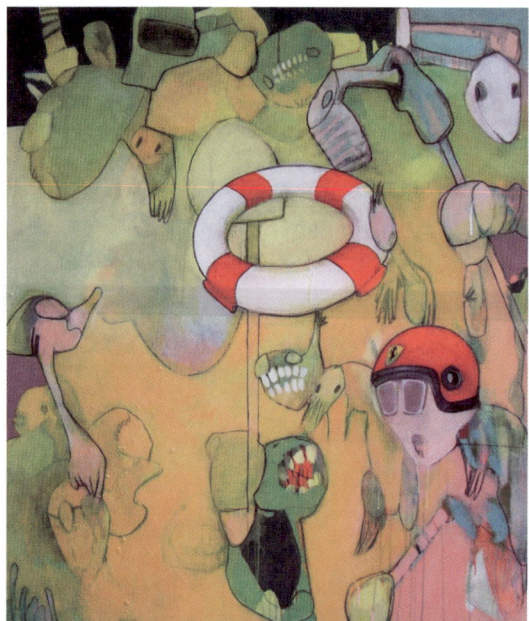

Figura 4. Ana Vernia, *El estilo en la emergencia,* 2014. ©
Ateneo Mercantil de Valencia, Foto: Juan Garcí.

Por suerte, la institución superó sus problemas financieros y sociales y en 1998, quince años después, recuperó el Salón de Otoño. El certamen regresaba con la misma voluntad de descubrir jóvenes talentos de la pintura. Es muy representativo comprobar que fueron las artistas las que coparon los primeros puestos en los últimos años, siendo todas ellas una nueva fuerza emergente y las que han marcado el paso en la pintura de nuestra ciudad. En 2006 consiguió el premio por primera vez una mujer: Lola Calzada con *Estilo libre.* Y, a partir de 2011 se sucedieron las artistas que conquistaron el premio Salón de Otoño.

Silvia Lerín, con *Gran hendidura magenta,* y en los años sucesivos el premio fue para Tania Blanco Rubio por *Shuttle* en 2012, Constanza Soriano por *Al hilo del jardín del delirio, un sueño* en 2013, Ana Vernia por *El estilo en la emergencia* en 2014 **[Fig. 4]** y Rebeca Plana por *Azul* en 2015. Y, más recientemente, Alba Cortés por *Kunzita* en 2019 y Ana Císcar por *¿Qué piensa usted?* en 2020[12].

Por último, conviene recordar el principal acontecimiento artístico internacional. Nos referimos a la Bienal de Venecia, el más prestigioso evento artístico en el mundo. Es una exposición cultural internacional que la Fundación Bienal organiza anualmente en Venecia. Se exhibe todos los años desde 1895, lo que la convierte en la más antigua de su tipo. Si bien es cierto que, durante la Segunda Guerra Mundial, las actividades de la Bienal fueron interrumpidas desde 1942, reanudándose la exposición de Arte en 1948 con una gran exposición de carácter recapitulativo.

También en esta muestra la incorporación y representación de mujeres artistas españolas fue un proceso muy lento. En 1988 el Pabellón Español de la 43 Bienal de Venecia, la célebre muestra internacional de arte de vanguardia, presentó a los escultores Jorge Oteiza y Susana Solano, figuras emblemáticas de dos generaciones diferentes. Solano fue la primera artista que participó en la Bienal. María Corral, directora de exposiciones de la Fundación Caja de Pensiones, fue

---

12 GIL SALINAS, Rafael, 1994, p. 20-22.

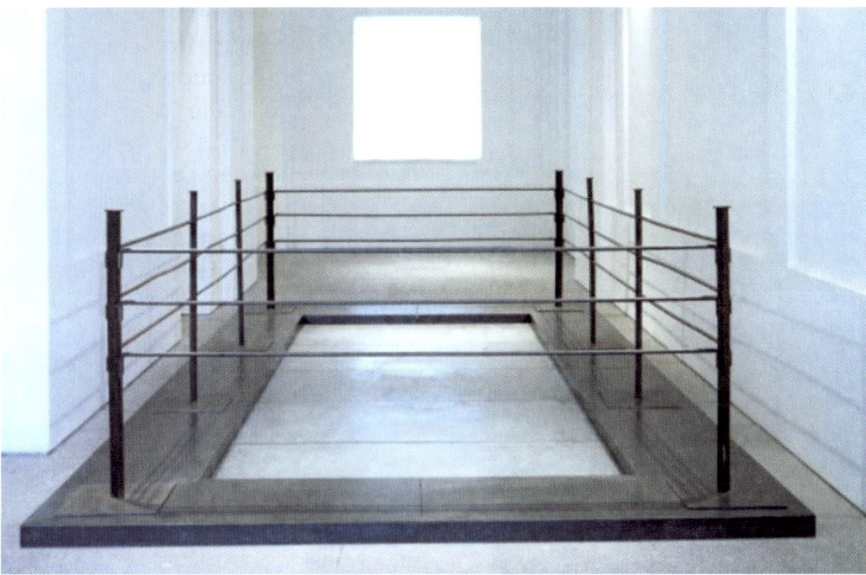

Figura 5. Susana Solano, *Impluvium*, 1987. © Museo Nacional Centro de Arte Reina Sofía, Madrid.

designada en esa edición como comisaria del Pabellón Español. Susana Solano es una de las escultoras españolas de mayor proyección internacional. Su creatividad le pide a la escultura que no sea inmediata en su lectura ni en su proceso y que mantenga lo indescifrable, ya que como ella misma ha comentado, su trabajo no pretende narrar [**Fig. 5**]. Hay cosas que no se pueden explicar, tienen que ver con una manera de hacer y de pensar. Al fin y al cabo, se construye a partir de elementos muy escondidos.

Nueve años después, en la Bienal de Venecia de 1997 la comisaria Victoria Combalía seleccionó a los artistas Joan Brossa y Carmen Calvo. La artista valenciana Carmen Calvo presentó la sorprendente instalación *Una conversación*, 1997 [**Fig. 6**]. Se trataba de un cubo con una pequeña abertura, en cuyo interior, se mostraban sobre paredes, suelo y techo de espejo, miles de objetos que la propia artista había realizado uno a uno, de forma artesanal, y otros que habían sido "encontrados" como tesoros arqueológicos en yacimientos urbanos. El soporte del objeto es, posiblemente, el principal elemento a partir del cual Carmen Calvo crea poderosas y complejas composiciones, ordenadas de forma rigurosa y en un perfecto equilibrio. Se trata de una obra hecha a base de la recopilación de fragmentos de cerámica o de acumulación de los más humildes objetos que Calvo convierte en poesía. Un mundo fuertemente personal, al margen de las modas reinantes, en el que borra los géneros entre pintura y escultura. Los objetos son, para Carmen Calvo, contenedores de memoria. La obra puede recordar o remitir en el imaginario popular a aquellas ermitas antiguas llenas de exvotos. Un santuario o lugar de culto, plagado de figurillas de personas o ani-

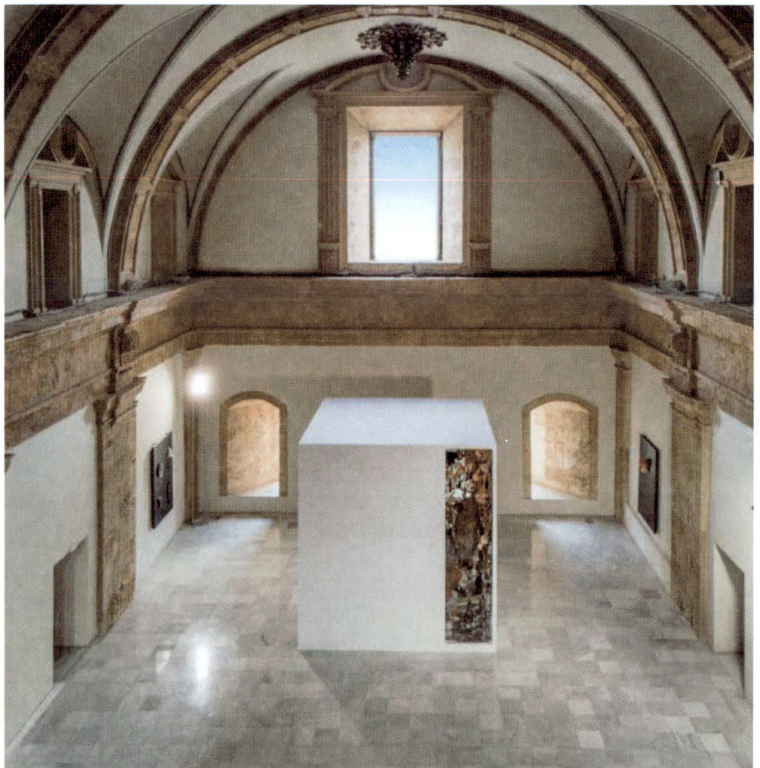

Figura 6. Carmen Calvo, *Una conversación,* 1997. Monestir de Sant Miquel dels Reis, Valencia. © Generalitat Valenciana, Foto: Juan García.

males, y objetos cotidianos. Una ofrenda que invita a la reflexión. La pieza fue donada por la artista en 2021 a la Generalitat Valenciana y se encuentra montada en la actualidad en el coro de la Iglesia del monasterio de San Miguel de los Reyes en Valencia[13].

En la siguiente edición de la Bienal en 1999, el crítico y comisario David Pérez seleccionó a los artistas Manolo Valdés y Esther Ferrer. Los dos artistas compartieron el espacio para presentar dos visiones sobre la historia del arte. Lo conceptual de Ferrer convivió con la figuración matérica de Valdés **[Fig. 7]**. Pionera del conceptual en España y miembro del grupo ZAJ, Esther Ferrer está considerada la artista de acción más importante de nuestro país. Los grandes temas que aborda en su obra son los conceptos de tiempo, presencia, infinito y repetición. La artista modifica o adapta las acciones no solo al lugar sino también a su propia situación física o personal. Esther Ferrer, en definitiva, reflexiona sobre el tiempo y la imposibilidad de definirlo o de atraparlo.

---

13 GIL SALINAS, Rafael, 2021, p. 20.

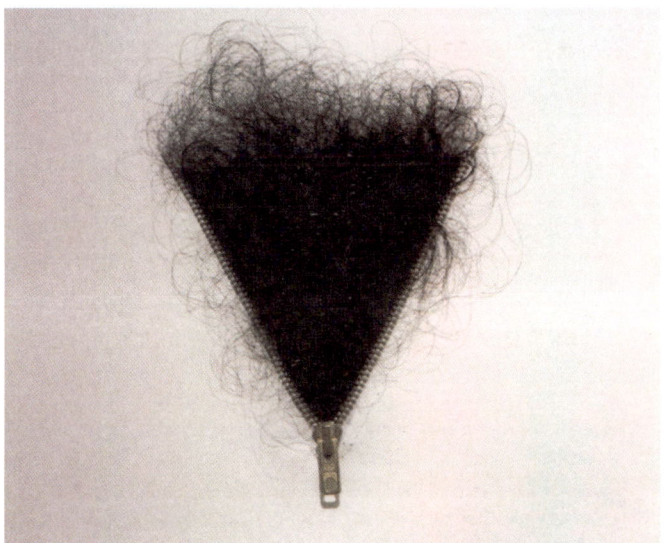

Figura 7. Esther Ferrer, *Hair*, Bienal de Venecia, 1999. © Ministerio de Asuntos Exteriores, Dirección General de Relaciones Culturales y Científicas.

En la siguiente edición de la Bienal celebrada el año 2001, la comisaria elegida fue la historiadora Estrella de Diego que seleccionó a dos jóvenes artistas: Ana Laura Aláez y a Javier Pérez. Con el proyecto de Estrella de Diego se rompe la tendencia al incluir dos artistas jóvenes, ya que en ediciones anteriores participaron artistas con amplias trayectorias. El proyecto presentado por Ana Laura Aláez buscaba reinventar el pabellón y repensar Venecia como punto de partida de un viaje de reflexión sobre la identidad cultural europea en un momento dominado por el fenómeno de la globalización, trabajos que modifican los continentes. La luz, los sonidos, el agua son los elementos básicos en el proyecto arquitectónico de Ana Laura Aláez que se aleja de lo que es una obra de arte al uso y en el que la música, compuesta por el dúo electrónico Silvania, no era mera comparsa sino un elemento arquitectónico necesario.

Tuvieron que pasar diez años para que tornase la presencia femenina a la bienal veneciana. En 2011 la comisaria Katya García-Antón seleccionó a la artista Dora García. La artista Dora García reflexionó a través de una *"performance* extendida" acerca de la fragilidad de lo correcto. *Lo Inadecuado* es el título de la propuesta de la artista Dora García para representar a España en la 54 Bienal de Venecia. La obra nace a partir de las dudas e incomodidad confesa de la propia artista, así como de la sensación de sentirse "inadecuada" a la hora de cumplir con el encargo de la comisaria Katya García-Antón. La comisaria la seleccionó por ver en ella la capacidad de conjugar "espectacularidad, el ansia de consumo y el trasfondo de poder geopolítico", generando al espectador "complejas preguntas éticas y morales". El concepto de la obra, no obstante, giraba en torno a

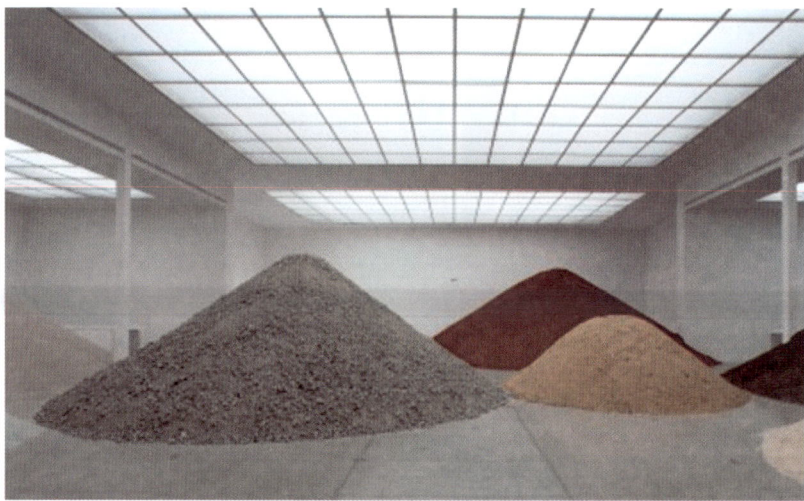

Figura 8. Lara Almarcegui, *Guía de la Sacca San Mattia, la isla abandonada de Murano,* Venecia, Bienal de Venecia, 2013. © AECID.

una idea, la de "inadecuación" y marginalidad, con la que Dora García llevaba varios años trabajando.

En la siguiente edición de la Bienal, otra artista fue seleccionada por el comisario Octavio Zaya, se trató de la aragonesa Lara Almarcegui. La obra presentada **[Fig. 8]** parte de la toma de conciencia de la ciudad, de sus descampados y de sus edificios como punto para reflexionar sobre la evolución de la propia urbe y los elementos que la componen. Su intervención estaba formada por montañas de diferentes materiales de construcción, los mismos y de igual cantidad que los empleados para erigir el propio edificio construido por Javier de Luque en 1922 en el que quedó instalada la pieza. Como eje principal concibió una gran montaña –formada por escombros de cemento, tejas, y ladrillos convertidos en grava– que ocupaba la sala central, haciendo casi imposible acceder directamente a ese espacio. Otras montañas menores hechas, cada una, de un solo material (serrín de madera, cristal y la mezcla de escoria y ceniza de acero), fueron ubicadas en las salas perimetrales, por donde el público pudo circular rodeando el montículo de mayor tamaño.

En 2019, Peio Aguirre seleccionó a los artistas vascos Itziar Okariz y Sergio Prego para representar a España en la Bienal de Venecia. Fue un pabellón en el que el cuerpo aparecía representado y esta idea de perforación asociada al cuerpo se convertía en una importante y potente metáfora. Se perforaba y vaciaba el espacio físico, a través de sonido, imagen, escultura y arquitectura. La obra de Itziar Okariz consistió en una serie de muros blancos en los que estaban proyectadas unas grabaciones de la artista, unas *performances* que representaban tres trabajos distintos. En el primero de los vídeos, Okariz y su hija producían los sonidos del mar con una respiración "oceánica", profunda, una respiración propia del yoga. Esta grabación fue reemplazada cada tarde, a las 16.00 horas por una *performance* en vivo. El segundo trabajo estaba compuesto por conversaciones que Okariz mantenía con estatuas en distintos museos del mundo, como el Museo Guggenheim de Bilbao, el MoMA o el Metropolitan Museum of Art de Nueva York. Se trataba de monólogos íntimos, subjetivos, poéticos en los que evidentemente no obtenía respuesta. Finalmente, el tercero de los vídeos de Okariz fue una grabación que formaba parte de una serie en la que comenzó a trabajar en el año 2000 y que se llama *Mear en espacios públicos o privados*, en la cual la artista "cuestiona las normas sociales, meando de pie".

En la siguiente Bienal de 2022 fueron seleccionadas por primera vez dos artistas mujeres Teresa Solar y June Crespo. Dos jóvenes artistas multidisciplinares, dos escultoras que disfrutan experimentando con una amplia variedad de materiales para crear sorprendentes obras en las que la relación con su propio cuerpo es una constante. En el caso de June Crespo, hormigón, textiles, resina, cerámica o bronce crean obras que exploran las posibilidades de asociación de los materiales que las componen. En sus piezas robustas, unidas o ensambladas, se encuentran huecos o canales en los que se abren nuevos espacios relacionados con la idea de circulación y corriente. El resultado son diversas formas que producen extrañamiento y que hacen alusión a la idea de apropiación y re-contextualización. Por su parte, Teresa Solar se centra en el lenguaje y el pensamiento. Barro, objetos encontrados, cerámica o símbolos humanos componen su obra. Piezas híbridas que se relacionan entre sí orgánicamente, haciendo referencia al cuerpo y en las que reflexiona también sobre el progreso de la sociedad contemporánea y el mundo industrial donde lo orgánico se une con lo sintético. Y, por último, en 2024, la artista hispano-peruana Sandra Gamarra ha representado a España en la Bienal de Venecia. El proyecto ha sido comisariado por Agustín Pérez Rubio. Es la primera vez en 60 ediciones que una artista no nacida en España lo hace. Su proyecto *Pinacoteca migrante* [**Fig. 9**] cuestiona las narrativas coloniales y los modos de representación históricos.

Así pues, como hemos podido comprobar en distintos contextos geográficos, desde 2010 se ha ido incrementado la presencia de las artistas españolas. Una trayectoria que auspicia una consolidación de la figura femenina en el ecosistema artístico. Con ello no se salda el olvido y silencio que las artistas han sufrido por parte de la historiografía artística. Ni tampoco creemos que se justifique suficientemente por razones históricas determinadas y condicionadas por el marco jurídico y social en el que han vivido las mujeres los últimos setenta y cinco años. Pero resulta imprescindible reescribir la historia del arte, con o sin la presencia masculina, para lo cual será necesario contar con herramientas como la participación en exposiciones individuales, su presencia en las galerías, su implicación en concursos de pensiones y becas, su apuesta por concurrir en salones y certámenes de reconocido prestigio, o en muestras de proyección internacional

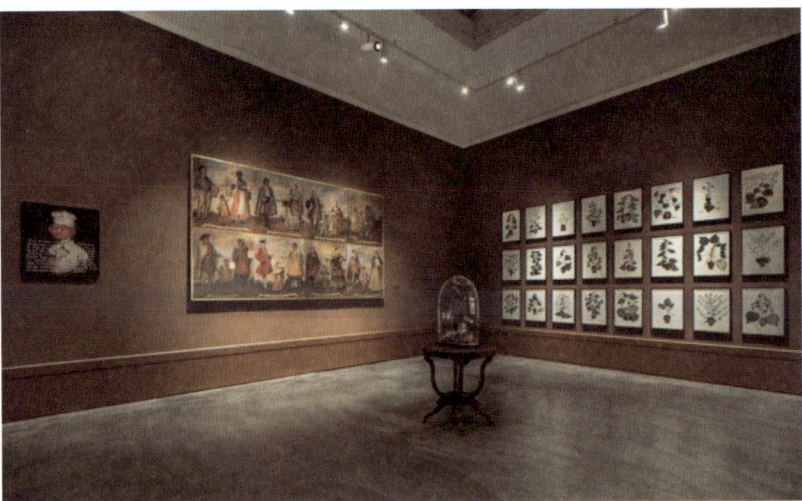

Figura 9. Sandra Gamarra, *Pinacoteca migrante,* Bienal de Venecia, 2024. © AECID, Foto: Oak Taylor Smith.

como la Bienal de Venecia. Todos estos elementos son imprescindibles para construir un relato fidedigno e inequívoco de las mujeres artistas en la España contemporánea. En definitiva, dibujar una nueva narrativa de esas artistas pioneras que a base de esfuerzo, perseverancia y constancia nos obligan a llevar a cabo una revaluación del papel de las mujeres en la Historia.

Bibliografía

AGUILERA CERNÍ, Vicente (dir.). *Historia del Arte Valenciano*, 6 vols. Valencia: Consorci d'Editors Valencians, 1986-1988.

ALIAGA, José Vicente; MAYAYO, Patricia (eds.). *Genealogías feministas en el arte español: 1960-2010*. Madrid: This Side Up, 2013.

ANAUT, Alberto. "Isabel Villar en el país de las maravillas" (Catálogo de la exposición *Isabel Villar. Pinturas. 1970-2017*, Galería Fernández-Braso, Madrid, enero–marzo), 2018, p. 4-12.

ANGULO ÍÑIGUEZ, Diego. *Historia del Arte*, 2 vols. Madrid: Gráficas Cóndor, 1962.

ARGAN, Giulio Carlo *et al. Enciclopedia Universale dell'Arte*, 15 vols. Florencia: Istituto per la Collaborazione Culturale, 1958-1967.

FERRER ÁLVAREZ, Mireia. "Mujeres artistas en la Diputación. Nuevas narrativas en torno al arte contemporáneo". En: GIL SALINAS, Rafael *et al. Memoria de la modernidad. La colección patrimonial de la Diputación de Valencia*. Valencia: Diputación de Valencia, 2017, p. 170-203.

GIL SALINAS, Rafael. "Dos décadas de arte valenciano (1960-1978) a través de los «Salones de Marzo»". *Cimal*, 1986, nº 30, p. 71-78.

GIL SALINAS, Rafael. *La colección artística del Ateneo Mercantil de Valencia*. Valencia: Generalitat Valenciana, 1994.

GIL SALINAS, Rafael *et al*. *Memoria de la modernidad. La colección patrimonial de la Diputación de Valencia*. Valencia: Diputación de Valencia, 2017.

GIL SALINAS, Rafael. *Carmen Calvo. Una conversación, 1997*. Valencia: Generalitat Valenciana, 2021.

GIL SALINAS, Rafael y LOMBA SERRANO, Concha (coord.). *Olvidadas y silenciadas. Mujeres artistas en la España contemporánea*. Valencia: Publicaciones de la Universitat de València, 2021.

GRACIA BENEYTO, Carmen. *Arte valenciano*. Madrid: Cátedra, 1998.

HESSEL, Katy. *The Story of Art Without Men*. Londres: Hutchinson Heinemann, 2022.

JUNQUERA, Juan José y MORALES Y MARÍN, José Luis. *Historia Universal del Arte*, 12 vols. Madrid: Espasa Calpe, 1996.

LABOR. *Historia del Arte*, 15 vols. Barcelona: Labor, 1931-1944.

LLOBREGAT, Enric y YVARS, José Francisco (dirs.). *Història de l'Art al País Valencià*, 3 vols. Valencia: Biblioteca d'Estudis i Investigacions Tres i Quatre, 1986-1998.

MARÍN VIADEL, Ricardo. *El realismo social en la plástica valenciana, 1964-1975*. Valencia: Nau Llibres, 1981.

MILICUA, José (dir.). *Historia Universal del Arte*, 10 vols. Barcelona: Planeta, 1985.

OSSORIO Y BERNARD, Manuel. *Galería biográfica de artistas españoles del siglo XIX*. Madrid (1868, 1ª edición) (1883-1884, 2ª edición).

PIJOÁN, José *et al*. *Summa Artis, Historia General del Arte*, 51 vols. Madrid: Espasa Calpe, 1931.

PIJOAN, José. *Historia del Arte*, 4 vols. Barcelona: Salvat, 1968.

POLLOCK, Griselda. "Historia y política. ¿Puede la Historia del Arte sobrevivir al feminismo?". En: TUCKER, Marcia *et al*. *Feminisme, art et histoire de l'Art*. París: École Nationale Supérieure des Beaux-Arts, 1994.

RAMÍREZ, Juan Antonio. *Historia del Arte*, 4 vols. Madrid: Alianza, 1997-1998.

RINCÓN GARCÍA, Wifredo. "«Pintoras de afición». Mujer y pintura en España durante el siglo XIX en la galería biográfica de Ossorio y Bernard". En: ALBA, Ester; PÉREZ OCHANDO, Luis (eds.). *Me veo luego existo. Mujeres que representan, mujeres representadas*. Madrid: CSIC, 2015, p. 553-570.

SOBRE LAS AUTORAS Y AUTOR

Magdalena Illán Martín es Catedrática de Historia del Arte de la Universidad de Sevilla, donde ejerce como Directora del Departamento de Historia del Arte y coordina la asignatura Historia de la crítica de arte. Actualmente es Investigadora Principal del Proyecto I+D+i *Agencia femenina en la escena artística andaluza* y miembro del equipo investigador del Proyecto *Las artistas en la escena cultural española y su proyección en Europa (1803-1945)*. Sus investigaciones se han dirigido, fundamentalmente, al estudio de las artistas españolas activas en la escena nacional e internacional durante el siglo XIX y comienzos del XX y de las mujeres en la teoría y la crítica de arte decimonónicas.

Manon Grégoire est Doctorante à l'Université Bordeaux Montaigne, prépare une thèse sur les femmes critiques d'art au cours de la seconde moitié du XIXe siècle et le début du Xxe siècle, sous la direction de Marion Lagrange, maîtresse de conférences en histoire de l'art contemporain et de Gilles Ragot, professeur en histoire de l'art contemporain. Elle a contribué à plusieurs manifestations et publications sur les stratégies d'accès à l'écriture des salonnières entre 1870 et 1890 (Caen, 2023) ainsi que sur la réception des artistes femmes, plus particulièrement les sculptrices, par les critiques du même sexe.

África Cabanillas Casafranca es Doctora en Historia del Arte y Profesora-Tutora del Centro Asociado de la UNED de Sevilla. Sus principales líneas de investigación son la crítica y la historiografía del arte feministas y las pintoras españolas contemporáneas. Sus libros más recientes son: *Orgullo y prejuicios. En torno al arte de las mujeres, Creación vida e historia. El legado de las mujeres artistas* (ambos en colaboración con Amparo Serrano de Haro) y *Vida de Delhy Tejero*.

María Roca Cabrera es Doctora en Historia del Arte por la Universitat de València y Bachelor of Arts por la University of Southampton. Ha realizado estancias de investigación en la Universidad Complutense de Madrid (2017) y (2021), en el Victoria and Albert Museum de Londres (2018) y en la Università degli Studi di Palermo (2022-2023). Su investigación profundiza en el fenómeno del coleccionismo de artes decorativas en la época de entresiglos así como su influencia en la museología, la producción artística y los estudios de género. En la actualidad, es miembro del proyecto emergente *Arte, historiografía y feminismos* y del Proyecto de Innovación Educativa *TrencArt. Trencant la Història. Imatges, textos i contextos per a la igualtat en la Història de l'art contemporani*. Es miembro del grupo de investigación VALuART. *Arte, Cultura y Sociedad en España, de 1750 a la actualidad*, UVEG; y de *Relecturas. Itinerarios museales en clave de género*, UVEG.

Irene Barreno García es investigadora predoctoral FPU en el Instituto de Historia del Consejo Superior de Investigaciones Científicas. Se graduó en Historia del Arte por la Universidad Complutense de Madrid, donde también cursó el Máster en Educación Artística en Instituciones Sociales y Culturales. En el marco del programa de Doctorado en Historia del Arte de la UCM, desarrolla una tesis centrada en las relaciones entre arte y género durante el franquismo, enfocándose en la recepción crítica de las artistas a través de la prensa de la dictadura. Es secretaria académica de "Cultura, arte y género. Seminario permanente de investigación para otras historias posibles" en el CSIC y es investigadora contratada en el proyecto de investigación "Mujeres en lucha: Democracia y feminismo en el último periodo franquista (1965-75)", subvencionado por el Ministerio de Política Territorial y Memoria Democrática (Nº Exped. 271-MD-2023).

Clara Solbes Borja es Profesora Ayudante Doctora en la Universitat d'Alacant. Anteriormente, fue contratada posdoctoral Margarita Salas en la Universitat de València, con una estancia en la Universidad de Granada, becaria en el departamento de colecciones del Museo Nacional Centro de Arte Reina Sofía, y contratada predoctoral FPU en el departamento de Historia del Arte de la Universitat de València, con una estancia en la New York University. Es autora de publicaciones como *El campo artístico valenciano durante el franquismo: una intervención feminista* (Tirant lo Blanch, 2023).

Isabel Tejeda Martín es Catedrática en la Facultad de Bellas Artes de la Universsidad de Murcia especializada en feminismos y arte contemporáneo, y discursos museográficos. Fue Directora del Departamento de Arte y Comunicación Visual *Eusebio Sempere* de la Diputación de Alicante en la primera década de los años 90 y Directora del Departamento de Artes Visuales de Murcia Cultural (CARM) y, como tal, directora del Espacio AV y la Sala de Verónicas de 1998 a 2010. Ha comisariado casi un centenar de exposiciones en España, Puerto Rico, Argentina, Gran Bretaña, Italia, Francia, Marruecos, Holanda y República Checa. Es Premio *Espais* a la Crítica de Arte, finalista del Premio de Ensayo *Arte y Derecho*, 2005, Premio Anetta Nicoli (UMH), Premio "Juana Francés" Precrea de las Universidades Públicas Valencianas y Premio MAV a la trayectoria curatorial 2024.

Mireia Ferrer Álvarez es Profesora Titular del Departamento de Historia del Arte de la Facultad de Geografia i Història de la Universitat de València. Sus campos de estudio se refieren al arte español y valenciano moderno y contemporáneo, Estudios Culturales, Estudios de Género y Museología. Ha dirigido el Proyecto de Investigación I+D "El Arte y su función social en las sociedades contemporáneas". Entre sus publicaciones destacan *Pintores valencianos en París 1880-1914*; y *Segrelles. Un pintor valenciano en Nueva York 1929-1932*. Ha comisariado entre otras exposiciones: *La imagen de la mujer en el arte moderno valenciano, 1880-1936*; *Tot está per fer. València capital de la República 1936-1937*; y *Mujeres en marcha. Imágenes de mujer y mujeres artistas en la colección de la Diputación* *de Valencia*. Actualmente es comisaria del ciclo *Radicantes danza y otras especies. Ciclo de práctica, experimentación y pensamiento en el museo* en el Instituto Valenciano de Arte Moderno IVAM. En el ámbito literario es autora de la novela *Desayuno en Brooklyn* (Ediciones Contrabando, 2021).

Rafael Gil Salinas es Catedrático de Historia del Arte de la Universitat de València. Ha dirigido 21 tesis doctorales y dirige cuatro actualmente. Ha participado en 16 proyectos de investigación, la mayoría como Investigador Principal. Ha publicado numerosos artículos y libros, sobre mujeres artistas en España, el coleccionismo o los fondos de la Diputación de Valencia, entre otros. Ha comisariado 22 exposiciones y, como Vicerrector de Cultura, dirigió más de 150. Entre los cargos detentados: el de *Decano* de la Facultat de Geografia i Història de la Universitat de València (1996-2002); *Director de la Universitat d'Estiu* de Gandia (2002); y *Vicerrector de Cultura* de la Universitat de València (2002-2010).

Mariángeles Pérez-Martín es profesora en el Departamento de Historia del Arte de la Universitat de València. Doctora en Historia del Arte (2019) y Máster en Estudios Hispánicos Avanzados (2015). Premio Nacional de Licenciatura en Historia del Arte (2012) y Premio Extraordinario de Máster en Historia del Arte y Cultura Visual (2013). Investigadora Principal del Proyecto *Arte, Historiografía y Feminismos* financiado por la Conselleria d'Educació, Cultura, Universitats i Ocupació de la Generalitat Valenciana; y miembro del grupo de investigación VALu-ART, UV. Sus investigaciones se centran en la Historia de las mujeres y el arte contemporáneo. Es autora del libro *Ilustres e ilustradas. Académicas de Bellas Artes ss. XVIII-XIX* (Tirant lo Blanch, 2020).

RESÚMENES / ABSTRACTS

OTRAS HISTORIAS DEL ARTE POSIBLES. EL PROYECTO ARTE, HISTORIOGRAFÍA Y FEMINISMOS

Mariángeles Pérez-Martín, *Universitat de València*

Resumen: El proyecto arthistFEM tiene como objetivo crear un corpus bibliográfico de estudios feministas que dé autoridad a los saberes femeninos. Una revisión de los textos teóricos y críticos de arte de siglos anteriores escritos por mujeres en España con una visión protofeminista al poner el foco en las artistas mujeres. Además, indagamos y damos a conocer las biografías de las personas que publicaron esos textos, historiadoras pioneras en subvertir la historia tradicional del arte. Igualmente es nuestro objetivo recopilar las primeras traducciones publicadas en castellano de textos anglosajones de teoría feminista que son referente en numerosos estudios, para analizar su influencia en la evolución de los estudios feministas en nuestro país. Toda la información se recoge en una página web.

Palabras clave: historiadoras del arte, mujeres críticas de arte, teóricas del arte feministas, protohistoriadoras del arte, web arthistfem.

OTHER POSSIBLE HISTORIES OF ART. THE ART, HISTORIOGRAPHY AND FEMINISMS PROJECT

Abstract: The arthistFEM project aims to create a bibliographic corpus of feminist studies that gives authority to female knowledge. A review of theoretical and critical art texts from previous centuries written by women in Spain with a proto-feminist vision by focusing on female artists. In addition, we investigate and make known the biographies of the women who published these texts, pioneer historians in subverting traditional art history. It is also our objective to compile the first translations published in Spanish of Anglo-Saxon texts on feminist theory that are a reference in numerous studies, to analyze their influence on the evolution of feminist studies in our country. All the information is collected on a website.

Keywords: women art historians, women art critics, feminist art theorists, proto-art historians, arthistfem web.

"UNA NUEVA ERA DE JUSTICIA PARA LAS ARTISTAS". LEOPOLDA GASSÓ EN LOS INICIOS DE LA TEORÍA Y LA CRÍTICA DE ARTE FEMINISTA EN ESPAÑA

Magdalena Illán Martín, *Universidad de Sevilla*

Resumen: Leopolda Gassó y Vidal (1848-1885) desarrolló, a pesar de su precoz fallecimiento con apenas 37 años, una madura y pionera trayectoria como teórica y crítica de arte feminista. En sus artículos, publicados entre 1870 y 1885, dirigió sus intereses fundamentales hacia dos ámbitos: por un lado, a la valoración y promoción de la producción creativa de las artistas coetáneas, denunciando el machismo imperante en el sistema artístico y proponiendo medidas igualitarias; por otro lado, al examen de las tendencias artísticas contemporáneas y a la defensa de un arte comprometido con la mejora de la sociedad, rechazando las representaciones femeninas estereotipadas y sexualizadas, y otorgando a las artistas un protagonismo primordial. Después de 150 años, algunas de sus reivindicaciones, como mayor inversión pública en adquisiciones de obras realizadas por las artistas o más presencia sus creaciones en museos y exposiciones, continúan teniendo plena vigencia en la actualidad.

Palabras clave: Mujeres críticas de arte, Crítica de arte feminista, Siglo XIX, España, Leopolda Gassó.

"A NEW ERA OF JUSTICE FOR WOMEN ARTISTS". LEOPOLDA GASSÓ IN THE BEGINNINGS OF FEMINIST ART THEORY AND CRITICISM IN SPAIN

Abstract: Leopolda Gassó y Vidal (1848-1885) developed a pioneering career as a feminist art theorist and critic. Her articles, published between 1870 and 1885, addressed two fundamental issues: the valuation and promotion of women artists, denouncing the machismo of the artistic system; the examination of contemporary art and the defence of an art committed to the improvement of society, in which women artists had a primary role. After 150 years, some of her demands —more public investment to acquire works made by women artists, more presence of their works in museums and exhibitions— are still fully valid today.

Kewords: Woman art critics, Feminist Art criticism, Nineteenth century, Spain, Leopolda Gassó.

SALONNIÈRES ET ENGAGEMENTS FÉMINISTES AU TOURNANT DU XXᵉ SIÈCLE

Manon Grégoire, *Université Bordeaux Montaigne, Centre de recherche en histoire de l'art François-Georges Pariset (EA538)*

Résumé: Encouragées par le développement du féminisme au tournant du XXe siècle, les femmes critiques d'art intensifient leur soutien en faveur de leurs consœurs artistes. À travers un panorama des discours produits, cet article propose d'explorer ces dynamiques de solidarité entre les actrices du monde de l'art. Les organes de presse féministes, au sein desquels les engagements sont inédits, se présentent comme de véritables espaces de sororité entre intellectuelles des milieux littéraires et artistiques. Parmi les stratégies employées pour œuvrer à la revalorisation des artistes femmes, l'essentialisation des pratiques contribue à la remise en cause des hiérarchies instaurées entre les domaines de création. L'apparition de dissensions entre salonnières et artistes femmes est également mise en évidence. Le discours porté sur l'Union des femmes peintres et sculpteurs cristallise notamment les tensions inhérentes à la polymorphie du féminisme et témoigne tant de la singularité des pratiques que des engagements.

Mots clés : « femmes critiques d'art », « artistes femmes », « sororité », « réseaux féminins », « féminisme ».

FEMALE ART CRITICS AND FEMINIST ENGAGEMENTS AT THE TURN OF THE 20TH CENTURY

Abstract: Encouraged by the rise of feminism at the turn of the 20th century, female art critics intensified their support for women artists. Through an overview of the discourses they produced, this paper explores the dynamics of solidarity between female art critics and artists. Feminist press organs, which emerge as unique spaces of sisterhood, offer unprecedented support to female artists. Among the strategies employed to promote the revaluation of women artists, the practices essentialization contributes to challenging the hierarchies established between creative fields. The emergence of dissensions between art critics and artists is also highlighted. The discourse surrounding the Union des femmes peintres et sculpteurs crystallizes the tensions associated with the pluralism of feminism and reflects both the uniqueness of the practices and the commitments.

Keywords: female art critics, women artists, sisterhood, female networks, feminism.

FEMINISMO Y SOCIALISMO EN LA CRÍTICA DE ARTE DE MARGARITA NELKEN: EL CASO DE KÄTHE KOLLWITZ

África Cabanillas Casafranca, *Centro Asociado de la UNED de Sevilla*

Resumen: Margarita Nelken fue una crítica de arte, escritora y política muy comprometida con la mejora de las condiciones de las mujeres y de los grupos sociales más desfavorecidos, lo que se puso de manifiesto tanto en sus textos como en su actividad pública –fue diputada por el PSOE en las tres legislaturas de la Segunda República–. Como crítica de arte, aunó estas inquietudes y se ocupó de las mujeres creadoras, prestando particular atención a aquellas que reflejaban en su obra preocupaciones sociales. En este sentido, el ejemplo más interesante es el de la artista alemana Käthe Kollwitz, a quien Nelken admiró enormemente –la originalidad, fuerza, emotividad de sus dibujos y grabados–; lo mismo por la frecuencia con la que se ocupó de ella como por lo pionero de su reconocimiento. Tanto es así, que, aprovechando un viaje que hizo en 1920 a Berlín para auxiliar a los niños y niñas que padecían las consecuencias de la Primera Guerra Mundial, la visitó en su casa; experiencia que la conmovió y que recogió en varios de sus escritos.

Palabras clave: crítica de arte, feminismo, socialismo, dibujo, grabado.

FEMINISM AND SOCIALISM IN MARGARITA NELKEN ART CRITIC: THE CASE OF KÄTHE KOLLWITZ

Abstract: Margarita Nelken was an art critic, writer and politician very committed to improving the conditions of women and the most disadvantaged social groups, which was evident both in her texts an in her public activity –she was a deputy for the PSOE in the three legislatures of the Second Republic–. As an art critic, she combined these concerns and dealt with women creators, paying particular attention to those who reflected social concerns in their work. In this sense, the most interesting example is that of the German artist Käthe Kollwitz, whom Nelken greatly admired –the originality, strength, emotionality of her drawings and engravings–; both for the frequency with which she dealt with it and for the pioneering nature of its recognition. So much so that, when she travelled professionally to Berlin in 1920 to aid the children suffering from the consequences of First World War, she visited her at home; an experience that moved her and that she recollected in several of her writings.

Key words: art critic, article, feminism, socialism, drawing, engraving.

MUJERES ESCRIBIENDO LA HISTORIA DEL COLECCIONISMO

María Roca Cabrera, *Universitat de València*

Resumen: El capítulo se centra en tres mujeres vinculadas al coleccionismo en el contexto del arte en el siglo XIX: Cecilia de Madrazo, Emilia Gayangos y Enid Layard. A través de sus escritos en el ámbito privado, estas mujeres ofrecen testimonio de una época en la que se estaba configurando el sistema del arte moderno, caracterizado por la creación de galerías, museos y el desarrollo del academicismo. Sus relatos reflejan su participación en el coleccionismo, sus experiencias y observaciones que proporcionan una perspectiva diferente sobre el entorno artístico de su tiempo.

Palabras clave: coleccionismo, patrimonio, museos.

WOMEN WRITING THE HISTORY OF COLLECTING

Abstract: This paper focuses on three women associated with art collecting in the 19th century: Cecilia de Madrazo, Emilia Gayangos, and Enid Layard. Through their private writings, these women provide valuable insights into an era when the modern art system was taking shape, marked by the establishment of galleries, museums, and the advancement of academicism. Their narratives not only highlight their involvement in collecting but also share their experiences and observations, offering a unique perspective on the artistic landscape of their time.

Keywords: collecting, heritage, museums.

LAS MUJERES EN LA CRÍTICA DE ARTE DURANTE EL PRIMER FRANQUISMO: ADHESIONES Y RUPTURAS CON EL DISCURSO NACIONALCATÓLICO

Irene Barreno García, *Instituto de Historia, CSIC*

Resumen: Este estudio pretende indagar en la participación de las mujeres en la crítica de arte durante la primera etapa de la dictadura franquista (1939-1959). Esta disciplina permitía la creación de un discurso autorizado que se presentaba como legítimo ante la población, por lo que tuvo un papel esencial en la paulatina imposición de la ideología nacional-católica. Usada como mecanismo de regulación social, permitía trasladar al ámbito cultural el ideal de feminidad española y católica defendido por la Sección Femenina. En este contexto y paradójicamente, fueron muchas las mujeres que escribieron crítica de arte, desde distintas posiciones ideológicas y concepciones vitales. En ocasiones sus planteamientos se pronunciaban contra lo que el discurso hegemónico de la crítica afirmaba sobre las artistas, mientras que otras veces participaron de él con reflexiones que reforzaban la mirada patriarcal sobre la creación.

Palabras clave: crítica de arte, historia del arte feminista, Franquismo, mujeres artistas, arte español.

WOMEN IN ART CRITICISM DURING THE FIRST FRANCOISM: ADHESIONS AND RUPTURES WITH THE NATIONAL-CATHOLIC DISCOURSE

Abstract: This study explores the participation of women in art criticism during the early years of the Franco dictatorship (1939-1959). This discipline enabled the creation of an authorized discourse that was presented to the public as legitimate, playing a crucial role in the gradual imposition of the national-Catholic ideology. As a mechanism of social regulation, it extended the ideal of Spanish and Catholic femininity promoted by the Women's Section into the cultural sphere. Paradoxically, in this context, many women contributed to art criticism, coming from diverse ideological positions and life perspectives. At times, their viewpoints challenged the hegemonic discourse regarding women artists, while at other times, they reinforced it with reflections that upheld the patriarchal view of artistic creation.

Keywords: art criticism, feminist art history, Francoism, women artists, Spanish art.

LA APORTACIÓN DE LAS VALENCIANAS A LA CRÍTICA DE ARTE DESDE LA SEGUNDA REPÚBLICA AL TARDOFRANQUISMO

Clara Solbes Borja, *Universitat d'Alacant*

Resumen: El capítulo ofrece una panorámica general sobre la aportación de las mujeres a la crítica de arte en València desde la efervescente Segunda República hasta el final de la dictadura franquista. Se inicia el recorrido con Manuela Ballester como voz crítica de la Generación valenciana de los Treinta. Continua, tras la victoria del bando sublevado y la instauración del régimen dictatorial de Francisco Franco, con algunas periodistas como María Ángeles Arazo o mujeres que formaron parte del jurado de exposiciones organizadas en la ciudad, como son Isolda Alfaro o la crítica de arte falangista Isabel Cajide. Y finaliza en los últimos años de la dictadura con las aportaciones de críticas abiertamente feministas y activistas como la historiadora del arte Trini Simó.

Palabras clave: crítica de arte, historiografía del arte feminista, arte valenciano, Segunda República, Franquismo.

THE CONTRIBUTION OF VALENCIAN WOMEN TO ART CRITICISM FROM THE SECOND REPUBLIC TO THE LATE FRANCOISM

Abstract: The chapter offers an overview of the contribution of women to art criticism in Valencia from the effervescent Second Republic to the end of Franco's dictatorship. It begins with Manuela Ballester as one of the critical voices of the Valencian Generation of the Thirties. It continues, after the victory of the rebel side and the establishment of the dictatorial regime of Francisco Franco, with some journalists such as María Ángeles Arazo or some women who were part of the jury of exhibitions organized in the city, such as Isolda Alfaro or the Falangist art critic Isabel Cajide. And it ends, in the last years of the dictatorship, with the contributions of openly feminist critics and activists such as art historian Trini Simó.

Keywords: art criticism, feminist art historiography, Valencian art, Second Republic, Francoism.

DE LAS "EXPOSICIONES DE MUJERES" AL COMISARIADO FEMINISTA EN ESPAÑA (1975-1995)

Isabel Tejeda Martín, *Universidad de Murcia*

Resumen: En los años 90 se produjo en España la eclosión de los proyectos curatoriales de discurso feminista; arrancó con la exposición *100%*, comisariada por Mar Villaespesa y Luisa María López Moreno, en 1993 en el Museo de Arte Contemporáneo de Sevilla. Desde finales del siglo XIX, en España se organizaron innumerables "exposiciones de mujeres", una fórmula cuyo éxito duró casi un siglo y que reunían a las participantes exclusivamente por su sexo biológico. El artículo analiza dos casos, la comisariada por Isabel Cajide en Toledo (1975) durante el tardofranquismo, y la que tuvo lugar en 1984 en el Centro Cultural Conde Duque de Madrid, siendo alcalde el socialista Enrique Tierno Galván.

Palabras clave: exposiciones feministas, exposiciones de mujeres, dictadura franquista, la exposición *100%*, Arte feminista en España.

TO WOMEN'S EXHIBITIONS TO FEMINIST CURATORSHIP IN SPAIN (1975-1995)

Abstract: The 1990s saw the emergence of curatorial projects with a bent towards feminist discourse in Spain, starting with the exhibition *100%,* curated by Mar Villaespesa and Luisa María López Moreno in 1993 at Museo de Arte Contemporáneo in Sevilla. Prior to this exhibition, what have come to be called 'women's exhibitions', that is to say, exhibitions that brought together participants exclusively on the basis of their biological sex, had been programmed since the end of the 19th century. The article analyses two cases, the one curated by Isabel Cajide in Toledo (1975) during the late Francoist regime, and the one that took place in 1984 at Centro Cultural Conde Duque in Madrid, when the celebrated socialist Enrique Tierno Galván was mayor.

Keywords: feminist exhibitions, women's exhibitions, Francoist dictatorship, the *100%* exhibition, Feminist Art in Spain.

LO PERSONAL ES ACADÉMICO. *PERDIDAS Y ENCONTRADAS* EN LA HISTORIOGRAFÍA ARTÍSTICA ESPAÑOLA

Mireia Ferrer Álvarez, *Universitat de València*

Resumen: El presente trabajo pretende trazar una genealogía de historiadoras del arte españolas poniendo especial atención al ámbito académico y universitario. Para ello se realiza un recorrido partiendo de los modelos internacionales para luego analizar las casuísticas y particularidades del caso español. Centramos el objeto de nuestra aproximación a partir de finales de la década de los años 60 del siglo XX hasta la actualidad. Un trayecto en el que se irán desglosando las aportaciones de carácter científico y docente, bibliográficas y curatoriales. El texto se plantea también como un proyecto de intervención feminista en los modelos de análisis propios de la historiografía basados única y exclusivamente en criterios cuantitativos y propone una lectura que contemple también los aspectos que condicionan trayectorias docentes, investigadoras y académicas y, por tanto, vitales. Es por ello que tanto los ejemplos escogidos como las consideraciones responden a una personal visión desde una práctica situada que es la propia de la autora.

Palabras clave: Feminismo, Estudios de Género, historiografía española, mujeres artistas contemporáneas, universidad española.

THE PERSONAL IS ACADEMIC. *LOST AND FOUND* IN SPANISH ARTISTIC HISTORIOGRAPHY

Abstract: This work aims to trace a genealogy of Spanish art historians, paying special attention to the academic and university field. For this purpose, we develop an approach starting from international models and then analyzing the casuistries and particularities of the Spanish case. We focus the object of our approach from the end of the 60s of the 20th century to the present. A proposal in which scientific and academic contributions, bibliographic and curatorial projects will be broken down. The text is also presented as a project of feminist intervention in the models of historiography based solely and exclusively on quantitative criteria and proposes a reading that also considers the aspects that condition teaching, research and academic trajectories and, therefore, vital. That is why both the examples chosen and the considerations respond to a personal vision from a situated practice that is the author's own.

Key words: Feminism, Gender Studies, Spanish historiography, contemporary women artists, Spanish university.

PIONERAS. VICISITUDES DE LA CREACIÓN ARTÍSTICA FEMENINA EN LA ESPAÑA CONTEMPORÁNEA

Rafael Gil Salinas, *Universitat de València*

Resumen: El texto aborda la problemática de la situación de la historiografía artística femenina en España desde los años 60 del siglo XX a la actualidad. Así mismo, se describe el contexto y el marco jurídico de la mujer durante esa misma etapa para buscar una justificación al olvido sistemático de la creación artística femenina. Y, por último, se apuntan distintas herramientas a tener en cuenta para identificar el proceso de la presencia de las artistas en la escena artística española, como las exposiciones individuales, su presencia en las galerías, su participación en concursos de pensiones y becas, su apuesta por concurrir en salones y certámenes de reconocido prestigio, o en muestras de proyección internacional como la Bienal de Venecia.

Palabras clave: pioneras, historiografía artística, contexto, exposiciones, pensiones, Bienal de Venecia.

PIONEERS. VICISSITUDES OF FEMALE ARTISTIC CREATION IN CONTEMPORARY SPAIN

Abstract: This text deals with the problematic of the situation of female artistic historiography in Spain from the 1960s to the present day. It also describes the context and the legal framework of women during that same period in order to find a justification for the systematic neglect of female artistic creation. And finally, different tools to be taken into account to identify the process of the presence of women artists in the Spanish art scene are pointed out, such as solo exhibitions, their presence in galleries, their participation in pension competitions and scholarships, their commitment to participate in salons and competitions of recognized prestige, or in exhibitions of international projection such as the Venice Biennale.

Keywords: pioneers, artistic historiography, context, exhibitions, pensions, Venice Biennial.